# 言葉の力を育てる活用学習

## 型を活用し個性的に表現する子どもたち

シリーズ・21世紀型学力を育てる学びの創造
3

田中博之 編著

ミネルヴァ書房

# はじめに

21世紀に生きる子どもたちに，思考力・判断力・表現力を厳しくも楽しく育てる教育を創造することが日本の学校教育の課題である。

しかしこの教育課題は，21世紀になって初めて認識されたのではない。すでに，昭和50年代初頭から日本の学校教育のあり方は，多くの識者によって知識の詰め込み教育や偏差値教育，さらには受験シフト教育や暗記教育と批判されてきた。それにもかかわらず日本の学校教育は特に教科指導において，問題解決的な学習を通して子どもの思考力・判断力・表現力を鍛える教育を十分に実践してこなかった。

確かに知識・理解に関わる基礎学力を育てることをおろそかにしてはならない。しかし，日本の学校教育が前提としてきた考え方は，「まず基礎基本の定着が大切で，思考力・判断力・表現力といった高次な能力は時間があるときにできればやる程度でよい」というものではないだろうか。

あるいは，子どもの思考力・判断力・表現力を育てなくてよいとする根拠として，「教える内容が多すぎて考えさせる時間がない」「基礎学力が十分に定着していない子がいるのに，それ以上に難しいことを教えることはできない」「テストや受験に出る教科内容を教えるだけでいっぱいである」といった理由をあげているのが現状ではないだろうか。

しかしながら，わが国にはこれまでに，大村はまによる国語科単元学習の実践や板倉聖宣による仮説実験授業など，子どもの思考力・判断力・表現力を厳しくも楽しく育てる豊かな教え方の理論と指導体系が構築されてきた。にもかかわらず，そのような優れた実践の伝統も今日では若い教師には受け継がれていないことは残念でならない。

また，最近では狭い学力観にとらわれた一部の教育社会学者や学校教員が引き起こした学力低下キャンペーンにより，総合的な学習の時間における21世紀型学力の育成はおろか，教科学習における思考力・判断力・表現力の育成までもが軽視されるようになったことは記憶に新しい。

そのため日本の学校教育は，まさに「教育界における失われた10年」とでも形容できるように，基礎学力に偏重した教育ばかりが行われるようになってしまったのである。そこでは，「基礎学力の定着」を目的としてドリルの反復練習や穴埋めプリントばかりやる授業や，「わかる授業」をねらいとして学習課題の水準を下げる授業，「楽しい授業」を目指してねばり強く考える厳しさや表現する産みの苦しみを教えない教育が広まってしまった。

このような日本の基礎学力偏重の教育は，世界の教育先進国の教育改革の流れと逆を進むものである。学力向上の世界潮流は，基礎学力の定着とともに，それとの調和とバランスにおいて，思考力・判断力・表現力を育てることにある。そのことを OECD（経済協力開発機構）の提案を借りて表現するならば，すべての子どもに PISA型読解力（Reading Literacy）を育てることにある。

この21世紀型学力の一つである PISA型読解力の低下が，OECD の PISA 調査で明らかになったため，今回の学習指導要領の改訂では，それを「基礎的・基本的な知識及び技能の活用を図る学習活動」を通して「言語に関する能力」として育てることをキーコンセプトに据えたのである。

この「言語に関する能力」とは，わが国の学校教育の文脈においては，文部科学省の「言語力育成協力者会議」および「中央教育審議会審議まとめ」で提案された用語である。具体的には，論理的に考える力や，コミュニケーション力，そして，想像力豊かに表現する力などを意味している。

本書では，これを「言葉の力」というようにやわらかく表現しながら，6領域20項目モデルとして，これからの新しい教育課程において計画的に育てる「言葉の力」の全体像と具体的な指導メソッドを提案している。

その6領域とは，

① 論理的に思考し表現する力

② 人間関係を豊かにする力

③　イメージを感性豊かに創造する力

④　実践や行動につなげる力

⑤　自分を励まし創る力

⑥　言葉とその使い方を評価する力

という６つの言葉の力である。

一方のキーワードである「活用」については，本書では，新しい学習指導要領の精神をしっかりと受け継ぎながらも，より積極的にそれが提案する思考力・判断力・表現力という高次な能力を十分に育てられるように，「活用学習」という新しい授業づくりのモデルを提案することにした。

私たちはこの「活用」という新しい学習指導要領のキーワードをより豊かに育て上げるために，次の３点を重視して理論構成とその実践化に向けて取り組んできた。

ひとつめは，「活用型学力」という用語を用いて，思考力・判断力・表現力という３つの力を総称するとともに，そこに新たに，「活用力」として「活用を見通す力」や「活用を意識する力」，そして「活用の成果を評価する力」を組み込むようにしたことである。このことによって，これまで文部科学省が提唱してきた「新しい学力観」としての思考力・判断力・表現力をふくらませて，新たに「活用」というキーワードを用いる積極的な意義を見いだすことができるようにした。

２つめは，「活用を図る学習活動」を豊かに組み込んだ教科学習における問題解決的な学習がしっかりと各学校において実践できるように，「活用」を主目的とした単元モデルを構想して，新しい授業づくりのための理論として，「活用学習」を提案したことである。これは，子どもたちの「活用型学力」を育てるためには，最も重要な理論構成であって，たんに子どもの日常的な思考レベルや活動レベルでの「活用」の種類や回数を増やすだけでは不十分であること，そして各教科においてしっかりとした問題解決的な学習を生み出すための活用型単元構成という新しいモデルが不可欠であることを示している。

そして３つめとして，「活用」に関わる目的・内容・活動をセットにして提案していることである。しかし新しい学習指導要領において例示されているのは，あくまでも「活用」のための活動の例示であり，その背景にあるねらいとしての PISA型読解力だけである。一方本書においては，そのような考え方を一層推し進めて，「活用」の主目的は「活用問題」を解決することであり，より具体的には表現に帰結するものであることを条件にしている。次に，「活用」の内容は，フィンランド・メソッドに学ぶことによって，国語科においては「段落構成の型」や「表現技法の型」であり，算数・数学科においては「思考の型」や「表現技法の型」「解法の型」であるととらえている。もちろん，新しい学習指導要領が示すように，「各教科で習得した知識や技能」も補助的に含まれていることは確かである。そして最後に，「型の活用による個性的な表現」を行わせることが，「活用」による活動の基本原則となる。

このような３点からなる「活用」による学びの提案は，ここ２・３年ほどで出版された類書においては全く提案されていないものであると自負する。

以上のような問題意識を受けて，このシリーズ「21世紀型学力を育てる学びの創造」第３巻では，第１巻『子どもの総合学力を育てる』での理論提案を十分にふまえ，「言葉の力」が提起されてきた背景を探りその定義を解説しながら，活用学習というこれからの授業づくりのあり方を，豊富な実践事例を通して，算数科，国語科，総合的な学習の時間という３つの側面から具体的に明らかにしていく。今後は，この活用学習という学習理論を，理科や社会科，体育科，音楽科などの教科へ広げていきたいと考えている。

このようにして本書は，理論と実践が連携・融合した実践ハンドブックを目指し，平成23年度に全面実施となる小学校学習指導要領の考え方を先取りして，具体的な実践事例を豊富に提供しながらこれからの授業づくりの新方向を提案する。

この熱い思いを実現するために，本書では全国から，「活用学習」という新しい実践を勇敢に生み出している先生方にお忙しいなかご執筆をお願いすることにした。そうして集められた16本の実践事例は，どれも先進的で優れた成果を上げたものばかりとなり，編者として心から感謝申し上げたい。

私はこれまでに数多くの書物を世に問うているが，実践事例を選ぶときにはいつも厳しい判断基準を課している。それは，次の5点である。

① どこにでもあるようなありきたりの実践ではないこと
② 新しい理論をふまえたしっかりとした提案内容があること
③ 指導法，教材，ワークシートなどを独自に開発していること
④ ねらいにそった子どもの成長や変容が明らかに生まれていること
⑤ その実践を通して教師自身が成長していること

このような厳格な基準に照らしてみても，本書に収めることができた実践事例はどれも一級品の授業ばかりである。また，子どもたちの集中力と創造性は感動的であった。自信をもって，すべての先生方にお勧めすることができる。

さて，本書を生み出すもとになった理論的基盤と実践の知恵は，フィンランド・メソッドの第一人者でおられるメルヴィ・ヴァレ先生から学んだものである。改めて，メルヴィ先生の学習理論の豊かさに感謝したい。

また，「活用」を新しい学習指導要領に組み入れるためにご尽力なされた早稲田大学教授の安彦忠彦先生に深く感謝申し上げたい。ありがたいことにご縁あって，2009年4月から筆者も同大学に職を得て，安彦忠彦先生から直接，「活用」にかける先生の思いや願いを学ばせていただくことができた。それは，「探究につながる活用を実践すること」という箴言に集約されている。それを少しばかりでも本書で実現できていればと願うばかりである。

最後になったが，本書を新シリーズ「21世紀型学力を育てる学びの創造」の第3巻として出版する機会を与えていただいたミネルヴァ書房社長杉田啓三さんと編集部の西吉誠さん，堺由美子さんに心より御礼申し上げたい。

本書で提案した「活用学習」が全国の多くの学校で支持されて，本書の理論と実践から多くの着想が生まれ，すべての子どもに高いレベルでの「活用型学力」を育てる実践が広がっていくことを執筆者一同願っている。

2010年10月吉日

編者 田中博之

# 言葉の力を育てる活用学習

——型を活用し個性的に表現する子どもたち——

## 目　次

## 第Ⅱ部　実践編　国語科・算数科の活用学習を創る

序　章

# 言葉の力を育てる教育を創る

言葉の力を育てる活用学習について理解することは難しくはないが，順を追って一つひとつの理論をしっかりと習得する必要がある。なぜなら，この学習法のねらいは，どの子も言葉を用いてしっかりと自分の意見やアイデアを，基本型の活用によって個性豊かに表現するという高次なものだからである。

まさに，活用学習は一日にしてならず，といっても過言ではない。PISA型読解力世界一のフィンランドでさえ，15年ほど前の国の大教育改革から５年，６年とかけて，教員養成のあり方の抜本的改革を伴いながら，粘り強く知識の定着を中心とした習得学習から，思考力・判断力・表現力を重視した活用学習へと指導のあり方の基調を転換してきたからこそ，今日の世界トップレベルの学力向上の成果を上げられたのである。

ではここで，活用学習の理論構成において必要な基本要素である，「言葉の力」と，それを育てる「フィンランド・メソッド」という指導法の特徴について簡潔に見ていくことにしよう。

## 1　6領域20項目からなる言葉の力を育てる

まず，PISA型読解力の育成という課題を日本の学校教育の土壌と風土のなかに根づかせるために，次の図表序－１のようにして，「言葉の力」とそれを育てる20項目の教育メソッドを整理してみた。

このメソッド整理表を作成するにあたっては，次のような点を考慮した。

### 図表序－1 「言葉の力」を育てる教育メソッド一覧表

| 言葉の力 | 教育メソッド | 関連する力 |
|---|---|---|
| 領域A 論理的に思考し表現する力 | | |
| 1 論理を組み立てる力 | •説明文，教科新聞，レポート等を書かせる（国語，理科，算数，社会，総合）<br>•ディベートやパネルディスカッションを行わせる（総合，国語）<br>•模擬裁判を開く（社会，総合） | •当意即妙な応答力<br>•論理的説得力<br>•資料分析力<br>•文章構成力<br>•状況判断力 |
| 2 思考を明確にする力 | •スピーチ大会を開く（国語，総合）<br>•問題解決の思考過程を話したり文章にして外言化させる（算数，理科，技術，総合，社会）<br>•サークルタイムで討論をさせる（特活，総合）<br>※15人程度で輪になって，あるテーマについて気づいたことを話形にそって話し合わせる。 | •自己表現力<br>•自尊感情，他尊感情<br>•論理的思考力<br>•即時的思考力<br>•メタ認知力<br>•説得力 |
| 3 なぜを問い合う力 | •サークルタイムで討論をさせる（道徳，特活，総合）<br>•仮説検証の話し合いをさせる（理科，社会，総合） | •論理的思考力<br>•社会的思考力<br>•質問力<br>•理由をつけて話す力 |
| 領域B 人間関係を豊かにする力 | | |
| 4 よさを認める力 | •花びらカード交換会を開く（道徳，特活）<br>※友だちのよさを書いた花びらカードを交換し，それを台紙に貼り付けて発表させる。<br>•相互評価活動をさせる（各教科，総合，特活）<br>•グループ活動の成果について話し合わせる（総合，体育，特活） | •友だちのよさを認める力<br>•相互評価力<br>•他者を尊重する心<br>•支え合う力<br>•自信 |
| 5 笑わせ和ませる力 | •落語，漫才，手品の大会を開く（総合，特活）<br>•ショートコントやジョークを発表させる（総合）<br>•笑い話を作って読み聞かせや寸劇にして発表する（総合） | •自分を笑う力<br>•おちやネタを見つける力<br>•笑いの特徴を見抜く力<br>•間のある話し方 |
| 6 励まし応援する力 | •励ましカードやお手紙の交換会を開く（道徳，特活）<br>•スポーツをしたり発表，上演をしている友だちの応援をさせる（体育，道徳，総合，特活） | •思いやり<br>•やさしさ，共感<br>•想像力，心を読む力<br>•キーワードを探す力 |
| 7 心を伝える力 | •感謝状，お礼状を書かせる（国語，総合，道徳）<br>•心を込めた手紙を出させる（国語，総合，道徳）<br>•お礼のスピーチをさせる（総合）<br>•仲直りさせる（特活，道徳） | •相手の心を読む力<br>•感謝の心<br>•礼儀，マナー<br>•謝る素直な心 |
| 8 合意を形成する力 | •学級会や学年集会を開く（特活，委員会活動）<br>•プロジェクト企画書を作らせる（総合）<br>•作戦会議をもたせる（体育，特活，音楽） | •構想力<br>•対話力，説得力<br>•異なる意見を出す勇気 |
| 領域C イメージや感性を豊かに創造する力 | | |
| 9 イメージを創る力 | •クリエイティブライティングで空想物語や冒険小説，SF，ファンタジーを創作させる（国語，総合）<br>•せりふを作って即興寸劇をさせる（総合，国語）<br>•ドラマワークショップをする（総合，特活）<br>•作詩，作詞，俳句作りなどをさせる（国語） | •想像力，空想力，発想力<br>•体験を対象化する力<br>•なりきる力<br>•即興表現力<br>•協力性 |
| 10 感性を高める力 | •絵を見たり音楽を聴いたりして感想を書かせる（音楽，図工・美術）<br>•鑑賞の感想を共有して練り上げさせる（音楽，図工・美術） | •鑑賞力<br>•批評力<br>•対話力<br>•キーワードを見つける力 |
| 11 人の心を癒す力 | •紀行文を書いて発表させる（国語，総合）<br>•エッセイを書いて発表させる（国語，総合） | •気づきを整理する力<br>•個性的な表現 |

| | | |
|---|---|---|
| 領域D　実践や行動につなげる力 | | |
| 12　正義を訴える力 | • アピール文を書かせる（総合）<br>• アピール劇を上演させる（総合）<br>※環境問題，人権問題，平和問題，福祉問題等について学んだ成果を活かしてよりよい社会づくりに向けて自分の意見や提案を明確に伝える文章や劇表現を工夫させる。 | • 道徳心，倫理観<br>• 論理的思考力<br>• 文章構成力<br>• ティームワーク力<br>• 共感<br>• 社会批判力 |
| 13　気づきを促す力 | • 人生訓を作って交流させる（総合，特活）<br>• 伝記を書いて交流させる（総合，特活）<br>• ルールブックを作って学級や家庭で守るようにする（総合，特活） | • 悟り，内省<br>• 生き方の構想力<br>• 視点の転換<br>• 反省する心 |
| 14　企画を立てる力 | • 企画案を書かせる（総合，特活，家庭）<br>※自分やグループで実践したいことを図や文章で企画書に整理して書き，人を説得させる。 | • 企画提案力<br>• 企画立案力<br>• 説得力 |
| 15　やる気を起こす力 | • 行動宣言を書かせる（総合，特活）<br>※自分の生活習慣や学習習慣を見直したり，身の回りの環境をよくしたり，共生社会を実現するために自分ができることを書き出して宣言させる。 | • 道徳心<br>• 計画力<br>• 自己反省力<br>• 提案力 |
| 領域E　自分を励まし創る力 | | |
| 16　自信をつける力 | • 評価セッションを開く（国語，総合，道徳）<br>※教科学習や総合的な学習の時間で身につけた力について発表し，友だちや保護者，先生方からほめほめ言葉やおめでとうの言葉をもらうようにする。<br>• 教科ポートフォリオ発表会を開く（算数，体育）<br>※算数や体育で身に付けた力について，学習過程で作成したポートフォリオから証拠となる資料を抜き出して再整理して発表させ，学力や体力，そしてティームワーク力の向上について自信をもたせる。 | • 自己評価力<br>• 自己分析力<br>• 感謝する心<br>• 自尊感情，他尊感情<br>• 相互評価力<br>• 肯定的な人間関係力<br>• 再編集力<br>• よさを見つける力 |
| 17　成長を祝い合う力 | • 二分の一成人式を開く（国語，総合）<br>• 自己成長発表会を開く（国語，総合，道徳）<br>※自分史を作って自己成長について発表し，友だちや保護者，先生方からほめほめ言葉やおめでとうの言葉をもらうようにする。 | • 自己評価力<br>• 自己分析力<br>• 感謝する心<br>• 自信，自尊感情<br>• 肯定的評価力 |
| 18　生き方を描く力 | • 未来予想図発表会を開く（総合）<br>※自分の将来の夢を探して，人生設計図を描き，発表させる。<br>• バーチャル同窓会を開く（総合）<br>※自分が就きたい職業を決めて，仮装し，自分のクラスで20年後に同窓会を開いたらという設定で，名刺交換をしたり，それまでの人生を発表したり，友だちの夢をほめたりし合うようにする。 | • 友だちを認める心<br>• よさを認める力<br>• 夢発見力<br>• 人生設計力<br>• 望ましい勤労観<br>• 生き方の構想力<br>• なりきり力<br>• 人生の価値を考える力 |
| 領域F　言葉とその使い方を評価する力 | | |
| 19　言葉を評価する力 | • 敬語や丁寧語が使えるようにする（国語，総合）<br>• 母語と外国語の特徴を比較させる（国語，英語）<br>• クラスからなくしたい言葉，残したい言葉を探らせる（国語，総合）<br>※人間関係づくりや学習改善の面から肯定的な言葉と否定的な言葉を分類して，これからの望ましい言葉の使い方について考えさせる。 | • やさしさ<br>• 人権意識<br>• 道徳的価値観<br>• 評価力，判断力<br>• 人生の価値を考える力<br>• 生き方を考える力<br>• メタ認知力<br>• 礼儀，マナー |
| 20　間違いを正す力 | • 文章の推敲や校正をさせる（国語，総合）<br>• 正しい語法について討論させる（国語）<br>• テレビ番組のなかの日本語を検証させる（総合） | • 文法力<br>• 推敲力<br>• メディアリテラシー |

「言葉の力」を育てるということは，子どもたちに，「力のある言葉」をしっかりと目的と状況に応じて使いこなせるようにするということでもある。そこで，ここでは，次のような６つの力の領域で，合計20項目の「言葉の力」を整理してみたのである。このような多様な言葉の力の育成を意識的に活用学習のなかで行うことが大切である。

【「言葉の力」の６領域モデル】

領域Ａ　論理的に思考し表現する力

①論理を組み立てる力

②思考を明確にする力

③なぜを問い合う力

領域Ｂ　人間関係を豊かにする力

④よさを認める力

⑤笑わせ和ませる力

⑥励まし応援する力

⑦心を伝える力

⑧合意を形成する力

領域Ｃ　イメージや感性を豊かに創造する力

⑨イメージを創る力

⑩感性を高める力

⑪人の心を癒す力

領域Ｄ　実践や行動につなげる力

⑫正義を訴える力

⑬気づきを促す力

⑭企画を立てる力

⑮やる気を起こす力

領域Ｅ　自分を励まし創る力

⑯自信をつける力

⑰成長を祝い合う力

⑱生き方を描く力

領域Ｆ　言葉とその使い方を評価する力

⑲言葉を評価する力

⑳間違いを正す力

このようにして６領域20項目の「言葉の力」を設定することにより，バランスの取れた総合的な言語力の育成を行うことができるのである。もちろん，各学年ですべての項目をカバーしなければならないということはないが，各学校で例えば「言語力育成のためのカリキュラム編成方針」等を構想するときには，小学校６年間で，そして中学校３年間でこのようなバランスのとれた教育モデルを参照して学校カリキュラムを作るようにしたい。

文部科学省の「言語力育成協力者会議」の提案や中央教育審議会の最終答申で述べられた「言語活動の充実」では，特に，領域のＣ・Ｄ・Ｅに含まれる「言葉の力」にかけられた比重が弱いので，この図表序－１を参考にして，より豊かな言語力育成の教育に取り組んでいただくことを願っている（詳細は，参考文献を参照していただきたい）。

それでは次に，もう少し詳しく，それぞれの「言葉の力」の領域のねらいと特徴について見てみることにしたい。

まず領域Ａ「論理的に思考し表現する力」には，①論理を組み立てる力，②思考を明確にする力，そして，③なぜを問い合う力という３つの「言葉の力」を位置づけてみた。この領域の力は，PISA型読解力をはじめとして，学校教育の場で育てなければならない最も基本的な力である。聞き手のニーズをとらえながら，事実と意見を区別して自分の主張を聞き手にわかりやすくはっきりと伝える力は，社会に出てからどのような場面においても役に立つ力である。

２つめに位置づけたのは，領域Ｂ「人間関係を豊かにする力」である。具体的には，①よさを認める力，②笑わせ和ませる力，③励まし応援する力，④心を伝える力，⑤合意を形成する力という５つの力である。

人間が社会的存在であり，常に他者との関わりをもちながら生きていくことが最重要の人間的課題である以上，「言葉の力」によって新たな人との人間関係を切り開き，豊かな関係を維持しながら，さらに関係修復までを行う力を育てることが学校教育の大きな課題であることは疑いもない。

3つめにあげたいのは，領域C「イメージや感性を豊かに創造する力」を発揮する言葉の力を育てる教育であり，具体的には，①イメージを創る力，②感性を高める力，③人の心を癒す力という3つの力である。

この領域の力は，人間の創造性や想像力を発揮して，まだ見ていないものを想像してみたり，まだない感覚を想像して作ったり，まだ聞いたことのないお話を聞いたりする力である。つまり，新しいものを生み出す言葉の力といってよい。そうした人間にのみ本来備わっている創造性を伸ばすために，学校教育のカリキュラムのなかに，物語の創作やドラマづくり，鑑賞文の作成，そしてエッセイなどを書かせる活動を豊かに組み入れたいのである。

そうして想像して創った物語やドラマ，そして文章は，また見る人や読む人に感動を与え，さらに新しいイメージや感性・感覚を生み出していく刺激となるのである。

さらに領域を広げてみてみよう。領域D「実践や行動につなげる力」では，その下位項目として，①正義を訴える力，②気づきを促す力，③企画を立てる力，④やる気を起こす力という4つの言葉の力を位置づけてみた。

ここでは生き方の方向性や行動のゴールを自ら設定し，それを他者に熱意をもって伝える言葉の力を育てることがねらいとなっている。この領域の言葉の力の特徴を一言で言い表すならば，「言葉は人を動かす」という原理である。もちろん学校教育の場では，政治的な言葉や宗教的な言葉を扱う際には慎重でなければならないし，嘘やデマで人を動かすような反社会的な言葉の力を育てることを意図しているのではない。

そうではなくて，「人を動かす肯定的な言葉の力」を使いこなすことによって，身近な環境問題や人権問題を解決する力を身につけたり，自分自身の道徳的で倫理的な望ましい生き方を考えたり，さらには，プロジェクトを実践したり，自分の日常生活を見直したりするための行動の方向性を言葉で力強く表したりすることができるようになって欲しいのである。

いいかえれば，「人を動かす言葉の力」を身につけることによって，他者とともに自律的で自己改善的な生き方ができるようになって欲しいのである。したがってこの力を発揮するときには，特に決意，勇気，決心，正義感，倫理観といった強い感情を伴って言葉を使うことまでをねらいとすることが大切である。なぜなら，人が言葉の力によって動くときには，言葉づかいの適切さだけでなく，その人の背景となる経験やその人が構想している行動基準のすばらしさから生み出される感動や共感が必要不可欠だからである。

さらに提案したい５つめの言葉の力は，領域Ｅ「自分を励まし創る力」であり，その下位項目の力として，①自信をつける力，②成長を祝い合う力，そして③生き方を描く力という３点を位置づけてみた。

つまり，「自分を励まし創る力」とは，自分のよさや成長を認める言葉を友だちからかけられたり，自分自身にかけたりすることで，自分に生きる自信と勇気を与え，さらに自分の未来の夢や希望を言葉で明確にすることで生きる意欲を生み出す力である。

最後に，領域Ｆ「言葉とその使い方を評価する力」である。いわば，「言葉の力を評価する言葉の力」である。ここには，下位項目として，①言葉を評価する力と，②間違いを正す力という２つの言葉の力をあげてみた。

この力は，自分が使っている言葉，そしてメディアや友だちが使っている言葉が，文法的に正しいかどうかを判断するとともに，道徳的・倫理的に見て望ましいかどうか，さらに，言葉に込める意図や思いが，より正確に伝わっているかどうかを検討する力などが含まれている。特にこのなかでも，メディアが使用する言語の倫理性について判断する力は，メディアリテラシーと呼ばれていて，メディアからのメッセージを批判的に検討する力を意味している。

一方，学級経営的に見てみると，クラスで使われている言葉のなかでも，否定的で人権を無視した言葉を経験のなかから拾い出してきて，それをクラスからなくすための話し合いや行動化をさせると効果的である。クラスの中の人間関係の崩れは，心の乱れであるとともに，その発現形態である言葉の乱れが多くの原因になっていることは間違いない。したがって，まずクラスの子どもたちの心を豊かにする教育をすることから始めて，さらに，より直接的には，人の心をやさしくする言葉の使い方や人の心を傷つけるので使ってはいけない言葉についてしっかりと考えさせる機会を与えることが必要である。

このようにして，6つの言葉の力とそうした力のある言葉を使えるようにする50項目の教育メソッドを分類整理してみた。このなかには，日本の先生方にとって馴染み深いものからほとんど知られていないものまで，バラエティ豊かに含まれている。そこで大切なことは，この言葉の力の整理表のなかから各学年のカリキュラムに複数の教育メソッドを抜き出して位置づけることによって，小学校6年間，そして中学校3年間のそれぞれにおいて，計画的かつ系統的な「言葉の力」を育てる教育が行われるように配慮することである。

活用学習においては，この6領域20項目の言葉の力のなかからどの力を重点的に育成するのかを明確にとらえて，単元計画案や学習指導案に新たな見出しを起こして言葉の力の項目やその育成計画を記述することや，それぞれの項目に効果的な指導メソッドを意識的に実践することが大切である。

## 2 フィンランド・メソッドの30項目を活用する

次に，活用学習を成立させるためには，習得した教科の知識・技能の活用を子どもに求めるのと同様にして，教師も効果的な指導法を計画的・意図的に活用することが必要である。それが，PISA型読解力を世界一にアップさせたフィンランド・メソッドである。

フィンランド・メソッドとは，フィンランドのメルヴィ・ヴァレ先生によって体系づけられた，子どものPISA型読解力を育てる問題解決的な教科学習における指導法の体系である。わが国にもっとも早くそれを紹介したのは，北川達夫先生であることはあまりにも有名である。

筆者は，メルヴィ・ヴァレ先生に依頼して授業を見せていただいたり，長時間にわたるインタビューに答えていただいたりして，図表序－2に整理した30

項目からなるメソッドの体系を明確化することができた。ここに整理した30項目のなかから４つまたは５つ程度を選択して，各単元に組み込んで計画的な教科指導を行うことが大切である。このフィンランド・メソッドを学び，活用することなくして，活用学習の成立はあり得ないといってよい。

フィンランドでよく行われている国語科教育の指導法は，ただ教科書教材の基本的な読み取りと綴り字の練習，そして短い生活作文などに限定されることなく，思考力・判断力・表現力といった豊かな学力観に支えられた多様な学習活動を生み出す優れた教育メソッドの集大成なのである。

例えば次にあげるような項目は，典型的なフィンランド・メソッドである。

①地域図書館を積極的に活用する

②教材と連携した家庭読書を充実させる

③読む活動に書く・話す活動をつなげる

④カルタで教材文の内容構造を整理する

⑤表現技法を取り出し創作表現に活かす

⑥小集団で読みと表現を練り上げさせる

⑦全教科で多様なテキストを読み取らせる

⑧パペットやドラマによる表現をさせる

⑨音声言語と文字言語を関連付けさせる

⑩教科横断的な単元構成を工夫する

この10項目のメソッドを見るだけでも，フィンランドの読解力育成のための指導法は，たんに教科書教材の内容を正確に取り出すだけでなく，子どもを主体的な表現者にすることまでを視野に入れて，子どもの主体的で問題解決的な読みを活性化することをねらいとしていることがわかる。

特にこれらの読解メソッドの中でも，「③読む活動に書く・話す活動をつなげる」という項目は，わが国の国語科教育では，ほとんど重視されてこなかったものである。逆に，フィンランドでは，読む・書く・話す・聞くという四言語活動を別々の単元で取り扱うことはほとんどなく，それらを総合的に関連づけて，最終的には，子どもたちが物語文や説明文，そして意見文を創作し，そ

図表序－2　フィンランド・メソッドとつけたい力の整理表

| 領　域 | メ　ソ　ッ　ド | つけたい力 |
|---|---|---|
| 1　カリキュラム編成 | ①算数，国語，社会等の複数の教科を横断して読解力を育てる指導を行う<br>②ドラマ科やプロジェクト学習週間を設定して表現力や課題解決力を育てる | • 読解力<br>• 表現力，課題解決力 |
| 2　単元構成 | ①既有の知識・技能を活用させる問題解決的な学習を設定する<br>②読む・書く・話す・聞くという四言語活動を関連づけて取り入れる<br>③情報の取り出し・解釈・熟考・評価を関連づけて取り入れる<br>④音声言語と文字言語を変換させながら表現をさせる<br>⑤個別学習，小集団学習，一斉学習を組み合わせる | • 問題解決力<br>• 総合言語力<br>• 調査研究力<br>• モード変換力<br>• 協力性，協調性 |
| 3　家庭学習との連携 | ①家庭での親子読書や地域図書館の利用を促す<br>②作文やレポート，問題づくり等の課題探究型の宿題を出す | • 読書習慣<br>• 表現力，思考力 |
| 4　指導方法　(1)多様な資料の活用 | ①複数の資料を比較・総合して結論を出させる<br>②資料の先読みや資料の間違った箇所の訂正をさせる<br>③生活のなかの身近な題材や社会問題を学習内容として取り上げる | • 比較分析力<br>• 先を読む力，修正力<br>• 生活に活かす力 |
| 4　指導方法　(2)型の提示と活用 | ①思考と表現の型を教えて個性的に活用させる<br>②思考でも表現でも常に主題を意識化させる<br>③内容理解だけでなく作品批評や制作技法の評価を行わせる場面を設定する | • 基礎学力を活かす力<br>• 主題把握力<br>• 作品評価力 |
| 4　指導方法　(3)共同的集団づくり | ①サークルタイムや相互評価を通して考えの深化や表現の練り上げをさせる<br>②学習規律のあり方をグループで考えさせてルールを守らせる<br>③宿題の答え合わせや宿題の作品発表を学級全体で行わせる | • 討論力，相互評価力<br>• 学習規律<br>• 協力性，協調性 |
| 4　指導方法　(4)表現活動の重視 | ①多様な表現活動をさせる（パペット劇，続き話づくり，書き換え，条件作文等）<br>②即興表現を行わせて豊かな発想力や表現する意欲を育てる<br>③異なる形式のテキストを組み合わせてまとめさせる（レポート，新聞） | • 表現力<br>• 即興表現力<br>• 総合表現力 |
| 4　指導方法　(5)思考の活性化 | ①カルタを用いて自分の考えや創作物の構想をまとめさせる<br>②常に，「なぜ？」を問い，それに自ら論理的に答えるようにする<br>③資料の裏にある仮説・根拠・仮定を考えさせる | • 発想力，関係構造化力<br>• 論理的思考力<br>• 洞察力，推察力 |
| 4　指導方法　(6)自分づくり | ①常に自分の言葉で考えて，自分の考えを論理的に表現させる<br>②自らの調査や実験等で収集したデータを元にして資料を作成させる<br>③自己成長や学力向上の軌跡を振り返らせて自信をつける | • 自ら考える力<br>• 主体的な資料作成力<br>• 自信，自尊感情 |
| 4　指導方法　(7)個に応じた指導 | ①朝の始業前に学力に課題のある子に対して補充指導を行う<br>②授業中に，課題達成力の違いに応じて異なる学習課題を与える<br>③一人ひとりのレベルに応じた学び方を育成する | • 基礎学力，自尊感情<br>• 基礎学力，自尊感情<br>• 学び方のスキルと態度 |

れに基づいて，音声言語を用いて実践的なコミュニケーションを行う力を育てることまでをねらいとしている。

その結果，PISA調査の結果が示すように，テキストをまず正確に読み取ることを出発点として，そこから，複数の資料を比較して考えたり，資料の裏側にある仮説や前提を推測したり，そうして考えたことを自分の言葉で表現することを求める高度な問題で正答率が高くなるのである。

わが国の国語科教育も，優れたフィンランド・メソッドに学びながら，豊かな読解メソッドを取り入れた総合言語教育を普及させたいものである。

さらにそこから発展させて，総合的な学習の時間における言語活動の充実や，算数・数学科における思考の型を活用した授業づくりの実践を積み上げたい。

フィンランド・メソッドによる授業改善を考えるときに大切なことは，それを本時の１時間の授業のなかで実施するというように限られた範囲で考えるのではなく，この図表序－2を参考にして，次にあげる４つの領域全般にわたる総合的な授業改善の重要性をとらえることである。

フィンランド・メソッドの総合的な授業改善モデルは，1. カリキュラム編成，2. 単元構成，3. 家庭学習との連携，そして，4. 指導方法という４つの領域からなっている。このなかでもっとも特徴的であるのは，4. 指導方法に整理された７つの指導カテゴリーである。

【フィンランド・メソッドにおける指導方法レベルの７カテゴリー】

⑴多様な資料の活用　⑵型の提示と活用　⑶共同的集団づくり

⑷表現活動の重視　⑸思考の活性化　⑹自分づくり　⑺個に応じた指導

この７つのカテゴリーごとに３つずつの指導メソッドが整理されているので，活用学習を行う際に活用して欲しい。

参考文献

田中博之著『フィンランド・メソッドの学力革命』明治図書，2008年。

田中博之著『フィンランド・メソッド超「読解力」』経済界，2010年。

（田中博之）

# 第Ⅰ部

## 理論編　活用学習の理論と特色

# 第1章

# 活用学習の学力と実践の条件

本書で提案する活用学習は，「子どもが思考や表現の型を活用して，活用問題を解決した結果を個性的に表現する問題解決的な教科学習」である。

それはまたたとえていえば，「知の耐寒マラソン」である。またそれは，本シリーズの一貫した主張点である，「厳しくも楽しく子どもを鍛える学習」である。つまり，これまでの基礎基本の定着をねらいとした習得学習の上に積み上げる形で，活用問題という高次の思考力・判断力・表現力を必要とする問題の解決のために，国語科で10時間程度，そして算数・数学科で5時間程度の長時間にわたり型を活用して個性的な表現をすることが求められるのである。言い換えれば，活用学習は，粘り強い思考力を発揮して自分らしい表現を追求する問題解決的な教科学習といってよい。

したがって，これまでのわが国の学校教育において主流であった基礎基本の定着学習，いわゆる習得学習とは一線を画するものである。では，活用学習のねらいと特徴について見てみることにしたい。

## 1　活用問題を解決する

まず活用問題は，これまでの学力テストの問題や教科書に載っている基礎的な演習問題とはどのような違いをもつものだろうか。それは，次のような10個のポイントで特徴づけられるものである。

【活用問題の10の条件】

①２つ以上の既有知識・技能の活用が求められる
②解法の型を活用する必要がある
③複数の資料を比較して考えることが必要になる
④言葉による論証が求められる
⑤友だちの考えに対する自分の考えが求められる
⑥複数の条件を満たした表現が求められる
⑦不必要情報，誤情報が含まれるときがある
⑧三段階思考法や消去法等の思考の型が必要になる
⑨多様な思考プロセスが生まれる
⑩生活のなかの問題解決が含まれている

これまでの算数・数学科や国語科の問題には，このような条件をもつものは，わずかな発展問題を除いてほとんど含まれていなかった。しかし，周知の通りOECD の PISA調査の重要性が認められるようになり，そこで提案されたPISA型読解力とそれを問う問題の特徴が明らかになると，それに対応して，いわゆる「活用問題」を学力調査に加える必要があるという認識がわが国でも急速に広がってきたのである。もちろん，新しい学習指導要領にも，基調となる学力観として活用型学力が組み込まれている。

そうなれば，各学校における自校の学力診断・分析・改善のプロセスにおいても，この活用型学力を重要な観点として取り上げることが大切である。

## 2　活用型学力とは

次に活用型学力とは，基本的には思考力・判断力・表現力である。新しくこの３つの学力以外に新しい要素が提案されているわけではない。ただし，「どのような既有知識・技能を活用すれば問題が解決しそうか」といった活用の見通しを立てる力や，「どのようにして知識や技能を活用するとよりよく問題が

解けたか」といった活用を意識する力，そして，「自分にはどのような活用力がついたか」といった自己の活用力を自己評価する力が特に大切になることは間違いない。このような3つのメタ認知的な力を加えて活用型学力が成り立っているのである。このようなメタ認知的な力を加えることによって初めて，活用型学力が，「活用問題を解決するときに必要になる力」であると定義できる。

## 3　型を活用して個性的に表現する

さらに本書では，「活用」する学習内容を，子どもが習得している話型・文型・思考型であるととらえている。型はあくまでも，子どもにとって学習の補助輪である。いつかはそれを外すことや自分なりの型を見いだすことを目指して，型を活用することでしっかりとした表現の内容と構成を保ち，読み手や聞き手に明確な意図やメッセージを豊かに伝えられる力を身につけることをねらいとしている。

しかしそれは決して堅苦しいものでも，型はめ人間をつくることでも，型どおりのものまねしかできないオウムを育てることにもつながらない。「型を活用して個性的に表現する」ことは，子どもたちにとって何よりの喜びであり，最高の達成感と充実感を味わえる難易度の高い楽しい学習となる。そうして，活用学習において，型は学力を保障し，表現は個性を保障するのである。

それが子どもの学習意欲の向上に与えるポイントは次の3点に要約することができる。

① 物語文や説明文の創作を活動の目標として位置づけることによって，書き上げる喜び，話す楽しさ，そして目的をもって読む意欲を高める

② 友だちと対話をしながら作品の主題を探り，文章題の世界を構成することを通して，話し合うことの楽しさや友だちとともに探究する喜びを味わわせる

③ 一人ひとりの興味や習熟の程度に応じた学習課題を与えることで，子どもが自分の学習目標を自己設定して主体的に学ぼうとする意欲を生み出す

いわゆる活用学習は，これまでの教科書では，「発展的な扱い」ということで隅の方へ追いやられて実際にはほとんど学ぶことがなかった内容を，これから全員必修でしっかりと学ぶようにすることを意味している。したがって，それは，初めは「誰にでも簡単に解ける問題」ではないし，逆に「長時間深く考えることを求める問題」や「自分の考えを複数の条件をふまえて書く課題」が数多く含まれる学習であるといえる。

活用学習がこのような高度な学習の特徴を備えているからこそ，どの子も活用学習が好きになり，複雑な問題を考えたり，その解決方法と解決結果について自分の考えを書いたり話したりすることが楽しくなるような授業の工夫が必要になってくる。そうでなければ，活用学習は多くの子どもたちにとって難行苦行の場となり，教師の指導意欲も減退し，新しい学習指導要領の全面実施後に２～３年もすれば消滅してしまう運命になるだろう。逆に，活用学習における学習意欲の向上に成功すれば，特に学習上の課題の大きな子どもが活用型学力を身につけることができるようになるのである。

そこで，活用学習を子どもたちにとって意欲的な学びの機会とするためには，次のような５つの工夫が必要になる。

① 単元の導入段階で，子どもに活用させたい学習内容の習得を具体的な活動を通してしっかりと保障する

② 問題解決の過程では，デジタルコンテンツの利用，アンケートの実施とその結果の整理，図や絵を用いた場面理解，そしてカルタを用いた構造的理解などの「操作を通して考える活動」を豊かに組み入れる

③ ワークシートを学習過程に沿って多様に作成・提供して，着実に学習が深まっている様子，そして自分の作品が完成しつつある過程を子どもが視覚化しやすくなる工夫をする

④ 自分の考え方と友だちの考え方を比べながら，よりよい解決や表現を求めて教え合いや学び合いをさせることで，ともに学ぶ喜びと大切さを感じさせる

⑤ 既有の知識・技能，そして話型・文型・思考型，さらに表現技法などを

活用して問題解決したり創作表現したりした結果を多様な他者に発表する機会を設定して，学習課題を達成した充実感と人から認められる喜びを味わわせる

⑥　自分の活用学習の成果を，ポートフォリオ評価や評価セッションにより振り返らせることで，活用型学力の向上を実感させるとともに自己成長の達成感と自己有能感，さらに自信や自尊感情を感じさせる

このような授業づくりや指導方法の留意点を活かして，楽しく意欲的に取り組める活用学習を実践して欲しい。

## 4　活用学習の実践の条件

では，活用学習とは，どのような条件を備えた学習なのだろうか。

活用学習は，一言でいえば教科における問題解決的な学習である。その条件は，次の 7 点からなる。

【活用学習の 7 つの条件】

条件①　活用問題の解決のために，どのような既習の知識・技能を活用すればよいかについて子どもたちに意識化させる

条件②　問題解決のプロセスを見通して思考や表現の段取りを考えさせる

条件③　話型・文型・思考型など，考えたり表現したりするための手本や補助輪となるモデルを教えて，それを個性的に活用させる

条件④　複数の資料を比較して問題の解決や主題の表現をさせる

条件⑤　友だちと異なる思考結果や創作内容を比較検証させる

条件⑥　活用する型の項目例は，「活用事典」としてまとめたりカルタで整理して常時掲示したりしていつでも意識化できるようにしておく

条件⑦　自分に活用力がついたかどうかを自己評価させて次の活用学習につなげる

このような７つの条件を備えた学習を，活用学習と呼ぶことにしたい。したがって，活用学習は習得学習の次に積み上げられる，それ自身で５時間から10時間程度の単元学習として成立するものである。したがって，活用学習の単元は，習得学習を前半に組み込めば，10時間から20時間程度の中単元を必要とする。実践例をあげると，国語科の創作絵本の読み聞かせや，理科の仮説検証と実験レポートの作成，社会科のフィールド調査と報告文の作成，そして算数・数学科の活用問題の共同解決などがあてはまるだろう。

## 5　活用型学力の向上に必要な学級力の育成

子どもの活用型学力は，子ども同士の集団による思考や表現の練り上げなくして向上させることはできない。こうした問題意識のもとに，ここでは新たに「学級力」という力を想定して，活用学習を成立させるためにしっかりとした集団づくりを行うことを提案したい。

なぜなら，今日の子どもたちの学習意欲が減退している最大の理由は，すでに述べたように，集団での教え合いや学び合いのない学級の実態に見出すことができるからである。具体的に解説すると，全国的に見て多くの学級では，次のような課題が見られる。

①　覇気がなくだらしない雰囲気が流れていて，クラスで一丸となって頑張ろうという意識がない

②　対話をつなげて考えを深めようとせず，単語でしか話せない，友だちの発言にけちをつける，「KY」と言って考えの多様性を認めようとしない

③　すぐにつまらないことでけんかが起きたり，自分勝手な言動をする子がいたり，逆にそれをやめさせたり注意できるしっかりとした子がいない

④　授業中の発言や活動のルールを守れない子が多く，教室間移動も騒がしく，授業中に落ち着いて静かに学ぶ雰囲気がない

このような４つの課題が学級に存在しているときには，子どもたちはまじめに勉強しようという意欲や，お互いに教え合おうという前向きさ，そして授業

時間中に安心して発表したり集中して活動しようとする態度が育たない。

その結果，筆者が監修した全国調査の結果によれば，学級力が高いクラスであるほど，子どもの教科学力はもちろんのこと PISA型読解力も高いことが明らかになった（田中他，2007 参照）。この研究成果を一言でいえば，「教え合いと学び合いのあるクラスでは学力が高まる」ということなのである。それはいいかえれば，教え合いと学び合いによって学習内容の習得と活用をうながしただけでなく，子どもたち同士が学習意欲を高め合った結果であるということができる。

したがって，これからの授業づくりにおいては，習熟度別少人数指導を行うとともに，教科の一斉指導においてできる限り多くの機会をとらえて，小集団による共同解決・共同制作の場面，全体発表で子どもたちの異なる考え方を比較する場面，そして，学習のルールを作り守り合う場面を設定することが求められている。

### （1）学級力モデルの構想

ここでいう学級力とは，子どもたちが学び合う仲間としての学級のなかで，常に協働してチャレンジする目標をもち，友だちとの豊かで創造的な対話を通して，規律と協調のバランスを保とうとする力である。ここでは，学級力を，次のような 4 領域16項目からなる力の総体としてとらえている（図表 1 - 1）。

ひとつめの領域は，「目標達成力」である。いつもクラスに達成したい目標があって，子どもたちが生き生きといろいろなことにチャレンジしているクラスを理想的なクラスとして想定してみた。例えば，校内長縄とび大会で優勝しようでも，忘れ物ゼロ作戦に挑戦しようでも，あるいは，総合的な学習の時間でボランティアプロジェクトを成功させようでも，具体的な目標であれば何でも構わない。下位項目としては，①目標設定力，②役割遂行力，③改革志向力，④学級評価力がある。

2 つめの領域は，「対話創造力」である。授業中に，友だちの意見につなげて発言ができたり，友だちの意見を尊重してよりよいアイデアや新しい考えを

図表１－１　学級力の４領域モデル

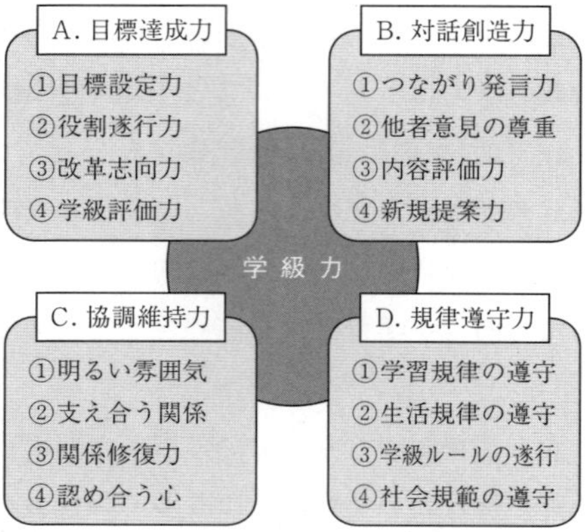


生み出すためにコミュニケーションを豊かに展開できるクラスを想定してみた。また，教科学習に限らず学級会や道徳での話し合い活動が建設的であることや，昼休みや放課後のなにげない友だち同士のコミュニケーションにおいても，肯定的で新しい気づきや発見を生み出そうという創造性にあふれていることが望ましい。下位項目としては，①つながり発言力，②他者意見の尊重，③内容評価力，④新規提案力がある。

３つめの領域は，「協調維持力」である。友だち同士で何でも相談し合える仲のよさがあり，勉強やスポーツでよく教え合ったり，けんかがあってもすぐに仲直りができるクラスを想定してみた。また，明るく前向きで，いつも友だちのよいところを認めようとして笑いや拍手が起きるクラスが望ましい。下位項目としては，①明るい雰囲気，②支え合う関係，③関係修復力，④認め合う心がある。

そして４つめの領域として，「規律遵守力」を位置づけたい。なぜなら，学級という組織としての公的な集団が，全ての子どもたちにとって，安心して落ち着いて学習に取り組める場になるためには，集団を構成する一人ひとりが多くのルールを守らなければならないからである。そこで，学級内で多様な学習や生活のルールを守るだけでなく，それらを話し合いによって創り出していくことができる規範意識の高いクラスを想定してみた。下位項目としては，①学習規律の遵守，②生活規律の遵守，③学級ルールの遂行，④社会規範の遵守がある。

これら4つの力をバランスよく高めること，つまり子どもたちの学級力を高めることが，活用学習の効果を上げるために必要になっている。

ただし今日の小学校高学年から中学校にかけて，もっとも大きな学級力育成上の課題は，4つめの学習規律や授業秩序の問題である。

私の主張点は，「学習のしつけ」は，子どもの学力向上の必要条件であるということに尽きる。最近，ますます授業中の「学習のしつけ」ができていないことによる授業の不成立や，非効率的な授業運営のあり方が問題になってきている。そしてそのことが，子どもの学力向上を大きく妨げているという残念な実態が生まれているのである。

では子どもの学力向上を考えたときに，どのような「学習のしつけ」が必要だろうか。それは，次のような7つのポイントになるだろう。

①始業チャイムで全員着席する

②他人が話しているときには静かに聞く

③理由をつけて自分の考えを話すようにする

④与えられた時間内に作業を終えて次の指示を待つ

⑤活動中には，他人の迷惑になる行為はしない

⑥丁寧で人権に配慮した言葉を使う

⑦班活動ではお互いに協力し合う

このようなしつけが必要になるのは，授業時間の確保，安心して発言できる環境構成，学び合う集団づくり，そして，効果的な活動の保障という4つの指導上の条件を満たすことが不可欠だからである。

このような条件がしっかりと保障されないと，子どもの学力向上のための指導の効果が上がらないだけでなく，子どもの学習意欲の低下や，ひいては子どもの学習権の侵害という大きな問題に帰着することになるのである。

各種の学力調査の結果を見ると，やはり「学習のしつけ」に関わる学級や授

業の実態は，子どもの学力と強い相関関係にあることが明らかになっている。

例えば，文部科学省の全国学力・学習状況調査においては，児童生徒の国語科と算数・数学科の教科学力に強い相関関係があったのは，学校質問紙にあった，「熱意を持って勉強している」や，「授業中は，私語が少なく落ち着いている」，そして「礼儀正しい」等の項目であった。この学校質問紙調査は，各学校の校長が回答したことを考慮したとしても，やはり，落ち着いて集中できる授業が多く実施されている学校では，児童生徒の学力が高いことが国の悉皆調査によって明らかになった意義は大きい。

したがって，これからの授業づくりにおいては，このような「学習のしつけ」の項目を徹底できるように，全ての教職員が一貫して授業中に必要な指導を行うとともに，学級会でのルールづくり，学習ルールの教室掲示の工夫，保護者への協力依頼等，数多くの配慮を積み上げていくことが大切である。

そうした根気のいる徹底した指導が，子どもを変えていき，落ち着きのある集中した学びを成立させていくのである。その結果，子どもの活用学習が成立していくことを忘れてはならない。

### （２）学級力を必要とする活用学習のあり方

活用学習が成立するためには，こうした子どもたちの学級力，つまり，集団で学び合い教え合う力が最も大切である。その理由は，以下の３点にある。

① 国語科での活用学習では，物語文や説明文，意見文の創作が中心的な活動になるために，その共同制作，練り上げ，相互評価，共同実演等の多くの場面で，学級全体や小集団での活動が必要になる

② 算数科での活用学習では，多様な解決方法の相互比較，理由や根拠の説明の比較検討，論証の過程と結論の相互検証等の多くの場面で，学級全体や小集団での活動が必要になる

③ 理科や社会科での活用学習では，実験や観察，社会調査，資料活用等において，仮説の比較検討，実験方法の共同立案，実験結果の説明モデルと考察結果の比較検証，検証結果の共同発表等の多くの場面で，学級全体や

小集団での活動が必要になる

もちろんこの他にも，体育科での動きづくり，家庭科での料理づくり，外国語活動でのチャレンジ課題等，多くの教科等で，子どもたちの協力性や活動中の規律ある行動が求められる創造的で問題解決的な活用学習の場面が考えられる（詳細は，田中，2010 を参照していただきたい）。

参考文献

田中博之他監修『「読解力」を育てる総合教育力の向上にむけて』ベネッセ教育開発研究センター，2007年。
田中博之著『子どもの総合学力を育てる』ミネルヴァ書房，2009年。
田中博之著『学級力が育つワークショップ学習のすすめ』金子書房，2010年。

（田中博之）

# 第2章

# 国語科活用学習の授業づくり

言葉の力を育てる活用学習は，まず国語科から始めると効果的である。なぜなら，すべての教科・領域・時間の言語活動を充実させるためには，まず言葉の学習をする教科がしっかりと子どもの多様な言語力を育てておくことが必要だからである。

ただし，これまでの習得型の国語科学習がそうであったように，「言葉を言葉で学ばせる」という指導原則では，国語科活用学習は成立しないし，その意味で子どもたちが主体的・目的的に多様な言葉を活用する力を身につけることはできない。

そこでこの章では，子どもたちが型を活用して個性的な創作表現を行うことをねらいとする国語科活用学習について詳しく見てみることにしよう。

## 1　国語科活用学習の単元モデル

序章で示した50項目の教育メソッド（図表序 - 1：pp. 2-3 参照）のなかから，大きく分類して領域Ａに関わる「説明文の創作」と領域Ｃに関わる「物語文の創作」という２つの活動に限定してその特徴を解説したい。

ここで紹介する２つの単元モデルは，それぞれ子どもの論理的な思考力・表現力を発揮する言葉の力を育てることと，子どものイメージ力と創造力を発揮する言葉の力を育てることをねらいとした問題解決的な学習になっている。どちらの単元モデルも，「テキストとの出会い」から「創作表現の振り返り」に至る７段階の活動ステップで構成されている。

【言葉の力を育てる国語科活用学習の単元モデルの活動系列】

活動ステップ①　テキストとの出会い
活動ステップ②　テキストの読み取り
活動ステップ③　創作文の課題の決定
活動ステップ④　作品構想づくり
活動ステップ⑤　作品制作と改善
活動ステップ⑥　作品の公表と社会参加
活動ステップ⑦　創作表現の振り返り

ただし，この単元モデルを総合的な学習の時間と関連させて実践する場合には，活動ステップ①の前に，「体験を通したイメージの豊富化」といったステップを位置づけてもよいだろう。例えば，春をモチーフにした物語文を書かせようとしたときに，子どもたちを春の公園や森林に連れて行って，そこで様々な感覚を働かせて風の音，空気の触感，花の香り，新芽の手触りなどのイメージを膨らませておいてから，基礎となるテキストを読ませるといった流れを構想することができるだろう。そのことによって，テキストを読みたいという意欲を高められるし，２回めの目的をもった体験活動へ意欲的に取り組むことへつなげられるのである。

また，この単元を，国語科と総合的な学習の時間，さらには道徳を組み入れた教科横断的な学習として実施することもできる。例えば，活動ステップ①と②までを国語科で行い，その後の創作活動については，活動が長時間にわたることと，直接体験が豊かに組み込まれること，そして多様な表現活動や社会参加活動が行われることなどの理由から，総合的な学習の時間に実施することも考えられる。そして，その節目に物語文や説明文の主題や主張点について深く考えさせるために，道徳で話し合い活動を行わせてもよいだろう。

２つめの大きな特徴は，PISA型読解力の項目（情報の取り出し，解釈，熟考，評価）と中心的なねらい（社会参加）を単元内の活動系列に位置づけたことである。そして，３つめの特徴として，フィンランド・メソッドを豊富に組み入れて，子どもの創作力や思考力を十分に育てられるように工夫した。

以上の３点を共通する特徴として，さらにそれぞれの固有のねらいに沿って活動の特色も大切にしながら作成したのが，図表２－１と図表２－２である。

### （１）物語文の創作をねらいとした国語科活用学習の単元モデル

ではまず，「物語文創作編」の特徴を詳しく見てみよう。

ひとつめの活動ステップは，子どもたちにテキストと出会わせて，カルタやパペットを用いて物語文の主題について初発のイメージを膨らませる段階である。また，すぐに形式段落ごとの内容理解に入るのではなく，物語の主人公を真ん中において，その性格や役割についてカルタを書くことによって，主人公の性格づけを大つかみにすることができれば，作品の詳細な読解への意欲をもつことができる。

さらに，主人公の性格の読み取りが十分にできない場合には，パペットを使って主人公のせりふを言わせてみたり，あるいは，せりふにない行間にある隠れた心情を探り当ててパペットに語らせることによって，主人公の心情への理解を深めることも可能になる。

また，主題についての初発の感想を元にして，サークルタイム（できない場合には，クラスを二重円にして内側の子どもたちに対話をさせてもよいし，司会のルールを決めて班別の対話活動にしてもよい）でイメージを共有したり，その違いに気づかせることで主題の理解を深めることもできるだろう。

続いて２つめの活動ステップは，テキスト（物語文）の具体的な読み取りを行う段階になる。ここでは，従来のように段落ごとの内容理解をしてもよいが，さらにフィンランド・メソッドを取り入れて，①登場人物の性格カードを書いて，それをグループでカルタにまとめ，登場人物の関係構造を読み取る，②テキストの表現の工夫点を，段落構成と表現技法の両面から抜き出す，そして③サークルタイムでさらに主題についての理解を深めるという丁寧な活

図表２−１　言葉の力を育てる国語科活用学習の単元モデル――タイプ１（物語文創作編）

| 段階 | ねらい | 活動 | 言語の力の項目 |
|---|---|---|---|
| 1．テキストとの出会い | ・主題について想像を広げる<br>・一読後の初発の感想をもつ | ・カルタやパペットで主題のイメージを広げる<br>・サークルタイムで感想を共有する | ・想像力<br>・感受性 |
| 2．テキストの読み取り | ・登場人物の性格をつかむ<br>・登場人物の関係構造をつかむ<br>・段落ごとに内容を読み取る<br>・作者の表現技法と型を読み取る<br>・作品の主題について自分の考えをもつ | ・性格カードに書き込み，グループ内で交流する<br>・カルタに関係性をまとめる<br>・段落読み取りシートにまとめていく<br>・表現技法と型についてテキストから取り出す<br>・サークルタイムで主題を深める | ・**情報の取り出し**<br>・関係構造化力<br>・**文章評価力，解釈力**<br>・批判的思考力（**熟考力**）<br>・社会的思考力 |
| 3．創作物語の課題の決定 | ・創作物語の主題と形式を確認する<br>・創作の型を決める | ・創作物語の基本構想を決める<br>・作り替え話か続き話かを決める | ・構想力<br>・課題発見力 |
| 4．作品構想づくり | ・主題と形式，登場人物を設定する<br>・登場人物の関係構造を決定する<br>・型に沿って物語のあらすじを作る<br>・登場人物のせりふを生み出す<br>・主題の理解を深める<br>・作者の他作品の特色を活かす | ・作品構想シートに基本構想をまとめる<br>・カルタで作品の構想を整理する<br>・段落構成を決めてあらすじシートに書き込む<br>・身体表現や音楽鑑賞を組み合わせてイメージを広げる<br>・サークルタイムで主題を深める<br>・同じ作者の他の作品を読んで，創作に活かす | ・構想力<br>・構造化力<br>・表現力<br>・想像力<br>・理解力，**解釈力**<br>・**作品評価力，熟考力** |
| 5．作品制作と改善 | ・創作物語を書く<br>・他者評価を入れて作品を改善する<br>・作品としての形に仕上げる | ・あらすじに沿って物語を精緻化して書く<br>・他者の講評やアドバイスを元にして書き直す<br>・ビッグブックや絵本，ホームページ等の形にする | ・コミュニケーション力<br>・改善力<br>・作品制作力 |
| 6．作品の公表と社会参加 | ・創作物語を聞き手の前で公表する<br>・聞き手との交流を通して評価を受ける<br>・作品を寄贈したり公開する<br>・より多くの人から感想をもらう | ・読み聞かせ，ドラマ，朗読，群読等にして表現する<br>・聞き手の評価意見を聞き取り自己評価する<br>・図書館に置いてもらったりインターネットで公開する<br>・ブックトークや読書会を開いて作品の感想をもらう | ・コミュニケーション力<br>・**自己評価力**<br>・社会貢献力<br>・**作品評価力** |
| 7．創作表現の振り返り | ・主題を通して表現したことを振り返る<br>・作品の再構成のポイントを自覚する<br>・元のテキストを再評価する<br>・自分が身に付けた力を自覚する | ・サークルタイムや道徳で主題の理解をさらに深める<br>・作品評価シートに改善ポイントまとめる<br>・元のテキストを読み返して，内容と技法を振り返る<br>・評価セッションで自己成長を振り返る | ・理解力，**解釈力**<br>・改善力<br>・**作品再評価力**<br>・**自己評価力** |

注：「言語の力の項目」の**ゴチック**項目は，PISA型読解力の定義に含まれた能力項目を示している。

動を行わせたい。

ここまでが基本的なテキストの読み取りを行う習得学習に当たり，次からがそれを基盤とした創作物語文の作成という活用学習のステップに入ることになる。そこで３つめの活動ステップとして，創作する物語文の主題，形式，そして型を決定する段階が来る。

例えば，今から創ろうとする物語文について，その主題を「ほんとうの友だちってなんだろう？」とし，次に形式はキツネとオオカミ，そしてウサギといった動物が登場する童話とし，さらにその型は問題解決型に決めるといった作業になる。そうして大きな筋書きは，キツネとオオカミが新しい友だちを作るために森に散歩に出かけてウサギと出会い，はじめはけんかをしてしまい仲が悪くなるがその後ある事件をきっかけとして仲直りをしてまた友だちになるといった流れを考えてみる。

このような創作の基本構想がまとまれば，次に４つめから６つめの活動ステップとして，その構想を詳細化して作品として書き上げそれをグループで推敲してから絵本やビッグブック等の作品として仕上げていき，さらにその作品を保護者や地域の人あるいは幼稚園児等に向けて読み聞かせて楽しんでもらうといった一連の創作表現活動に展開していく。

そして最後の第７段階の活動ステップには，この創作プロジェクト全体を振り返って，自分に活用力がついたかそして創作した作品のよさや反省点は何だったのかを評価セッションで整理して，プロジェクトの達成感と自己成長の充実感を味わうとともに，今後の活動への期待感をもたせたい。もし十分な時間が取れるならば，この最終段階でもう一度サークルタイムや班別対話活動で物語の主題について語り合い，その意味や価値について気づきを深めることも大切である。

### （２）説明文の創作をねらいとした国語科活用学習の単元モデル

次に，「説明文創作編」の特徴を詳しく見てみたい。

ひとつめの活動ステップは，子どもたちにテキストと出会わせて，カルタを

**図表2－2　言葉の力を育てる国語科活用学習の単元モデル――タイプ2（説明文創作編）**

| 段階 | ねらい | 活動 | 言語の力の項目 |
|---|---|---|---|
| 1．テキストとの出会い | •作者の主張点について想像を広げる<br>•一読後の初発の意見をもつ | •カルタでイメージを広げる<br>•サークルタイムで各自の意見を共有する | •想像力<br>•論理力 |
| 2．テキストの読み取り | •分析と考察の対象の特徴をつかむ<br>•段落間の関係構造をつかむ<br>•段落ごとに内容を読み取る<br>•作者の表現技法と型を読み取る<br>•作者の主張について自分の考えをもつ | •カルタで対象の特徴の概要を整理する<br>•接続詞に注目して段落間の関係性を読み取る<br>•段落読み取りシートにまとめていく<br>•表現技法と型についてテキストから取り出す<br>•サークルタイムで作者の主張点について理解を深める | •**情報の取り出し**<br>•関係構造化力<br>•**文章評価力，解釈力**<br>•批判的思考力（**熟考力**）<br>•社会的思考力 |
| 3．創作論文の課題の決定 | •創作論文の主張点と形式を確認する<br>•創作論文の型を決める | •創作論文の基本構想を決める<br>•分析と考察の対象と内容構成の型を決める | •構想力<br>•課題発見力 |
| 4．作品構想づくりと調査 | •文献研究やフィールド調査等を行う<br>•主張点と形式を設定する<br>•段落ごとの主張点の関係構造を決定する<br>•型に沿って論文のあらすじを作る<br>•主張点についての理解を深める<br>•作者の他作品の特色を活かす | •対象の特徴を主体的な調べ学習で明らかにする<br>•作品構想シートに基本構想をまとめる<br>•カルタで作品の構想を整理する<br>•段落構成を決めてあらすじシートに書き込む<br>•サークルタイムで主題を深める<br>•同じ作者の他の作品を読んで，創作に活かす | •調査研究力<br>•構造化力<br>•表現力<br>•想像力<br>•理解力，**解釈力**<br>•**作品評価力，熟考力** |
| 5．作品制作と改善 | •創作論文を書く<br>•他者評価を入れて作品を改善する<br>•作品としての形に仕上げる | •あらすじに沿って論文を精緻化して書く<br>•他者の講評やアドバイスを元にして書き直す<br>•レポート，新聞記事，ニュース解説等の形にする | •表現力，**熟考力**<br>•改善力<br>•作品制作力 |
| 6．作品の公表と社会参加 | •創作論文を聞き手の前で公表する<br>•聞き手との交流を通して評価を受ける<br>•作品を寄贈したり公開する<br>•より多くの人から感想をもらう | •スピーチ，プレゼンテーション，討論会等で表現する<br>•聞き手の評価意見を聞き取り自己評価する<br>•図書館に置いてもらったりインターネットで公開する<br>•研究発表会を開いて作品の感想をもらう | •コミュニケーション力<br>•**自己評価力**<br>•社会貢献力<br>•**作品評価力** |
| 7．創作表現の振り返り | •主張を通して表現したことを振り返る<br>•作品の再構成のポイントを自覚する<br>•元のテキストを再評価する<br>•自分が身に付けた力を自覚する | •サークルタイムや道徳で主題の理解をさらに深める<br>•作品評価シートに改善ポイントまとめる<br>•元のテキストを読み返して，内容と技法を振り返る<br>•評価セッションで自己成長を振り返る | •理解力，**解釈力**<br>•改善力<br>•**作品再評価力**<br>•**自己評価力** |

注：「言語の力の項目」の**ゴチック**項目は，PISA型読解力の定義に含まれた能力項目を示している。

用いて説明文の主題について初発のイメージを膨らませる段階である。すぐに形式段落ごとの内容理解に入るのではなく，説明文の主題を真ん中において，その主張点やそれを支える事実や根拠についてカルタを書くことによって，主題を通した作者の主張点を大つかみにすることができれば，作品の詳細な読解への意欲をもつことができる。

また，主題の読み取りが十分にできない場合には，テキストの写真やグラフを読み取らせてみたり，あるいは，関連するインターネット情報や統計情報を用いたりして主題への理解を深めることも可能になる。

さらに，物語文創作編と同様にして，主題についての初発の感想を元にして，サークルタイムでイメージを共有したり，その違いに気づかせることで主題の理解を深めることもできるだろう。

続いて２つめの活動ステップは，テキスト（説明文）の具体的な読み取りを行う段階になる。ここでは，従来のように段落ごとの内容理解をしてもよいが，さらにフィンランド・メソッドを取り入れて，①作者が対象としている現象や事物の特性と作者の意見をカルタに整理することで作者の主張点の構造を読み取る，②テキストの表現の工夫点を，段落構成と表現技法の両面から抜き出す，そして③サークルタイムでさらに主題についての理解を深めるという丁寧な活動を行わせたい。

ここまでが基本的なテキストの読み取りを行う習得学習に当たり，次からがそれを基盤とした創作説明文の作成という活用学習のステップに入ることになる。そこで３つめの活動ステップとして，創作する説明文の主題，形式，そして型を決定する段階が来る。

例えば，今から創ろうとする説明文について，その主題を「人にやさしいバリアフリーの町づくり」とし，次に形式は実地調査に基づく研究レポートとし，さらにその型は行動提案型に決めるといった作業になる。そうして大きな筋書きは，まずある地域の福祉問題の現状を提起してから，その例となる事実を３点提起し，さらにその問題性の大きさを示す根拠となる科学的データを示し，最後にその問題を解決するために私たちが取るべき日常的な行動について５点で提案するといった流れを考えてみる。

このような創作の基本構想がまとまれば，次に４つめから６つめの活動ステップとして，その構想を詳細化して作品として書き上げ，それをグループで推敲してから研究レポートや新聞記事，ニュース解説等の作品として仕上げていき，さらにその作品を保護者や地域の人あるいは上級生等に向けて発表して理解してもらうといった一連の創作表現活動に展開していく。

そして最後の第７段階の活動ステップには，物語文創作編と同様に，この創作プロジェクト全体を振り返って，自分に活用力がついたかそして創作した作品のよさや反省点は何だったのかを評価セッションで整理して，プロジェクトの達成感と自己成長の充実感を味わうとともに，今後の活動への期待感をもたせたい。もし十分な時間が取れるならば，この最終段階でもう一度サークルタイムや班別対話活動において説明文で主張した主題について語り合い，その意味や価値についての気づきを深めることも大切である。

## 2　フィンランド・メソッドによる指導法

では次に，より具体的に国語科活用学習で必要となる指導法の特徴を，フィンランド・メソッドに学びながら解説してみよう。

### （１）読む・書く・話す・聞くという四言語活動を関連づけて取り入れる

まず初めに取り上げたいのは，「読む・書く・話す・聞くという四言語活動を関連づける」というメソッドである。フィンランドでは，メルヴィ・ヴァレ先生が著者となっているWSOY社の国語教科書を詳細に見てみると，この４つの言語活動を別々の単元に分けて教えるというようにはなっていない。もちろん，中心になる活動はこれら四言語活動のひとつに限定しているように見えても，実際には，ある物語文を読んでから，その世界を新たな創作物語として書き換えたり，続き話を創作して友だちに読み聞かせをしたりという関連的な指導をふんだんに組み込んでいることがわかる。

これは，終章で見るように，総合的な学習の時間の優れた授業では，単元構成の基本原理になっているが，わが国では，まだ国語科においては，それぞれの言語活動は，一部の総合単元を除いて別々の単元で学ぶことになっているため，まだ異なる言語活動を関連づけながら相乗効果を生かして育てることに指導の重点がおかれるまでにはなっていない。

### （２）音声言語と文字言語を変換させながら表現をさせる

２つめのフィンランド・メソッドは，「音声言語と文字言語を交互に変換させながら表現内容を高めていく」という手法である。

これもわが国の国語科教育では馴染みのない考え方であろう。日本の国語科教育では，最近になって音声言語の指導に重点をおいて，子どものコミュニケーション力の育成に取り組む実践研究が多くなってきた。例えば，最近の研究推進校では，ディベート，スピーチ，ブックトーク，ニュースキャスティング，音読，群読等の指導に焦点を当てて，音声言語によるコミュニケーション力の育成に取り組んでいる。そのこと自体は，素晴らしいことである。音声言語によるコミュニケーションが，21世紀社会において様々な場面で必要不可欠の能力であることは間違いないからである。

しかし，それだけでいいのだろうか。

フィンランド・メソッドは，子どもの音声言語力の育成を，音声言語に重点をおいた指導によって育てるといった単純な理論に基づいてはいない。フィンランドでは，「四言語活動の関連的指導」というメソッドにおいて検討したように，音声言語と文字言語を相互に関連づけて，その相乗効果をねらいながら育てていくという関連的な指導法を採用することが多い。

具体例として，小学校５年の国語科の単元で，一つの童話をもとにして，そこから子どもたちがグループごとに一つずつの創作童話を作り，それを１年生の子どもたちに読み聞かせにいくというお話ボランティア活動に発展させる活動構成を考えてみよう。

このような活動構成では，文字言語から音声言語を経て，再び文字言語に戻り，再び音声言語を経てから最終的に文字言語に戻るという，言語様式を何度も音声と文字の間で往復させていることになる。

いいかえれば，完全な形ではないにしても，読む・書く・話す・聞くという四言語活動を一つの単元に連続して組み入れれば，必然的に音声言語と文字言語を，童話のお話の内容や説明文の中心的メッセージを核として多様に変換させながら，豊かな言葉の力を身につけていくことができるのである。

### （3）思考と表現の型を教えて個性的に活用させる

これは，話し方，聞き方，読み方，書き方等の効果的で具体的な方法を子どもたちに提示したり，基礎資料や既有体験のなかから発見させて，その型を守りながらも，それを活かして，目的とする情報を集めて，自分なりの考えや調べてわかったこと，さらには課題を解決した過程と結果についてわかりやすく表現させる指導のことである。

このようにして多様な情報活用の型を身につけることが，フィンランドでは基礎学力の定着を意味していることに注意したい。すなわちそれは，必ずしも知識の量を増やすことに指導の重点をおくのではなく，学び方や知識の獲得方法を習得させる構成主義的な学習観を大切にしているからなのである。

メルヴィ・ヴァレ先生によれば，型を学ばせて活用させるもう一つのねらいは，学力に課題のある子に安心して学習に取り組ませることである。学力に課題のある子は，前提となる既有知識が定着していない場合も多いが，この時間に何をどこまでどうやって学べばよいのかがイメージしにくいのである。たんに計算練習をしている時や与えられた簡単な文章題を解く時であれば問題はないかもしれない。しかし，思考力・判断力・表現力といった活用型学力を駆使して，ある作家の童話を批評したり，物語を創作したり，説明文を書いたり，意見討論会に参加したりという時には，子どもに自転車の補助輪として基本型とそれを活用する作業手順を示してやることが必要となる。そうすることによって，学力に課題のある子どもでも，時間はかかっても最終的に到達すべき目標にしっかりと達することができるようになるのである。

また，フィンランドでは，文章や資料の内容理解だけでなく，その作品の表現技法を分析して評価する力，つまり創作の工夫点までを客観的に取り出して自分なりに考察する力を育てることまでをねらいとしている。

このようにして表現技法までを学ばせるのは，子どもたちを文芸評論家にすることがねらいなのでも，作品を常に批判する精神を養おうとしているわけでもなく，表現技法について自分の考えをもつことができるようになると，より効果的な表現技法を学ぶことにつながり，その結果，読み手が書き手になる力を育てようとしているからなのである。

つまり，読み手がよい書き手になり，さらに，よい書き手になることがよりよい読み手になることにつながっていくという「読解」と「表現」の相乗的なスパイラル構造を想定した深い指導観がそこにある。

### （４）多様な表現活動をさせる（パペット劇，続き話づくり，書き換え，条件作文等）

ここでいう多様性とは，子どもの豊かな表現力を育成するために，ドラマやパペット，スピーチ，プレゼンテーション，物語の創作，科学的レポートの作成，壁新聞づくり，メディア作品の制作等の多様な方法を学ばせるということである。それぞれの表現方法には，固有のねらいや型，必要な技能，そして特別な効果がある。したがって，できる限りの多くの表現方法を学ぶことが，社会に参加して働く実践的な言葉の力を身につけることになるのである。

図表序 - 2 のなかに例としてあげておいたものは，パペット劇，物語の続き話づくり，物語や説明文の書き換え，そして条件作文の４つである（図表序 - 2 中の項目４ー⑷①参照）。もちろんこれ以外にも，国語科だけで見てみても，ドラマ表現，さらにペープサート劇，指人形劇など，多種多様なものがある。

パペット劇は，特に小学校において盛んであるが，表現に自信のない子どもでも楽しく使えるので，イメージ豊かに物語の登場人物の心情を読み取って表現させたり，自分で創作する劇の台詞を作ったりする場合によく用いられる。

続き話づくりは，教科書の物語がもしこの後も続いていたとしたら，主人公はどんな新たな出来事や人々に出会い，そしてどんな運命をたどったのかを創意工夫して作らせることである。既成の物語の登場人物やその性格設定，また，あらすじの展開方法やお話の状況設定などの型を活用し，新たな問題やトラブルに出会わせることによって，そのような状況に埋め込まれたキャラクターがどのような会話をし，どのような行動を取るのかを想像する力が育つ。

書き換えは，物語を使う場合と説明文を使う場合とがある。どちらにせよ，続き話づくりとは異なり，この場合には，登場人物や背景となる状況設定等を一部原作から変えて変化のあるお話を創作させたり，あるいは，科学的なレポートを書くときには，自分なりに実験の条件を変えてみたり調査の対象を変えてみたりして，自分でオリジナルの研究からデータを収集しその考察結果に基づいて原作の説明文の基本構成や表現技法を守りつつ，個性的な文章を書かせる場合があてはまる。どちらにせよ，大切なことは，やはり原作の型という基礎基本を活用させながら，さらにそこから条件や状況を変えたり付け加えたりすることによって，子どもの想像力と思考力を発揮させ，個性的な表現をする力を育てることがねらいである。

条件作文とは，与えられた字数で社説や科学読み物を要約させたり，いくつかのキーワードを用いて物語のあらすじや自分の考えをまとめさせたり，あるいは，資料を引用しながら異なる立場からの意見を書かせたりするような短作文があてはまる。

ここでも，子どもの思考力を育てることが表現教育のなかに重点的に組み込まれていることが特徴になっている。つまり，何でも思いついたことを自由に書かせるのではなく，ある一定の条件を守りながら個性的な文章になるように書かせるときに，内容面や技法面で様々な創意工夫をすることが求められるのである。そのことが，活用型学力の育成につながるのである。

**参考文献**

田中博之著『フィンランド・メソッドの学力革命』明治図書，2008年。
田中博之著『フィンランド・メソッド超「読解力」』経済界，2010年。

（田中博之）

# 第3章

# 算数科活用学習の授業づくり

算数科活用学習とは，子どもたちに思考と表現の型を活用させて活用問題を解決させる問題解決的な算数学習である。これまでに多くの研究者や実践者によって提案されてきた算数科における問題解決学習の考え方と共通するところが多い。

ただし「活用」という新しい用語が付けられている以上，その固有性として，「型の活用による活用問題の解決」という要素を強調していること，そしてそのことから，より具体的には「活用の見通し」や「活用の意識化」，そして「活用力の評価」といった特色ある活動を明確に単元に位置づけることが必要である。

では，こうしたねらいや特色をもつ算数科活用学習について解説することにしよう。

## 1　算数科活用学習の単元モデル

算数科活用学習の最大の特徴は，子どもたちがそのなかで活用問題を解決するということである。活用問題の特徴については，すでに本書の第１章で定義しているが，イメージしやすくたとえるとすれば，文部科学省が実施する全国学力・学習状況調査の算数・数学のＢ問題のことであるといってよい。

もう少し具体的に算数・数学科の特性をふまえてその特徴をとらえるならば，算数科活用問題は，三段階思考法によって問題を解決して生み出した判断理由

**図表3－1　算数科活用問題の解決過程に見られる三段階思考法を用いた例**

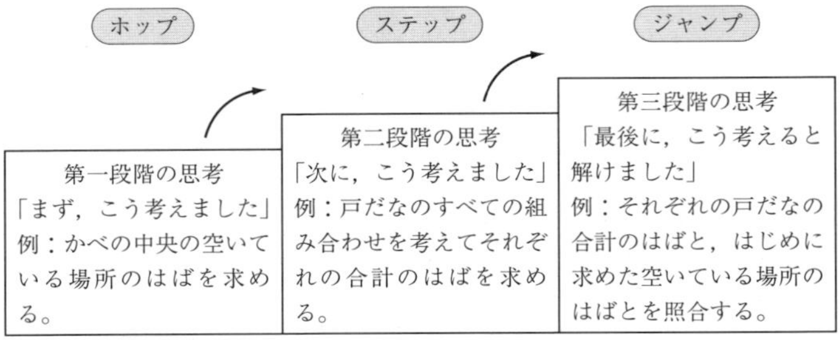

ホップ
ステップ
ジャンプ
第一段階の思考
「まず，こう考えました」
例：かべの中央の空いている場所のはばを求める。
第二段階の思考
「次に，こう考えました」
例：戸だなのすべての組み合わせを考えてそれぞれの合計のはばを求める。
第三段階の思考
「最後に，こう考えると解けました」
例：それぞれの戸だなの合計のはばと，はじめに求めた空いている場所のはばとを照合する。

の妥当性を言葉によって論証することが求められる資料提示型文章題である。

この定義には，大変重要な２つのポイントが含まれている。

ひとつめは，算数科活用問題の解決には，三段階思考法という思考の型が必要になることである。その逆に，これまでの算数科の問題は，ほとんどが一段階思考法で解けるものであった。つまり，例題を用いて習得した解法を活用して応用問題を解くことはあったが，その活用はあくまでも一段階思考法で解けるものである。

しかしこれからの算数科活用学習で子どもたちが取り組む算数科活用問題では，必ず図表３－１で示したように，ちょうど階段を上るようにして，積み上げのある３つのステップ（ホップ・ステップ・ジャンプ）を上りながら論理的に粘り強く考え通すことが必要になるのである。図表３－１に例示したものは，2008年度の全国学力・学習状況調査の算数科Ｂ問題の問１について，「壁の中央に空いている場所に，３つの戸だなのなかからどの２つの戸だなを組み合わせても置くことはできない」ことを，言葉や式を用いて証明するときに予想される子どもの思考過程を書き出したものである。

この問題では，「組み合わせの場合を全て尽くして考える」ことと，「加法・減法」という２つの技能を活用して問題を解決する見通しや手順を言葉によって順序よく説明している様子が示されている。

この意味において，算数科活用学習における三段階思考法は国語科活用学習における説明文の創作過程に求められる表現の型に似ている。つまり，説明文の表現の１つの型は，本論において，「まず,」「次に,」「最後に,」という接続詞を用いてわかりやすくポイントを整理しながら説明するというものであるが，それを活用しているのと同じ思考過程をたどっていることになる。ここに，真の意味での「算数科における言語活動の充実」という意味が生きてくるのである。

そしてもうひとつのポイントは，小学校算数科において初めて，論証力や証明力が算数的な思考力に組み入れられるようになったことである。これは，大きな学力観の変化である。もちろん，これはPISA型読解力における「熟考」を意味していることは間違いない。ただし，高等学校の数学で求められるような高度な証明力を求めているものではないが，それでもしっかりと言葉や式で，正誤の判断の根拠を論理的に示すことが算数科学力に入ったことの意義は大きい。ただしそのためには，次に述べるように活用学習のための単元構成の型や効果的な指導の型を理解することが必要になってくる。

ではまず，算数科活用学習の単元モデルを見てみよう。私見では，それは次のような７つのステップから成り立っている（図表３-２参照）。

【言葉の力を育てる算数科活用学習の単元モデルの活動系列】

活動ステップ①　活用問題の構造分析
活動ステップ②　活用する知識・技能の見通しと作戦づくり
活動ステップ③　三段階思考法による問題解決過程の言語化
活動ステップ④　算数的活動を取り入れた交流
活動ステップ⑤　思考の多様性の比較と検証
活動ステップ⑥　類似問題の解決と活用過程の意識化
活動ステップ⑦　活用力の自己評価と相互評価

活動ステップ①は，活用問題の構造分析を行うことである。これは，カルタ（イメージ・マップまたは，ウェビング法）を使って，「わかっていること」「わかっていないこと」「使えそうなもの」，そして「これから求めること」という

**図表３－２　算数科活用学習の単元モデル**

| 段　階 | 指導過程 | 主　な　活　動 | 子どもの具体的な作業 |
|---|---|---|---|
| よ　読み取り<br>（情報の取り出し） | 1. 活用問題の構造分析 | 提示された活用問題の構造をカルタで整理・分析する | •カルタで，「わかっていること」「わかっていないこと」「これからもとめるもの」「使えそうなもの」に分けて書く |
| み　見通し<br>（解　釈） | 2. 活用する知識・技能の見通しと作戦づくり | どの既有の知識・技能をどのような流れで活用するのかを考える | •作戦シートに記入する |
| | 3. 三段階思考法による問題解決過程の言語化 | 三段階思考シートに解決過程を書く | •三段階思考シートに書く<br>•まず，次に，最後にといった接続詞を使う |
| か　解決<br>（熟　考）<br>（表　現） | 4. 算数的活動を取り入れた交流 | 図式化や半具体物の操作等を通して，具体的に考え友だちと考えを交流する | •自分の考え方を友だちにわかりやすく説明する |
| | 5. 思考の多様性の比較と検証 | 自分の考え方を発表し合い，それらをワークシートに整理して書き，それぞれの解決法のよさを比較検討する | •ワークシートに友だちの考え方を書く<br>•「わかいまま*」で考える<br>•解決法に命名する |
| た　確かめ<br>（評　価） | 6. 類似問題の解決と活用過程の意識化 | 類似問題を解いて活用力が身についているかどうかを確かめるとともに，どのようにして活用したかを意識化する | •類似の算数科活用問題を解く<br>•なにをどのように活用して問題を解いたのかを振り返る |
| | 7. 活用力の自己評価と相互評価 | 思考力・判断力・表現力・活用力という４つの観点で評価させる。 | •活用を通して身につけた力について，観点別に自己評価と相互評価を行い，活用による解決の達成感を味わう。 |

注：＊「わかいまま」については，第５章の実践例4を参照のこと。

４つの観点で整理しながら，一見すると難解に見える活用問題の構造をわかりやすく解きほぐす作業を行う段階である。

この作業に慣れるまでは，子どもたちは活用問題を見ると，「頭が真っ白になる」とか，「わかりそうでわからない問題」といった感覚をもつものである。つまり，子どもたちにとって活用問題は，どこからどうやって取りかかればよいかその糸口さえ見つけにくい問題なのである。

したがって，次の活動ステップ②で，「活用する知識・技能の見通しと作戦づくり」を行わせるとよい。ここでは，専用のワークシートで「私の作戦」と題する枠を用意しておいて，そのなかに活用できそうな知識・技能と，それをどのような順序や方法で当てはめていけば解けそうかというざっくりとした問題解決のイメージを作らせるのである。

それを受けてさらに活動ステップ③では，「三段階思考法による問題解決過程の言語化」を位置づける。具体的には，先ほど解説した三段階思考法のための階段式の枠を入れたワークシートを用意して，そこに言葉でしっかりと問題解決に至る3つの思考のステップを書き込ませるのである。このなかには，式を入れることもできる。大切なことは，問題解決過程で生み出した思考の手順や判断の根拠，そして論証過程の積み上げの様子をしっかりと書かせることである。

ただしこのときに，思考の流れをどのような区切りで3つに分けて整理して書くかについては，教師が想定するある一定の型を子どもに押しつけない方がよい。なぜなら，回数を重ねて経験を積むほどに3つのステップのバランスをとれるようになるし，また，あざやかに美しく解いてみせる必要はなく，まず解決に向け取り組もうとする積極性とそして自分の言葉で自律的に解決してみようとする，個性的な解き方や考え方を大切にしたいからである。

ここまでくれば後は具体化と検証を行うだけである。それが，活動ステップ④の「算数的活動を取り入れた交流」と，活動ステップ⑤の「思考の多様性の比較と検証」になる。この2つのステップで大切なことは，友だちの考えと自分の考えを比較しながら，不十分な考え方を修正したり，教え合ったり，さらには，それぞれの考え方のよさを認め合うことである。そのことで，さらに一層自分の考え方を改善することができるようになるとともに，多様な考え方に触れて必要に応じて型を差し替えながら柔軟に思考する力を身につけられるようになる。そして最後に，活動ステップ⑥の「類似問題の解決と活用過程の意識化」，さらに活動ステップ⑦の「活用力の自己評価と相互評価」を行わせて，ひとつの算数科活用学習の単元が終了するのである。

## 2　フィンランド・メソッドによる指導法

では次に，このような特徴をもつ算数科活用学習を成立させるために必要な指導法について見てみよう。ここでも，参考文献で整理したフィンランド・メソッドに学びながら，効果的な10個の指導法をお勧めすることにしたい。

### ①既有の知識・技能を活用させる問題解決的な学習を設定する

まずひとつめは，当然のことながら問題解決的な学習を設定して，子どもに問題解決の型を身につけさせることである。先に解説した７つのステップをしっかりとふみながら，それぞれのステップで求められる力を育てて欲しい。

### ②情報の取り出し・解釈・熟考・評価を関連づけて取り入れる

２つめとして，PISA型読解力の４つの力を育てるための活動をそれぞれの単元に組み込んでおくことである。ただし私見では，PISA型読解力に含まれる能力として表現力を加えて，合計５つの能力項目を考慮した授業づくりを行う方がよいと考えている。そこで，図表３-３にあるように算数科活用学習の単元の流れとPISA型読解力の能力項目を対応させて見てみると，指導のタイミングがわかりやすくなるだろう。

### ③個別学習，小集団学習，一斉学習を組み合わせる

３つめに大切な指導のポイントは，子どもの学習形態を多様化して，「自力解決に取り組む」「友だちとの学び合いで思考を深める」，そして「学級全体で学び合うなかで活用力を身につける」という３つの指導場面を意図的に設定するようにしたい。

### ④複数の資料を比較・総合して結論を出させる

これは特に算数科活用問題が，複数のグラフや図，絵，写真などを組み合わ

図表 3 - 3　PISA型読解力と算数科活用学習の活動の対応

| PISA型読解力の項目 | 算数的思考の項目 | 具体的な能力 |
|---|---|---|
| 1　情報の取り出し | 問題構造を明確に読み取る | 理　解　力 |
| 2　解　　　釈 | 問題解決の見通しをもつ | 思　考　力 |
| 3　熟　　　考 | 三段階思考法で考える | 思　考　力 |
| 4　評　　　価 | 活用力が身についたか確かめる | 判　断　力 |
| 5　表　　　現* | 文章や式で論理的に表現する | 表　現　力 |

＊　5 の表現という項目は，筆者が追加したものである。

せて構成されていることから，複数の資料を関連づけて考える力を育てることの大切さを示している。

⑤生活のなかの身近な題材や社会問題を学習内容として取り上げる

これも算数科活用問題の特性に対応した指導ポイントである。

⑥思考と表現の型を教えて個性的に活用させる

すでに解説したものとして，三段階思考法や，説明文の表現技法としての接続詞の活用という型の活用のあり方に加えて，さらに，思考の型として，消去法や矛盾指摘法，全項目検証法（すべての可能な場合を考えて一つひとつ検討する），検算，不必要情報確認法などがある。そして，表現の型としては，特に算数的思考を支える言語技術を教えると，ほとんどの子どもが論理的な説明ができるようになる。具体例としては，次のような「算数言葉」があるので参考にして欲しい。

〈算数言葉の例〉

- 全部の場合を考えて，一つひとつ順序よく考えてみました。
- 2 つのグラフを比べて見ると次のことがわかります。それは，～です。
- 問題の条件に合わせてみると，これはありえないので消します。
- 問題のなかで例としてあげてある解き方を使ってみると解けました。
- 公式を当てはめて考えると，～の情報はいらないことがわかります。

- 〜と〜を比べて考えると，〜の方が大きい（長い，速い）ことがわかります。
- ○○さんの考えと私の考えは，〜のところが違います。
- 私は○○さんの考えは正しいと思います。なぜなら，〜だからです。
- すべて○○にそろえて（○○を△△に変えて）考えてみると解けました。

### ⑦サークルタイムや相互評価を通して考えの深化や表現の練り上げをさせる

完全なサークルタイムでなくても，子どもたちを円形に座らせて，最小で3人のグループ，次に6人程度のグループでそれぞれの考え方を発表したり，解決ができない友だちに教えたり，算数的活動において協力して問題解決に導くような指導の工夫が必要である。

### ⑧カルタを用いて自分の考えや創作物の構想をまとめさせる

すでに解説したように，算数科活用問題の構造分析をするときにはぜひともカルタを活用するようにしたい。

### ⑨常に自分の言葉で考えて論理的に表現させる

これは，三段階思考シートに子どもが自力解決で自分の考えを書くときに，しっかりと自分の言葉で論理的に書かせるように指導することを示している。

### ⑩自己成長や学力向上の軌跡を振り返らせて自信をつける

そして最後に活用過程の意識化や活用力の評価を行わせることで，問題解決の成果と課題を振り返らせるとともに，そのことを通して問題解決の達成感や成就感を味わわせて，次の活用問題の解決に意欲的に取り組む態度を育てたい。

参考文献

田中博之著『フィンランド・メソッドの学力革命』明治図書，2008年。
田中博之著『フィンランド・メソッド超「読解力」』経済界，2010年。

（田中博之）

# 第Ⅱ部

# 実践編　国語科・算数科の活用学習を創る

# 第4章

# 言葉の力を育てる国語科活用学習

この章では，第Ⅰ部で提唱した活用学習の理論を具体化した国語科活用学習の実践事例を多数紹介する。低学年から高学年まで，どの発達段階にある子どもでも楽しく取り組むことができる活用学習のあり方を提案している。さらに，教材の種類も，物語文だけでなく，説明文や，紀行文，研究レポートという多様なジャンルをカバーできるように配慮した。

ここで提案している活用学習の実践化のアイデアは普遍性をもつものである。平成23年度から採用される新しい教科書において，本書で提案する国語科活用学習の理論と方法が数多く利用されていることは，実に意義深いことである。その意味で，本書によって，活用学習の組み立て方やそのための教材研究，ワークシートの作成，フィンランド・メソッドの生かし方等の具体的なアイデアを学んでいただきたい。

特に，フィンランド・メソッドについては，その中核となる「型の活用」から，カルタの活用，言語活動の社会参加（異学年や保護者への発表等），創作表現，小集団での学び合い等，活用学習を行ううえで効果的であるものを組み入れた。

子どもを，思考し対話する表現者にする国語科活用学習のあり方が，ここで紹介した実践事例をもとにして普及していくことを心から願っている。

（田中博之）

# 1 単元名　おはなしをつくろう
教材名　どうぞのいす*・おおきなかぶ**
学　年　第1学年

## 1 この単元のねらいと特徴

『どうぞのいす』は小学校に入って，子どもたちが初めてふれる物語教材で，うさぎが作ったいすを中心に物語が展開していく。ろば，くま，きつね，りすと，次々と変化する登場人物と，いすの上の物に，子どもたちは魔法のような楽しさを感じ，「次はなにがでてくるかな」と続きを想像し，また文と挿絵を対応させながら物語を楽しく読み進められ，子どもが想像を広げるのに適した教材である。「～さんがきました」「これはうれしい」など，くり返しの文章表現が多く，ひらがなを覚えはじめたばかりの子どもたちにも，リズムよく読むことができる。文章のなかには「だれが，なにを，どうした」という基本文型が含まれている。本教材は，子どもにお話を読むおもしろさや，童話の世界を想像する楽しさを感じさせ，後に続く物語学習への入り口となっている。

『おおきなかぶ』は，おじいさんの育てた大きなかぶを，次から次へと応援を呼び，みんなで力を合わせて引き抜くお話である。「だれが，何を，どうした」や「～が～をひっぱって」の基本文型が繰り返され，「どうぞのいす」と同様にリズム感のある文章で，子どもたちは楽しく読むことができる。

どちらの作品も，(1)基本の文型がふくまれる，(2)くり返し表現が多い，(3)様子がわかりやすく，物語を想像しやすい，といった特徴がある。型を活用し，続き話や創作物語を創るのに適した教材であるということが言える。

---

* 『どうぞのいす』は，こうやまよしこ・さく，かきもとこうぞう・絵，日本文教出版『しょうがく　こくご　1（上)』。

** 『おおきなかぶ』は，うちだりさこ・やく，佐藤忠良・絵，同上教科書。

この2つの作品を用いて本単元を構成することは，言葉を覚えはじめた子どもたちが，文章を書く楽しさを味わえるという点で，非常に意義があると実践を通して感じることができた。この時期の1年生はやっと50音の学習を終えた段階である。その子どもたちにとって，型を使ったお話づくりは難しい面があった。しかし，『どうぞのいす』でそれを経験した子どもたちは『おおきなかぶ』で，同じように型を使ったお話づくりをした時，非常に主体的に学習に取り組んでいた。この姿を見て私は，子どもたちの吸収力の早さと柔軟な思考力，発想力に大変驚いた。

以上のようなことをふまえて，次に型を活用して創作することの意義について述べようと思う。

## 2　活用型学力をどうとらえたか

これらの教材を使ってお話を書くことで，子どもは楽しみながら型を活用する活動ができる。お話を書く活動は，1年生にとっては難しいことである。しかし，あらかじめ基本となる文の型を書いたワークシートを使うことで，子どもの想像力は生かしたまま，簡単に物語の創作活動ができるのである。お話を楽しく読み，物語のなかの文の型を活用してお話を作り，物語のなかの文の型を自分のものとし，表現を広げることが活用学習の良さである。

すぐれた文章に触れ，その文章を自分で使うことによって子どもたちの表現力は広がり，育つものだと考える。基本の文の型を身につけ，そこをスタート地点として子どもたちは自分らしい表現力を育てていく。続きの話を考える場面，発表の練習のなか，発表会の場面，様々なところで，子どもたちは物語のなかの文の型にふれることになる。そうして，何度も文章と触れ合う回数を重ねることで，物語のなかの文の型を自分のものとし，活用し，自分自身の力へと変えていくきっかけのひとつになる学習となることをねらいとしている。

今回，『どうぞのいす』の続き話を考え，クラスで発表会を行う活動を設定した。1年生の子どもたちにとっては初めての本格的なグループ活動になる。

自分の考えを明確に伝えることも大事だが，人の考えも聞かないとグループ活動はできない。また，何を準備するか，どのように練習するかなどの思考力や表現力も必要となる。活動のなかで，グループの友だちと自分の意見を交流することの楽しさ，よりよい発表に向けて一緒に活動することの楽しさを子どもたちが感じられる学習活動になるよう支援した。

## 3　活用型単元構成の工夫と活動の流れ

【単元構成の工夫】

①型の活用

- 創作活動，発表会の練習，発表会のなかと，子どもは様々な場面でお話のなかの文の型を，目で見て，口に出し，耳から聞くといった形でふれあい，その型を身につけ，活用する学習ができる。

②読み聞かせ

- お話づくりにあたって，同作家の絵本をふくめ様々な絵本の読み聞かせを行うことで，自分の作品はどんなお話にしたいかイメージを創ることができる。
- 同作家の絵本を読み聞かせることで，作品内に現れている以上の物語を想像し，続きのお話を書く活動へとつなげることができる。

③発想力を育てるメソッド

- 「赤いものを９個描くビンゴゲーム」や「夏さがしカルタ」などの子どもの発想力を広げるショートエクササイズを学習に織りこむことで，作品に登場する物や人物などの発想を広げ，自分の作品づくりに生かすことができる。

④教科を横断した学習

- 発表会を行うためのお面や紙芝居，ペープサートといった小道具づくりや粘土を使った学習を図工科で，グループづくりを特活で行うなど，教科横断的な単元構成を行える。
- 図工科で粘土を使ったお話づくりをした後，文章の書きこみ，絵本の創作活動とつなげることで，子どもの自由な発想を引き出すための工夫ができる。

## 【活動の流れ】

| 学習過程 | 言葉の力 | 多読 |
|---|---|---|

『どうぞのいす』（習得の過程 → 活用の過程）

第１次　５時間

〈『どうぞのいす』へのアプローチ〉
①題名から想像する。
②紙しばいを使い，話の筋を確かめる。
③物語の様子や，登場人物の気持ちを劇やペープサート，パペットを使い想像する。

- 領域　C－9「イメージを創る力」
- 領域　A－3「なぜを問いあう力」

図工「クレパスを使って」

第２次　５時間

〈創作活動〉
①自分の続き話を書く。
②グループで続き話を書く。
③グループで発表会の方法を考え準備をする。
④発表会の練習をする。

- 領域　C－9「イメージを創る力」
- 領域　F－20「間違いを正す力」
- 領域　D－14「企画を立てる力」
- 領域　B－8「合意を形成する力」

第３次　２時間

〈発表会〉
①発表会をする。
②学習の振り返りをする。

- 領域　B－4「よさを認める力」
- 領域　E－16「自信をつける力」

『おおきなかぶ』（習得の過程 → 活用の過程）

第４次　５時間

〈『おおきなかぶ』へのアプローチ〉
①題名から想像する。
②物語の様子や登場人物の気持ちを劇化しながら読みとる。
③登場人物にふき出しをつける。

- 領域　C－9「イメージを創る力」
- 領域　A－3「なぜを問いあう力」

第５次　５時間

図工「ねんどでお話づくり」
～おおきな○○～

- 領域　C－9「イメージを創る力」
- 領域　A－2「思考を明確にする力」

〈創作活動〉
①おおきな○○の創作物語を書く。
②続きのお話を絵にする。
③絵本に仕上げる。

- 領域　C－9「イメージを創る力」
- 領域　F－20「間違いを正す力」

第６次　２時間

〈作品発表〉
①グループ内で交流会をする。
②おすすめのページの発表を行う。
③作品を教室内に展覧する。

- 領域　B－4「よさを認める力」
- 領域　F－19「言葉を評価する力」

多読：こうやまよしこの作品を中心に，朝の読書や読み聞かせを行う。

# 4 指導の実際と子どもの学び

## （1）『どうぞのいす』

### ①物語の話の筋を確かめる

物語の話の筋をつかませるために，挿絵を活用する。黒板に挿絵を順番にはり，並べかえさせることで，お話の流れを確かめていくことになる。挿絵を紙芝居にして教室に設置することで，子どもは紙芝居をしたり，黒板に張りつけたりして遊びながら，それぞれの場面を確認し，表現活動をすることができる。

### ②場面ごとに読解する

登場人物の様子や気持ちを理解するために，劇やペープサート劇を活用しながら物語を場面ごとに読み進める。うさぎになりきってイスを作る場面では「今，何を考えてイスを作っているかな」と声をかけると，実に様々な意見を出すことができた。1年生の子どもにとって，「この人は何を考えているか」を想像することは難しいことだが，自分自身がその人物になりきることで，気持ちや様子を生き生きと表現することができる。りすが登場する場面ではグループでペープサートを使い，登場人物になりきって，本文のなかにはない会話を想像させた。「おいしそうだな」「だれがおいていったんだろう」など，子どもは自由に表現し楽しんでいた。

### ③こうやまよしこの作品を読む

市立図書館で借りてきたこうやまよしこの本を教室に設置し，読み聞かせをし，自由に読書できる環境を整えるようにする。「同じろばさんが出てくる」「うさぎさんとろばさんはともだちなんだ」など教科書のお話とつなげて想像したり，作品世界を広げることができた。また，様々な種類の本を読むことで，自分のお話づくりの際，その本から得た知識を活用することができると考える。

### ④続きのお話をつくる

まず，自分の作るお話に「どんな動物や物がでてくるか」を想像した。そして，基本となる物語の文の型を書いたワークシートに，自分の考えた動物や物を書きこむことで続きのお話を作る。四角内の同じ記号には，同じ登場人物，物を記入する。空いた部分には絵を描いてもよいなど，ワークシートの使い方を説明し，各自記入した。

初めてお話を作ることになり不安そうにしていた子どもたちも，できた作品を見て，とても満足そうにしていた。各自で作った作品を３，４人の意図的に構成したグループ内で交流し，いいところを評価し合った。お互いの作品のよさを認め合うことで，次に続くグループ活動への意欲を高め，活動を効果的に進めることができる。

次に，グループで一つの続きのお話作りをした。「これおもしろいから，同じにしよう」「○○さんは，なにがいい？」といった声が聞かれ，１年生らしいグループ活動をすることができた。

⑤発表会の準備をする

グループで続きのお話を発表する準備をする。発表の方法は，劇・パペット・ペープサート・音読劇・紙芝居など，今までの学習で紹介し取り組んだ方法のなかから選ぶ。続いて図工の時間をとり，発表に必要な物をグループで考え，分担して作り始めた。必要な道具があるときや，作り方がわからないなど困ったときは相談にくるが基本的に自分たちで考えるようにした。子どもは「段ボール切りたいけどいいものないかな」「こんなカッターあったよ。次，かしてあげる」や，「画用紙で作ったペープサートが垂れちゃう」「裏になにか張ろう」など，自分たちで話し合い工夫しながら作業を進めていった。「○○を作りなさい」と教師が指示を出す受動的な活動ではなく，主体的に自分たちで考え，工夫して作業することがとても楽しいようだった。早く準備ができたグループも，「もっと，こんなものがあったらおもしろい」と，さらにアイデアを出し工夫することができた。発表会では，各グループの工夫が見られ，楽しく活動をすることができたことが表情からうかがえた。

⑥動物にお手紙を書く

物語の読み深め，続きのお話づくり，発表会と，今回の学習全体を通して楽しかったことや，感じたこと，考えたことを動物へのお手紙に書き，学習の振

## 子どもの作った続きのお話

ろばさんは、いちごを
たべると、また、
ねむってしまいました。
①ぞうさんが　きました。
いすの　いちごをみると
いいました。
「これは　うれしい。」
そして、いちご を たべる と
かわりに [1]りんご を
おいていきました。

②パンダさんが　きました。
いすの[1]バナナをみると
いいました。
「これは　うれしい。」
そして[1]バナナをたべると、
かわりに[2]ささを
おいていきました。

ろばさんが　やっと
めを　さましました。
そして、かごを　みると
いいました。
「あれ、いちごが
[2]バナナ　になっている。
なんでだろう。」

発表会の様子

①ペープサートを使った練習の様子

②紙芝居を使った練習の様子

③できた物語を劇化して発表

④パペットを使って作ったお話を発表

り返りにした。劇をやって楽しかった，がんばって作った，学習が楽しかったという感想がたくさんあり，今回の学習活動を振り返り，自分自身で評価することができているようだった。また，想像力を発揮し，お話づくりをする楽しさを感じられたようだ。子どもは発表会の後もしばらく，休憩中にお話を作って自分たちで発表会をするなどして遊んでいた。その様子から今回の学習で，文章を活用し，身につけることができたといえる。

しかし，出てくる動物が限られていたり，教科書と似たものを出す子どもが多く，語彙の少なさや，物語や動物などについての知識の偏りも感じた。もっと，子どもの自然な思考力，想像力を引き出した活動に取り組んでみたいと考えた。そこで，子どもたちの自然な想像力を引き出すために，言葉から物語を

動物へのお手紙

作るのではなく，もっと子どもたちの思考に近い形でお話づくりをすることはできないだろうかと思い，粘土を使ってお話づくりをしてみようと考えた。次の教材に『おおきなかぶ』があったので，「おおきな○○」のお話づくりへと学習を発展させた。

### （2）『おおきなかぶ』

①粘土でお話づくり

「大きかったらうれしいな，と思うものを粘土で作ってみよう」と声をかけそれぞれの「おおきな○○」を作った。すると，文章でお話づくりをしたときよりも，イメージを膨らませ，具体的な様子を想像することができたようだった。前回の『どうぞのいす』では，食べ物に限られていたり，登場人物が教科書と同一だったりした子どもの思考が広がったように感じた。今回子どもの考えた登場人物はお友だちや好きなキャラクター，動物，昆虫，自分自身。登場する物は大きなりんごに始まり，メロン，きのこ，家，雪だるま，人間もあり，実に多彩であった。子どもが何も言わなくてもできあがった登場人物を引っ張っている形につなげたり，引っ張るためのロープを粘土で作りつなげたりしはじめるのをみて，具体的に様子を想像できていることがわかった。

自分で作った粘土のお話を，言語的に明確にするために，「映画館ごっこ」

粘土でお話づくり

①時計をみんなでひっぱるよ

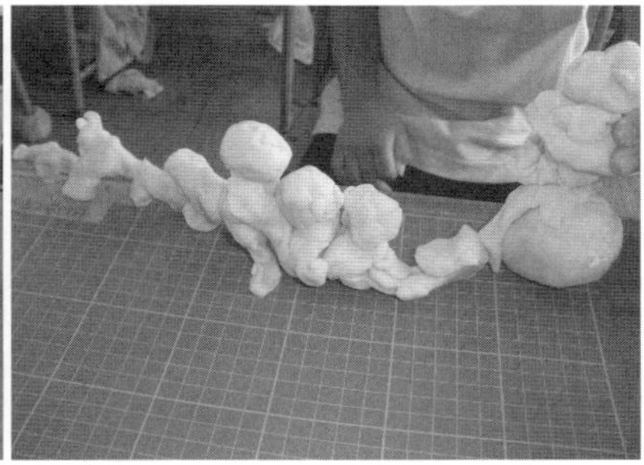

②みんなでスイカ割りをしているよ

ワークシートの記入例

と題してクラスを店員とお客の半分に分け，来たお客に自分のお話を説明する活動を行った。「だれが，何を，どうしているか」「それからどうするか」を，子どもは自分自身の言葉で一所懸命に説明した。友だちに話をすることで，どんどん物語の世界が広がっていく子どももいた。

②「おおきな○○」のお話を作る

粘土で作ったお話を写真で撮り，それをもとにお話を作る際に必要なメモを書いた。「だれが（登場人物），なにを（でてくる物），どうするか」を箇条書きにした。

メモをもとに『どうぞのいす』と同様に「だれが，なにを，どうした」の部分を，物語のなかから抜いたワークシートを用意し記入していった。文の型を活用した書き込み作業は２度目なので，勘のいい子どもはどんどん自分で作業を進めていった。「なにが」の部分は，みんな問題なく書き込むことができたが，「どのような」や「どうする」の部分を書くところでつまずく子どもが見られた。そのなかで，「サイコロはどうするっていうのかな？」「ふる，だよ」や，「どんな，とけいがいいかな」「きれいなとけい，ってどうかな」と，子どもは自分たちで教え合い，学び合いながら作業を進めることができた。

『どうぞのいす』では発表の関係上，新しい登場人物を２人と限定していた。しかし，この取り組みでは，子どもの自由な発想をひき出すために，登場人物の人数は限定せずに行った。登場人物が３人以上いる子どもには，書く部分を増やしたワークシートを用意した。しかし，用意していたワークシートの範囲を超え，楽しんで続きのお話を書いていく子どももおり，「まえと同じだから，ここにもう一つ書くよ」と，自分自身で物語のなかの文の型を抜き出し，理解し，活用して書くことのできる子どももいた。何度も型を活用して文章を書く活動を行うことで，１年生でも文章の型の抜き出しが可能になるように思った。

③絵本を仕上げる

物語の文章が書けた子どもには，絵本の形にするように指示した。子どもたちは，文章の間に挿絵を描きこんだり，表紙を作ったりしていた。吹き出しを書き，自由に登場人物に会話をさせている子どももいた。前の学習で得た知識を，自然に生かす態度を身につけることができていると感じた。

粘土でお話を作る際に子どもに話を聞いていると，続き話を作っている子どもがたくさんいた。そこで，できた「おおきな○○」をどうするのか，続きのお話の絵を裏表紙に描くようにした。

みんなで仲良くすいかを分けて食べたり，持って帰ったウォータースライダーで遊んだり，船で冒険に出かけたり，自由にのびのびとお話づくりを行っていた。

最後に，ワークシートや表紙に穴を空け，ひもをかけて絵本が完成した。できた作品を子どもたちはとても満足そうに見ていた。自然に作品の見せ合いを始め，楽しそうに感想の交流をしていた。

子どもの描いた続きのお話（絵本の裏表紙）

みんなでなかよく
メロンをわけよう。
時計はみんなの目覚
ましにするよ。
むしたちがよってきたよ。
みんなでたべよう。
できたお好み焼き
でパーティーだ。


④絵本の読み聞かせ交流会

できた絵本をグループ内で読み聞かせ交流をし，感想を言い合った。子どもは「すごく上手だね」と感想をもらい，うれしく誇らしいような表情をしていた。クラスのなかでは，自分のおすすめのページを音読発表した。できた絵本は教室に設置し，いつでも読んで交流できるようにした。おすすめのページを聞いていたので「おもしろそうだった」と絵本を手に取る子どももいた。

## 5　振り返りと今後の課題

子どもたちは学習を通して，続きの話を考える場面，発表の練習のなか，発表会の場面，様々な学習のなかで，物語の文の型にふれてきた。楽しく活動するなかで物語のなかの文の型を身につけ，お話を作ることができた。ひらがなを覚えはじめたばかりの子どもたちだが，文章でお話を作る以外にも，色々な活動を加えたことで，想像力を発揮してお話づくりをする楽しさを感じられたことが子どもの感想からもわかる。物語のなかの文の型を自分のものとし，活用し，自分自身の力と変えていくひとつのきっかけとなる学習になったといえる。

今まで文章にふれる活動は，音読や視写，読み深める学習のなかで取り組んできた。何度も読み書きし，頭に入っているはずの文の型だが，それを実際に子どもが使うことができているか，と考えると困難な部分も多かったように感じる。今回の学習を通し，子どもが型を身につけ，楽しく活用している姿にふれ，活用学習のひとつのステップとして，一部を抜いた形で文章を使ってみる体験をし，文章を活用する学習の必要性を感じた。

しかし，取り組みのなかで，基本的な学力である語彙の少なさや，物語や動物などについての知識の偏りも感じた。活用学習で基本的な学力を高めるとともに，子どもの自然な思考力，想像力を引き出す活動や，語彙を増やす活動に取り組んでいきたい。

今回は物語のなかの文の型を使ってお話づくりを行ったが，今後は子どもが身につけた文の型を活用し，自分自身の言葉で考えやお話を表現していくことができるよう継続的に支援していきたい。

（岡田和子）

# 2 単元名　しょうかいしよう「学校ではたらくいろいろな人」
教材名　いろいろなふね*
学　年　第1学年

## 1 この単元を設定した理由

入学以来，子どもたちにとって，日々の学校生活は新しい出来事・新しい人との出会いの連続だった。この学年の子どもたちには，そうした出会いを素直に喜び，学校生活の様々なことを楽しく意欲的に取り組むことができる前向きさがあった。しかし，友達との新しい関わりが広がるなかで，相手に自分より不得意なことがあるとそれを劣っていることとして笑ったり，いやな思いをしたことをうまく伝えられないために相手が傷つくことを言い返してしまったり，自分が間違っていたと気づいているのにその思いを相手に伝えることができなかったりする場面も見られるようになった。そこで，そのつど，人にはそれぞれに違いがあるがそれを劣っていることとするのは間違いであること，自分の気持ちは素直に相手に伝えればよいこと，友達の気持ちは大切に受け止めることについて話し合ってきた。

この単元を設定した理由は，そんな子どもたちに，①身近にいるいろいろな人と出会ってその願いやあたたかさにふれてほしい，②そのなかで感じたことを伝え合ってほしい，③そうした友達の話に耳を傾け，思いを共有してほしい，という願いがあったからである。学校で働く人たちは，子どもたちの身近にいる人たちである。5月の学校探検では，先生以外に学校で働く人たちがいることにふれ，その後の様々な場面で接する機会もあった。しかし，身近であるにもかかわらず，自分との関わりのなかでとらえきれてはおらず，子ど

---

＊『いろいろなふね』は，東京書籍『新しい国語　1年（下）』教科書書き下ろし。

もたちにはぜひ学校で働く人たちと直接出会い，その人たちの願いにもふれさせたいと考えた。

## 2 活用型学力をどうとらえたか

子どもたちは，全体的にはどんな活動にも意欲的に取り組める学年集団であった。しかし，一人ひとりの言葉の力についての課題はそれぞれ違っていた。例えば絵日記を書くとき，書きたいことが明確で感じたことを思うように表現できる子どもがいる一方で，一字一字を書くのに精一杯の子どももいた。ひらがなを覚えきっておらず五十音表を見ながら書いている子には，側について一緒に言葉を確かめたり，文章を正確に写させたりすることを繰り返した。そうしたなかで，どの子も時間はかかっても自分の頭に思い浮かんだ言葉を文としてつづることができるようになった。しかし，一番伝えたいことは何なのか，どのように書けば相手に伝わりやすいかを整理して書く力はついているとは言えず，伝えたいことを明確にし，読み手に伝わりやすい文章を書くことができるよう意識させていく必要があった。また，言葉の力に違いはあっても，どの子も自分の思いを表現できるよう手だてを工夫する必要があった。

そこで，この単元では，まず表現するための「型」を学習することに重点を置いた。説明文『いろいろなふね』を読んでいくのは，紹介文「学校ではたらくいろいろな人」の書き方を学習するためであり，最後には家の人の前で発表会をすることを子どもたちに伝えるところから，学習をスタートさせた。そして，『いろいろなふね』の説明文の型を学習した後，「学校ではたらくいろいろな人」の紹介文のなかで自分たちが伝えたいことは何かを話し合い，それを元に紹介文の型を考えるという手だてを取った。そのように型を決めておくことで，学校で働く人たちと出会うとき，ただ漠然と話を聞くのではなく，どのようなことを大切に聞き取れば良いのかという観点を明確にもたせることができた。そして，聞き取りの観点が明確であることは，伝えたいことを整理して文をつづる活動につなぐことができた。『いろいろなふね』の型を学習し，その型を活用して今度は自分たちが「学校ではたらくいろいろな人」の紹介文を書く。さらに自分たちが書いた紹介文や絵を使って，家の人に学校で働く人のことを紹介する発表会をする。このような活用学習の手法をとることで，どの子にも「自分にもできそうだ」「やってみたい」という見通しや意欲をもたせることができると考えた。

## 3　活用型単元構成の工夫と活動の流れ

【単元目標】

◎説明文『いろいろなふね』の型を考えながら読む。

◎自分が関心をもった学校で働く人について，簡単な構成の紹介文を書く。

◎学校で働くいろいろな人について，文や絵を使って家の人に紹介する。

【指導計画】

| 国　語（全16時間） | 生　活（全13時間） | 図　工（全 4 時間） |
|---|---|---|
| 第 1 次　『いろいろなふね』を読もう（6）<br>・全文を読み，学習の見通しをもつ。<br>・それぞれの船の説明では，「①やく目」「②つくり」「③そのふねがあるから人ができること」が書かれていることに気づき，その型にそって内容を読み取る。<br>・どの船の説明にも同じ型が使われていたことを理解する。<br>第 2 次　「学校ではたらくいろいろな人」を紹介する文を書こう（6）<br>・紹介文全体の型を考える（「はじめ」「中」「おわり」）。<br>・それぞれの紹介（「中」の部分）をどんな型にそって書けばよいか話し合う（「①やく目」「②しごと」「③ねがい」「④じぶんがおもったこと」）。<br>・紹介文全体の型の「はじめ」「おわり」の文と，「中」で紹介する人の順を考える。<br>・伝わりやすい文を書くにはどうすればよいか話し合い，担任の | 第 1 次　学校にはいろいろな仕事をしている人がいるよ（1）<br>・どんな仕事をしている人がいるか発表し，その人たちのことをもっと詳しく知るための学習の見通しをもつ（話を聞いたりインタビューしたりする）。<br>第 2 次　学校で働く人から話を聞こう（9）<br>・一人ひとりの名前・役目・仕事・願い・使っている道具などの話を聞く（学年全体で）。<br>・話を聞いたことをまとめる。 | |

| | | |
|---|---|---|
| 紹介文をクラスみんなで考える。<br>•自分の選んだ仕事の人の紹介文を一人ひとりが書く。<br>•班で読み合い，互いの文を推敲する。<br>**第3次　「学校ではたらくいろいろな人」について，発表しよう**（4）<br>•グループで発表の練習をする。<br>•互いの発表を見合い，発表の工夫をする。<br>•家の人を招いて発表する（参観）。 | **第3次　もっと詳しく知りたい人にインタビューしよう**（3）<br>•どの仕事の人についてもっと詳しく知りたいか，何を知りたいか考える（聞きたいこと・見せてほしいもの）。<br>•班に分かれてインタビューをする。<br>•インタビューでわかったこと，思ったことをまとめる。 | **第1次　「学校ではたらくいろいろな人」を紹介する絵を描こう**（4）<br>•どんな絵を描けばよいか考える（表情・働く様子・道具など）。 |

第1次で学習する『いろいろなふね』は4種類の船について紹介する説明文である。「きゃくせん」「フェリー」「ぎょせん」「しょうぼうてい」について，「①やく目」「②つくり」「③そのふねがあるから人ができること」の3つの事柄を，船ごとに紹介していく型をとっている。それぞれの船ごとに①②③が繰り返されるので，子どもたちはこの教材を通して，「いろいろな○○」を人に紹介するときに使える基本的な文の型を学ぶことができる。

第2次では，第1次の学習内容をふまえて「学校ではたらくいろいろな人」について紹介する文を書く。今回は，並行して取り組む生活科の学習のなかで，学校で働く人たちから話を聞いたりインタビューしたりする機会を作り，学校生活がこの人たちによって支えられていることにも気づかせるようにした。そして，そのなかで知ったことや思ったことを文としてつづり，「学校で働く人たちを家の人に紹介する文を作ろう」という目標をもつことで，何を伝えたいのか，どのように書けば相手に伝わりやすいのかを考えながら学習を進めることができた。このとき，第1次で学習した文の型を参考にし，学校で働くいろいろな人について「①やく目」「②しごと」「③ねがい」「④じぶんがおもったこと」の4つの事柄を紹介していく，という型をとるようにした。

# 4　指導の実際と子どもの学び

第1次の『いろいろなふね』では，内容を正確に読み取ると共に，説明文の型についても着目させる必要がある。そのための手だてとして，教材文に出てくる船の種類を四角で囲み，「①やく目」「②つくり」「③そのふねがあるから人ができること」に色別サイドラインを引かせる。また，どの船についても同じ型で説明されていることが理解できるよう，同じ型のワークシートを用いて船ごとに教材文を視写させるようにする（ワークシート①②）。

ワークシート①

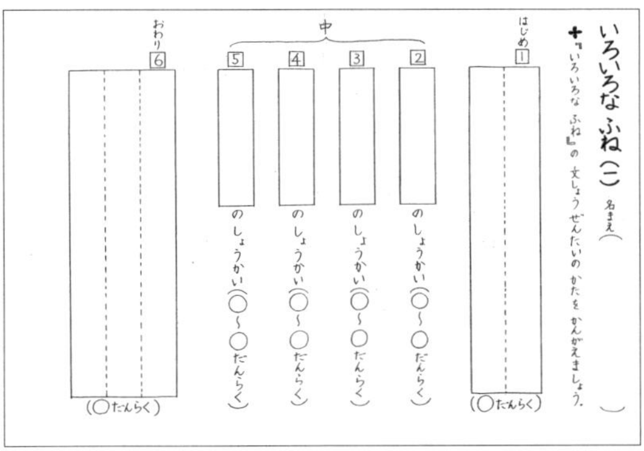


ワークシート②

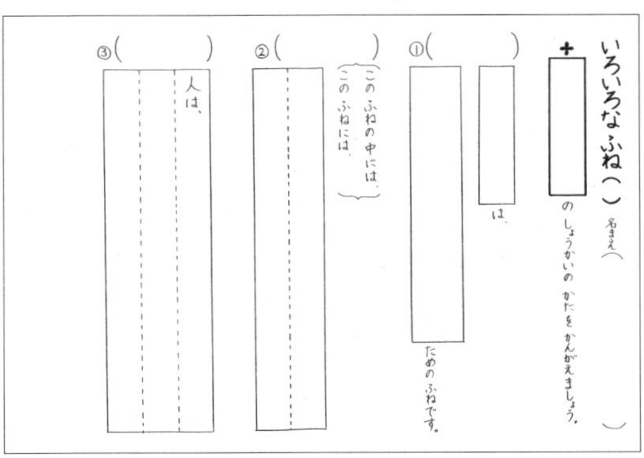

ワークシート③

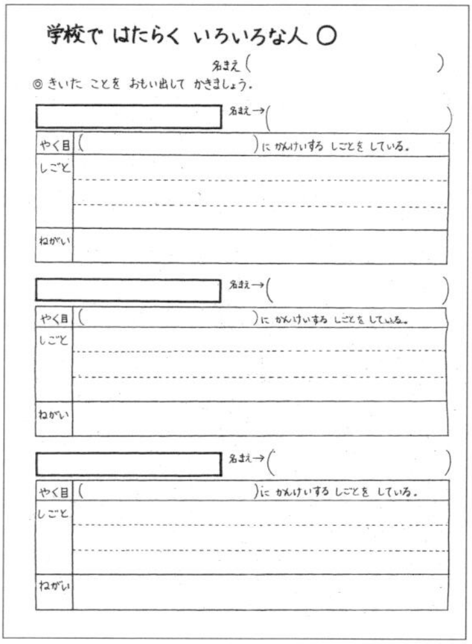
学校で はたらく いろいろな人 ○
名まえ（　　　　　　）
◎きいた ことを おもい出して かきましょう。
名まえ→（　　　　　　）
やく目（　　　　　　）に かんけいする しごとを している。
しごと
ねがい
名まえ→（　　　　　　）
やく目（　　　　　　）に かんけいする しごとを している。
しごと
ねがい
名まえ→（　　　　　　）
やく目（　　　　　　）に かんけいする しごとを している。
しごと
ねがい

ワークシート④

学校で はたらく いろいろな人
名まえ（　　　　　　）
◎おはなしを きいて、おもった ことを かきましょう。

ワークシート⑤

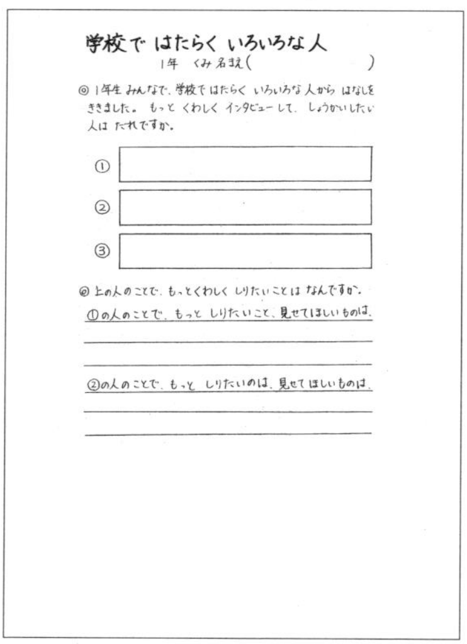
学校で はたらく いろいろな人
1年　くみ 名まえ（　　　　　　）
◎1年生 みんなで、学校で はたらく いろいろな 人から はなしを ききました。もっと くわしく インタビュー して、しょうかいしたい 人は だれですか。
①
②
③
◎上の人のことで、もっとくわしく しりたいことは なんですか。
①の人のことで、もっと しりたいこと、見せてほしいものは、
②の人のことで、もっと しりたいのは、見せてほしいものは、

第２次の，「学校ではたらくいろいろな人」の紹介文を書く学習では，まず，書くために必要な事柄を集める必要がある。そのために生活科の学習と関連づけ，子どもたちが学校で働く人たちと実際に出会い，話を聞く機会をもつ。そこでまず，給食調理員さん，用務員さん，警備員さん，栄養士の先生，保健の先生，図書館の先生，校長先生，教頭先生，事務の先生から，一人ひとりの名前・役目・具体的な仕事内容・願いについて，１年生の子どもたち全員で聞く場をもつ（ワークシート③④）。その上で，もっと詳しく知って紹介したい仕事の人を選び，班でその人たちの所へインタビューしに行く，という形をとる（ワークシート⑤）。こ

ワークシート⑥

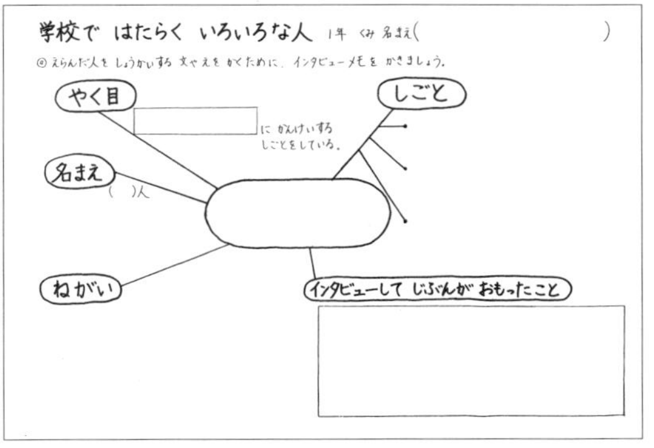

学校で はたらく いろいろな人 1年 くみ 名まえ(　　　)
◎ えらんだ人を しょうかいする 文や えを かくために、インタビューメモを かきましょう。
やく目
に かんけいする しごとを している。
しごと
名まえ
(　)人
ねがい
インタビューして じぶんが おもったこと


のとき，紹介文を書く準備として，インタビューメモ（カルタ）にして整理させるようにする（ワークシート⑥）。実際に紹介する文を書くにあたっては，第1次で学習した説明文の型を思い出し，今回も型にそって文を書けそうであることに気づかせ，どの人を紹介するグループも「①やく目」「②しごと」「③ねがい」「④じぶんがおもったこと」という同じ型にそって文を作ることを確認する。同じ型にそって文を書くための手だてとして，文の型をワークシートにし，それを用いて文を作らせていく（ワークシート⑦⑧）。このとき，まずは担任について紹介する文をクラスのみんなで考え，型にそって文を書く方法を確かめておく。その上で，自分が関心をもった学校で働く人についての紹介文を一人ひとりが書くという手順をとる。第3次では，よりよく家の人に伝えることができるよう，絵も用いて発表する。そのため，図工の学習と関連づけ，話を聞いたりインタビューしたりしたときのことを思い出し，表情や働く様子，道具などの絵を描き，その絵も用いて発表させるようにする。

ワークシート⑦

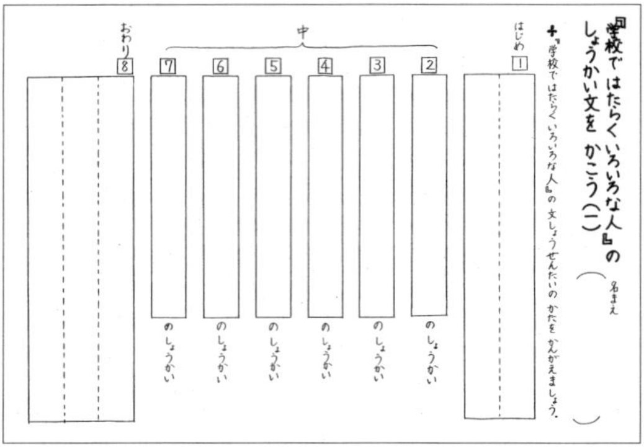


〈紹介文の全体の型〉第２次３時間目にみんなで考えた型（ワークシート⑦）

はじめ　学校のなかには，いろいろなしごとをする人がいます。

中　・きゅうしょくちょうりいんさんのしょうかい文／・えいようしの先生のしょうかい文／・けいびいんさんのしょうかい文／・ようむいんさんのしょうかい文／・ほけんの先生のしょうかい文／・としょかんの先生のしょうかい文

おわり　いろいろな人が，わたしたちがげん気に学校にこれるようにはたらいています。

ワークシート⑧

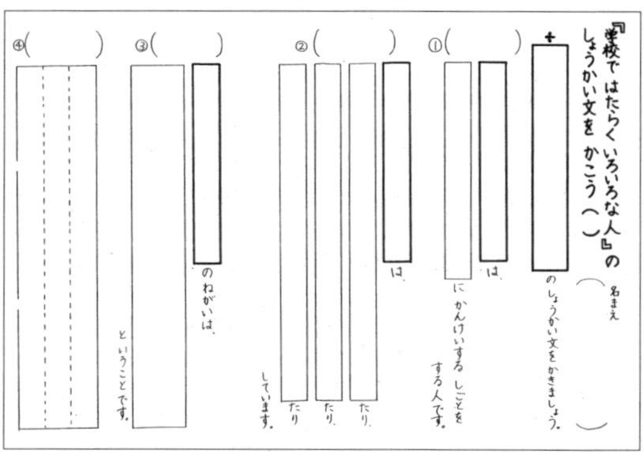


〈子どもたちが書いた紹介文〉それぞれ 中 の部分に入る（ワークシート⑧）

①Ａさんが書いた「けいびいんさんのしょうかい文」

やく目　けいびいんさんは，みんなのあんぜんをまもるしごとをする人です。

しごと　けいびいんさんは，校もんでみんなのあんぜんを見まもったり，学校にくる人をたしかめたり，学校のまわりをパトロールして，もんやとびらのあけしめをしたりしています。

ねがい　けいびいんさんのねがいは，みんなが車やじてん車に気をつけてかえってほしいということです。

おもったこと　ぼくは，けいびいんさんが学校のみんなのあんぜんをまもってくれるし，おにいちゃんのことも見てくれるので，うれしいし，ホッとしました。けいびいんさんがおにいちゃんのことを５さいから見てくれているのを，ぼくははじめてしりました。

※Ａさんには，３年生にダウン症のお兄さんがいます。

②Ｂさんが書いた「きゅうしょくちょうりいんさんのしょうかい文」

やく目　きゅうしょくちょうりいんさんは，きゅうしょくにかんけいするしごとをする人です。

しごと　きゅうしょくちょうりいんさんは，ざいりょうをチェックしたり，きゅうしょくをつくったり，しょっきやきかいをあらったりしています。

ねがい　きゅうしょくちょうりいんさんのねがいは，きらいなものでもちょっとでもたべて，どんどんせいちょうしてほしいということです。

おもったこと　わたしは，きゅうしょくちょうりいんさんがまい日たくさんのきゅうしょくをつくってくれていることをしって，ありがとうとおもいました。わたしは，あれだけのきゅうしょくをおかあさんたちがつくっていることをしって，うれしいなとおもいました。

※Ｂさんのお母さんは給食調理員さんの仕事をしています。

学校ではたらくいろいろな人

①用務員さんへのインタビュー

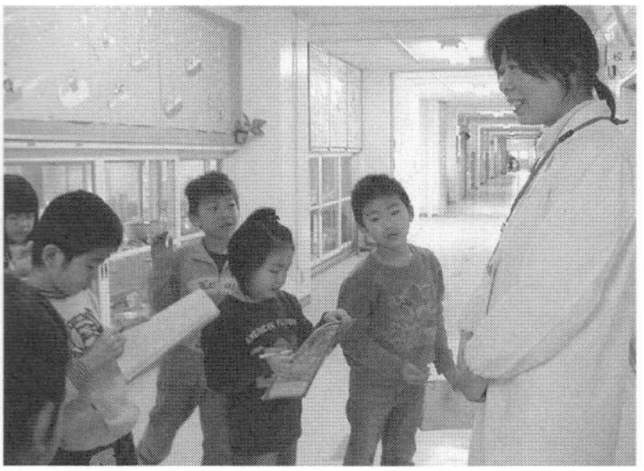

②栄養士の先生へのインタビュー

③給食調理員さんへのインタビュー

④警備員さんへのインタビュー

⑤インタビューした人の絵を描く様子

⑥カルタをもとに紹介文を書く様子

インタビューした人の絵

Ａさんが描いた警備員さんの絵（左）とＢさんが描いた給食調理員さんの絵（右）。
それぞれ絵の裏に紹介文を記入したワークシートを貼りつけ，発表する。

## 5　振り返りと今後の課題

第１次のはじめに，「学校で働くいろいろな人の紹介文をみんなで書いて参観で発表しよう」と話したとき，多くの子どもたちから「そんなことができるか心配だ」という反応が返ってきた。しかし，ワークシートを使って学習を進めるうちに，子どもたちは徐々に型にそって書かれた文章のわかりやすさに気づいていき，「自分たちにもできそうだ」という自信や期待が高まってくるのが伝わってきた。最後の参観では１年間の学習の成果を誇らしげに家の人に伝えようとする子どもたちの姿があり，多くの保護者も入学以来の成長を喜んでくださった。

今回の学習を通して，子どもたちは，多くの人たちが学校生活を支えてくれていることに気づくと共に，学校で働く人との出会いを自分たちの生活と重ね合わせてとらえることができた。そして，この学習のなかで，自分にとって大切なことを見つけ，その思いをクラスのみんなに伝えることができた。今後の新しい出会いのなかでもそれぞれの人の願いやあたたかさに気づき，感じたことを素直に共有し合える子どもたちであってほしい。

（川西繁美・早川晴子）

# 3 単元名　続きのお話をつくって楽しもう
教材名　名まえを見てちょうだい*
学　年　第2学年

## 1 この単元のねらいと特徴

この『名まえを見てちょうだい』の学習は，読書の秋を前におもしろい本をたくさん読み，読書を楽しもうという単元のなかの教材であり，単純な展開でありながら，ファンタジックな物語である。この話をただ文学教材の読み取りに終わらず，読解により話の展開の型を取り出し，ドラマを取り入れ，創作物語を作り，紹介し合うことにした。ここでいうドラマとは即興創作表現のことである。友だちと即興表現を楽しみながら，いきいきとした物語を作り，子どもに活用型学力やPISA型読解力を育てることをねらいとする。

本単元の特徴として，次の4点をあげることにする。

1つめは，PISA型読解力をより意識した展開とするため，「創作続き話」を作り紹介し合う学習を単元の終末に設定することである。そうすることで，PISA型読解力でいう「自らの目標」（この場合，創作物語を紹介し合うこと）を子ども自身が問題解決的にとらえ，学習を進めることが可能となる。教材からの「情報の取り出し」「解釈」「熟考・評価」を生かした個性的な表現活動の設定は，子ども自らの主体的な読みにつながるだろう。

2つめは，単元と並行して「ドラマ教育」を取り入れる。ドラマ教育とは，豊かな表現力，感受性，人間関係力，そして，自信と自尊感情を育てることをねらいとして，グループで多様な即興表現を行わせる活動である。台本にあるせりふを覚え，演劇をするシアター教育とは少し異なっている。ドラマ教育は，

---

* 『名まえを見てちょうだい』は，あまんきみこ著，東京書籍『新しい国語　2年（下)』。

## 国語科における活用学習――PISA型読解力の育成を目指し，フィンランド・メソッドを生かした学習展開の実践ガイドライン

フィンランド・メソッドから，次の3つのことを取り入れた学習展開を行うことで，国語科の学習内容のより一層の定着をめざす。

（◎）　単元の最後には，テキストの読み取り終了後，体験したり，調査を行ったりしたことをもとに表現活動をしっかりと行うこと

（★）　イメージを広げたり考えを整理したりするときには，積極的にカルタという手法を用いる。

（＊）　論理的に自分の考えを伝えることを重視する場面をもつということ

ただし，基本的にはどの時間も理由を述べることを大切に，授業を行う。

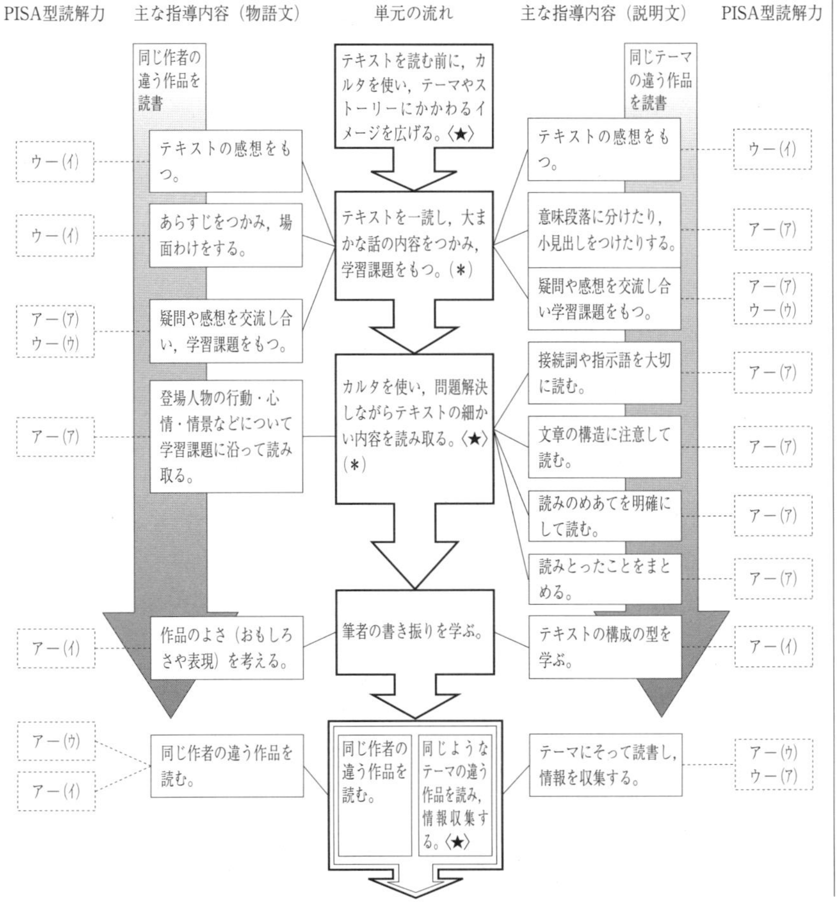
PISA型読解力
主な指導内容（物語文）
単元の流れ
主な指導内容（説明文）
PISA型読解力
同じ作者の違う作品を読書
テキストを読む前に，カルタを使い，テーマやストーリーにかかわるイメージを広げる。〈★〉
同じテーマの違う作品を読書
ウ－(イ)
テキストの感想をもつ。
テキストの感想をもつ。
ウ－(イ)
ウ－(イ)
あらすじをつかみ，場面わけをする。
テキストを一読し，大まかな話の内容をつかみ，学習課題をもつ。(＊)
意味段落に分けたり，小見出しをつけたりする。
ア－(ア)
疑問や感想を交流し合い学習課題をもつ。
ア－(ア)
ウ－(ウ)
ア－(ア)
ウ－(ウ)
疑問や感想を交流し合い，学習課題をもつ。
接続詞や指示語を大切に読む。
ア－(ア)
ア－(ア)
登場人物の行動・心情・情景などについて学習課題に沿って読み取る。
カルタを使い，問題解決しながらテキストの細かい内容を読み取る。〈★〉(＊)
文章の構造に注意して読む。
ア－(ア)
読みのめあてを明確にして読む。
ア－(ア)
読みとったことをまとめる。
ア－(ア)
ア－(イ)
作品のよさ（おもしろさや表現）を考える。
筆者の書き振りを学ぶ。
テキストの構成の型を学ぶ。
ア－(イ)
ア－(ウ)
ア－(イ)
同じ作者の違う作品を読む。
同じ作者の違う作品を読む。
同じようなテーマの違う作品を読み，情報収集する。〈★〉
テーマにそって読書し，情報を収集する。
ア－(ウ)
ウ－(ア)

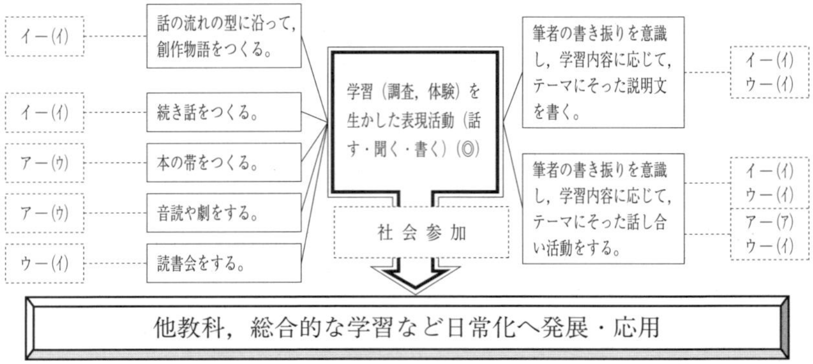


＊なお，どの時間においても，その時間の学びの振り返りとして，考えの深まり，学び，できるようになったことを書く時間を設定する。

PISA型読解力とは，「自らの目標を達成し，自らの知識と可能性を発達させ，効果的に社会に参加するために，書かれたテキストを理解し，利用し，熟考する能力」をさす。PISA型読解力の育成のために文部省が平成17年12月に策定した「読解力向上プログラム」の３つの重点目標を示す（＊なお，上記の表の実践ガイドラインにおける PISA型読解力にある記号は，この「読解力向上プログラム」の重点目標を示す)。

ア　テキストを理解・評価しながら読む力を高めること
　(ア)　目的に応じて理解し，解釈する能力の育成
　(イ)　評価しながら読む能力の育成
　(ウ)　課題に即応した読む力の育成
イ　テキストに基づいて自分の考えを書く力を高めること
　(ア)　テキストを利用して自分の考えを表現する能力の育成
　(イ)　日常的・実用的な言語活動に生かす能力の育成
ウ　様々な文章や資料を読む機会や自分の意見を述べたり書いたりする機会を充実させること
　(ア)　多様なテキストに対応した読む力の育成
　(イ)　自分の感じたことや考えたことを簡潔に表現する能力の育成

即興的な創意工夫，高め合いを大切にして展開される。この活動を取り入れることで，子どもが自分でストーリーやせりふ，そして身体動作を考えることができるので，一人ひとりの個性を生かした創意工夫あふれる創作続き話づくりにつながると思われる。

３つめは，他教科との関連を図ることである。特に体育科の「表現遊び」を単元と並行して行い，身近な動物や乗り物などのいろいろな題材の様子や特徴

をとらえて，全身で表現する。「○○が○○しているところ」など，なりきって表現することは，表現リズム遊びに加え，高学年で行う体づくりの運動の要素もあり，心と体をほぐし，表現する楽しさに浸ることにつながる。

４つめは，「カルタ」を用いた読解や創作続き話づくりを行う。情報を整理したり，書きたい話の構想を練ったりして，思考を活性化させるために役に立てることにする。

## 2　活用型学力をどうとらえたか

本単元では，次の３つの学習における知識・技能を効果的に活用することとする。

１つめは，「教材から型を取り出し，個性的に活用し，創作する」ことである。物語から文章構成や表現技法の型を取り出し，その型に沿って物語を作ったり，心に残る表現技法を使ったりしながら，自分の物語に活用する。教材から文章構成の型を守って作ったとしても，場面設定は様々で，空想をふくらませ，個性あふれる物語が創られるだろう。さらに個人が作った物語をグループで練り上げ，物語の設定を合体したり，削除したり，新たに思いついた内容を付け加えたりしながら，より面白い作品を共同で創り上げていく。

２つめは，ドラマの学習を通して，グループのメンバーの発想をつなぎ，１つの話に作り上げる経験で培った「共同的な創意工夫力」を活用する。また即興表現でショートストーリーを作り上げるためには，友だちと対話し，話を作り上げる過程に「楽しさ」を見出すことも活用しているといえるだろう。

３つめは，体育科の「表現遊び」で動物や乗り物などに「なりきって表現する」学習を通して，身体表現をする「心の解放，心地よさ」を活用することである。

このような活動を支えるのは，すべて「言葉の力」である。読み取る過程で学んだ表現技法や文章構成の型の取り出し，創作続き話を作る過程での友だちとの練り上げ，作品評価など，様々な場面での言語活動を充実させ，それらの言語を整理して子どもが使えるものとしてまとめることで自分の引き出しに言葉が蓄積される。日々の学習の積み重ねのなかで，多様な活動から学びえた様々な言葉を常に活用し続けることにより，いっそう豊かな言語活動が期待できる。

## 3　単元構成の工夫と活動の流れ

【単元構成の工夫】

①既有の知識・技能を活用させる問題解決的な学習の設定

・「創作作品を作り紹介し合う」という明確な目的をもつことで，学んだことを活用しながら，子ども自ら問題解決的に学習を進めることができる。

②他教科との関連を効果的に図る

・体育科やドラマの表現の時間を創作続き話の前に設定したり，並行して行ったりして豊かに表現する時間を設ける。

③フィンランド・メソッドを用いた学習

◎学び方の型や表現の仕方の型などの提示と活用

・物語の読解の場面で，思考と表現の型を教材より学び，それを個性的に活用させる。

・学び方の型を示し，子どもが自立的に学習を進めることができるようにする。

◎音声言語と文字言語を変換させながら四言語活動を関連づける

・１時間の授業構成のなかでも，文章を読み，考えたことを書き，友だちに話したり違う考えを聞いて，広がったり深まったりした考えを書くような時間を繰り返す。単元構成においても，テキストを読み取る，創作続き話を作る過程で友だちと話し合う，作ったものを動作や言葉で表現するという言語活動の関連づけを行う。

◎思考を活性化させるカルタの利用

・自分の考えを整理したり，発想を広げたり，話し合いを深めたりできるように，カルタを利用する。わかったこととそう思った理由（情報の取り出し）がしっかり行われるようにする。

④自己評価や相互評価の場の設定

- 国語ポートフォリオを読み返したり，自分の作った創作物語を紹介し合ったりして，自己成長や学力向上の軌跡を振り返りながら自分の学習能力に自信をもたせ，次への学習意欲を高める。

【活動の流れ】

活動の流れを，先の図にある物語文で示す（pp. 75-76）。

## 4　指導の実際と子どもの学び

### （１）物語の先読みをさせた通読

題名や挿絵から，考えたこと想像したことをカルタ（ワークシート①）に書く。実際に刺繍のある帽子も用意し，音楽をかけながら，紙芝居をするように読み聞かせする。その際，場面ごとに話を止め，次にだれに出会うのかどんなことが起こるのか，物語にどっぷりと浸らせ，先読みをして通読した。読み終わった後すぐに，「もう一度読んで！」とコールがあった。とても気持ちよかったからだという。テキストとの新鮮な出会いであった。

物語の内容を予想するカルタ（ワークシート①）

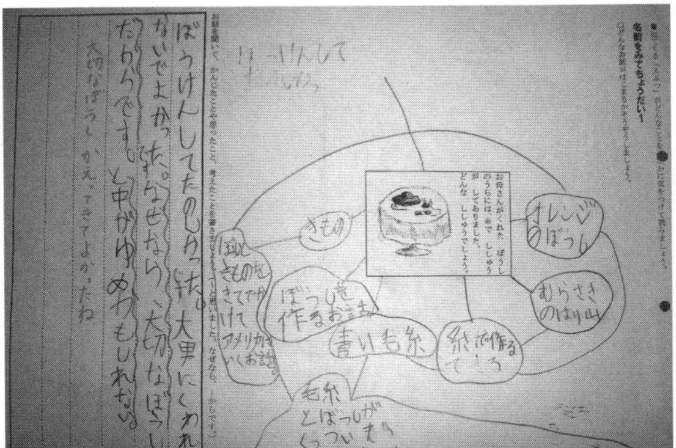

読み取りの例（ワークシート②）

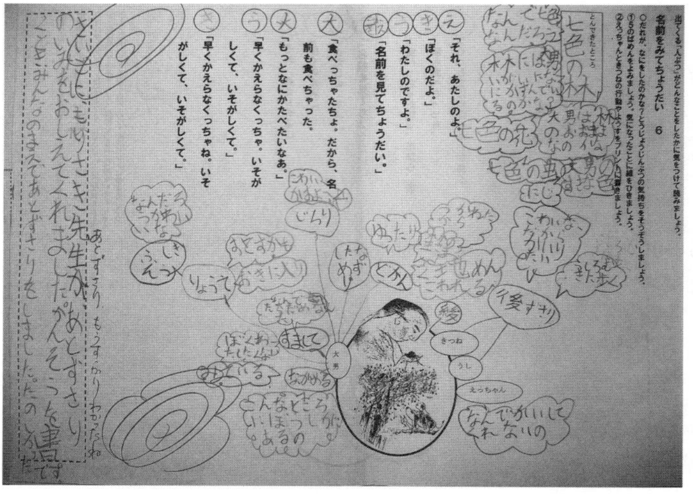


## （2）挿絵カードと読み取りカードの活用

物語のおおまかな流れをつかむために，挿絵カードや読み取りカードを活用する。

読み取りカードには，「いつ，登場人物，出てきた場所の様子，どんな音どんな色，お話の続き，こまったこと，できごと，不思議なところ，悲しいところ，おもしろいところ，主人公の性格，におい」などを記入しておく。

４人１組で，用意した挿絵カードの並べ替えを行い，挿絵を見ながら物語の説明をする。また，読み取りカードを使って話題を焦点化し，自分の考えを話す活動を取り入れながら，あらすじをつかむ。話すことを通して内容が確かめられ，疑問があると教科書を読む。あらすじがわからなくなると，友だちがヒントを出し助け合って学習を進めるほほえましい光景があった。学習の最後にまとめた場面ごとの書き取りも，話すことに時間を費やすことで，どの子もすらすらと鉛筆を運ばせていた。

対話の型の掲示

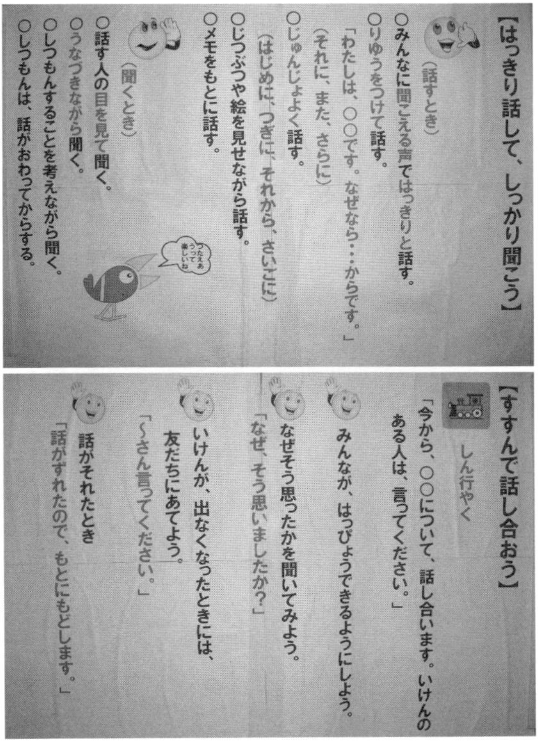
【はっきり話して、しっかり聞こう】
（話すとき）
○みんなに聞こえる声ではっきりと話す。
○りゆうをつけて話す。
「わたしは、○○です。なぜなら・・・からです。」
（それに、また、さらに）
○じゅんじょよく話す。
（はじめに、つぎに、それから、さいごに）
○じつぶつや絵を見せながら話す。
○メモをもとに話す。
（聞くとき）
○話す人の目を見て聞く。
○うなづきながら聞く。
○しつもんすることを考えながら聞く。
○しつもんは、話がおわってからする。
つたえあうって楽しいね
【すすんで話し合おう】
しん行やく
「今から、○○について、話し合います。いけんのある人は、言ってください。」
みんなが、はっぴょうできるようにしよう。
なぜそう思ったかを聞いてみよう。
「なぜ、そう思いましたか？」
いけんが、出なくなったときには、友だちにあてよう。
「～さん言ってください。」
話がそれたとき
「話がずれたので、もとにもどします。」

（3）対話力の育成

言葉の力を育てる上で，子ども同士の言語活動は欠かせない。グループ学習の際，対話力も同時に育成する。教室に対話の型（写真）を示し，それに沿って対話できるように指導する。型を示すことで，進行役がどのように進め，他の友だちもどのように話したり聞いたりしたらよいかがわかり，自分たちで学習を進めることができる。

（4）場面ごとの読解

場面ごとに，次のページの図「物語の読み取り方の型」にそって読み進める。

**物語の読み取り方の型**

| 一人読み | 一人読み | グループ交流 | クラス交流 | クラス交流 | |
|---|---|---|---|---|---|
| 登場人物の行動や会話を色分けして教科書に線を引く。 | 場面のなかで「気になる言葉」にマーキングする。<br>気になる言葉についてその意味やなぜを自ら問う。 | 一人読みで気になった言葉について考えたことを交流する。 | 気になった言葉について考えたことを交流する。グループでも話題になったことを中心に読み深める。 | パペットなどを用いて物語をなぞったり，即興表現する。 | 感想を書く |

**オレンジ言葉カルタ**

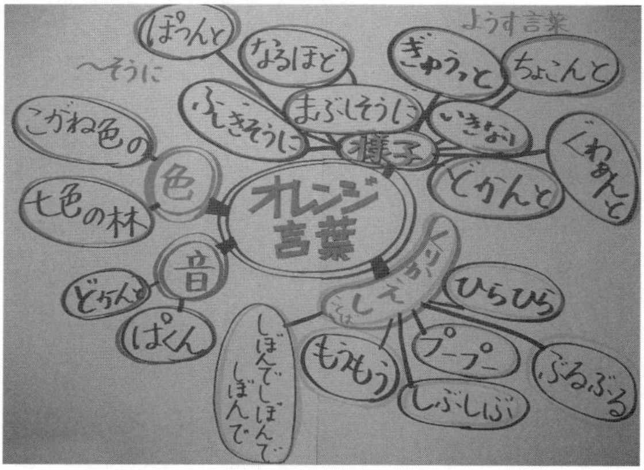


物語にどのように向き合えばよいのか，子ども自ら見通しをもって学習を進めるためである。一人読み，グループ交流，クラス交流を組み合わせ，対話の型に沿って，読み深める。誰が何をどうした場面なのかを読み取った後，教科書の気になる言葉にオレンジ色をぬる。気になる言葉をプリントに書き，カルタ（p. 80，ワークシート②）を作る。どのような様子かなぜそうなのかについて考え，自分やグループで読み深める。最後に全体で交流させ，疑問を解決したり，言葉の意味について丁寧に考える。いろいろな子どもたちのオレンジ言葉の意味や感じ方を交流することで，言葉の意味もはっきりとしてきたようだ。

そうして，擬音語や擬態語など様々な言葉をクラスのオレンジ言葉としてカルタ（写真）にまとめて，物語づくりに生かせるようにする。また，帽子やパ

ジャングル探検

ペット（ぬいぐるみ）を使い，物語の通り表現してみたり，想像したことを即興表現したりする場も計画的に設定する。これらの活動で登場人物の行動や会話の読み取りも深まった。

### （5）体育科や特別活動における表現活動の関連

もともと２年生という学年は劇化を楽しめる発達段階といえるが，子どもたちが国語の時間に自分を表現できたのは，体育科「表現遊び」や特別活動におけるドラマの時間を関連させてきたからだ。体育科の学習では，自分が「新聞紙」になったつもりで，丸められたり破られたりしているところを表現したり，動物になったつもりでその様子を表現する「ジャングル探検」（写真）をしたりした。はじめは，恥ずかしがっていた子どもたちだったが，心も体もほぐれてくると，チーターやラッコ，ペンギンなど，思い思いの動物になりきって表現を楽しんだ。なかには，短いストーリーを考えるグループもあった。

ドラマの時間には，友だちと協力してドラマでお話づくりを楽しんだ。ドラマのはじめは，歌を歌い，なりきり遊びをしたり，グループで話をつないで心をほぐす。そして，「森のなかの泣いている子どもの話」や「宝ものをなくした話」について，場面設定，人物設定，ストーリーの展開を子ども自ら行い披

創作物語のイメージ広げ（ワークシート③）

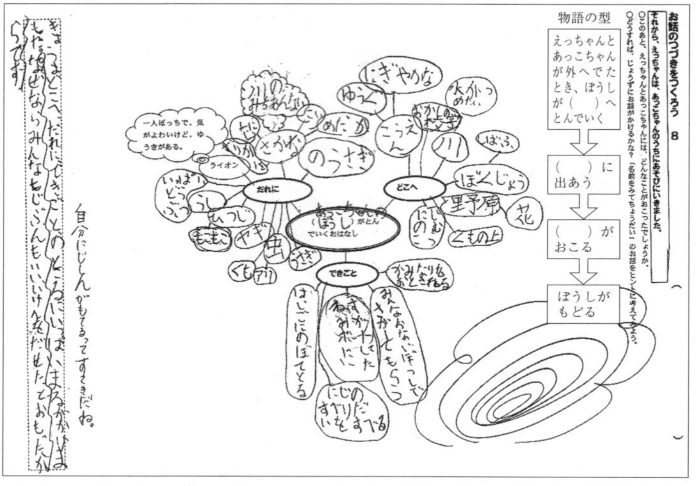


露しあった。動きながら短い時間でアイデアを出し合い場面設定をすることができるようになり驚いた。

## （6）物語の型を用いて，創作続き話を創る

ここで，サークルタイムをもち，この物語の面白さについて考える。そうしてこの物語にヒントを得て創作続き話を作る。ただし，すべて書き換えてしまうと複雑になり過ぎるので，この物語の流れと同じ流れの「帽子がどこかへ飛んで行き，誰かに出会い，何かできごとが起こり，帽子を取り戻す」ことを型とする（ワークシート③）。子どもたちは物語の展開についてはすでに学習しているので，どんな組み立てにしようか楽しみながら作業を進めていた。どんな人物に出会うことにするか，どうやって返してもらうか思い思いのイメージをカルタに広げる。カルタは，枝葉をのばすように思いついたことを自由に書き広げることができるので，想像を膨らませるのにちょうどよい。そしてそれをもとに自分のストーリーメモを書いた（ワークシート④）。

さらに一人ひとり作ったあらすじを持ち合わせ，グループでより面白い作品

創作物語ストーリーメモ（ワークシート④）

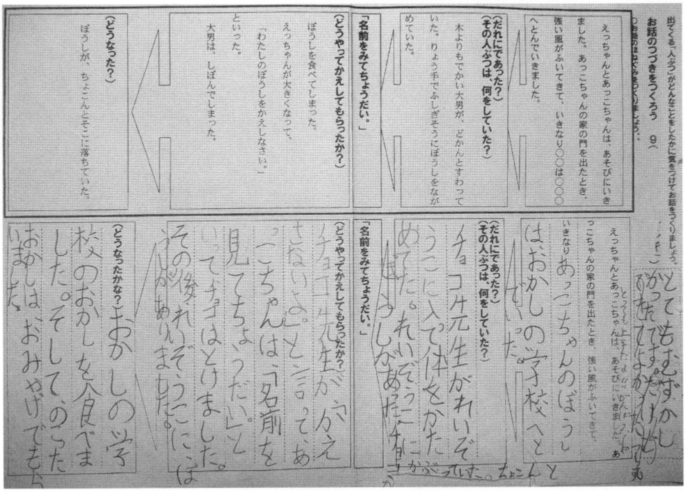


友だちと **1** つの作品に（ワークシート⑤）

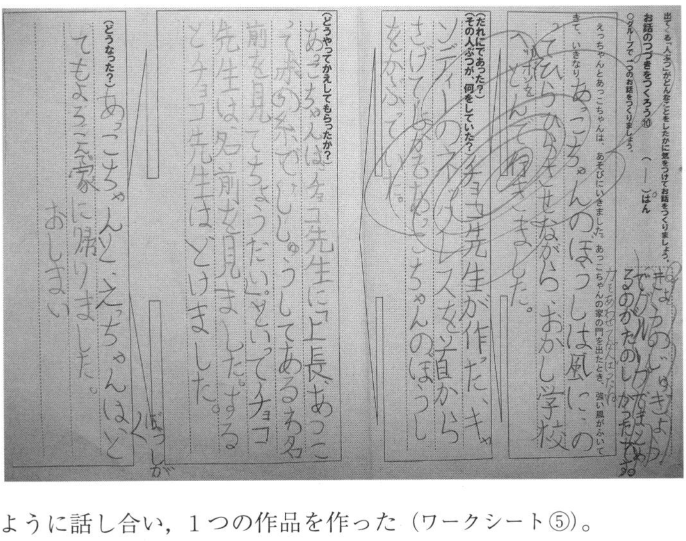


になるように話し合い，１つの作品を作った（ワークシート⑤）。

今までの「なりきり」や「ドラマ」などの学習の積み上げにより「共同的な創意工夫力」を発揮し，友だちとアイデアをつないで構成を考えたり，動作化

ほめほめカード（ワークシート⑥）

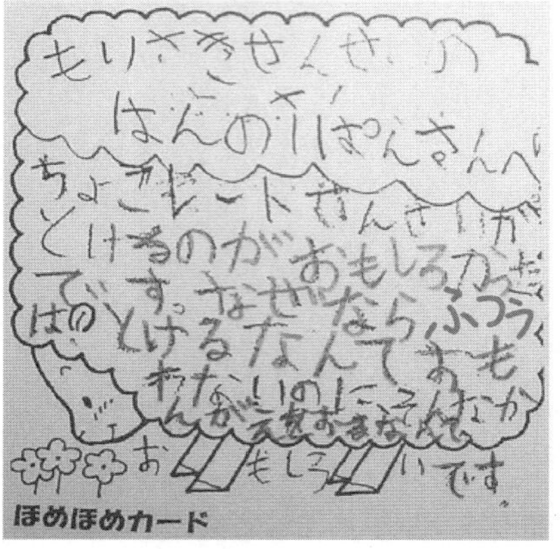


しながら，あらすじをもとに会話文を考えたりした。うまくいくグループばかりではなく，意見がまとまらないグループももちろんあった。折衷案を出したり，誰かがアイデアを引っ込めたり，また，さらに奇抜なアイデアを提案したりしながら，グループごとに様々なドラマをもちながら１つの作品を作っていった。

### （７）創作続き話発表会

グループごとの発表会では，テキストの読み取りに出てきたオレンジ言葉をどれぐらい使っていたかよく聞きながら鑑賞した。チョコ先生が登場し，帽子を取り返されると先生がとけてしまうという仕掛けを考えたグループもあった。体を左右にくねらせて，チョコレートがとける様子を堂々と演じる姿に大きな拍手も起こった。ドラマなどの表現活動がここに生きていると感動した場面であった。

### （８）成長を確かめる

友だちからほめほめカードをもらい，作品をほめてもらいながら成長を確かめ自信につなげた（ワークシート⑥）。また，自分のお話のなかに，オレンジ言葉がいくつあったかも数え，学んだ言葉を活用し楽しい創作続き物語りができたことも喜んでいた。

## 5　振り返りと今後の課題

### （1）活用をめざしたオレンジ言葉の取り出し

子どもたちが気になる言葉としてピックアップしたオレンジ言葉。そのなかには，擬声語，擬態語，比喩表現など，様々なものが混在していた。それらの言葉を丁寧に分類することで，これからももっとよく探せるようになるだろう。また，友だち同士の作品の評価セッションやできるようになったことの振り返りに時間をとり，使えたオレンジ言葉を意識させることが必要である。なぜなら，これらのオレンジ言葉は知ったとしても，使わなければ本当に活用されたとは言えないからである。教室の常時掲示とし，様々な物語の文章構成・オレンジ言葉に触れながら，それらを使う機会を充実させたい。

### （2）学年を超えた学習の積み上げ

この学習では，読み取り方などの学びの型を示し，自立的に学習を進められるよう工夫した。ドラマ教育は可能性のある教育だが，その意味が理解されにくく，継続が難しい。しかし，前学年で学びや課題を伝え，学習を積み上げていくことで創造性もますます伸びていくことだろう。

（森嵜章代）

# 4 単元名 「関わり合って生きる」生きものって いっぱいいるんだな

教材名 サンゴの海の生きものたち*

学 年 第2学年

## 1 この単元のねらいと特徴

子どもたちは，自然や生きものが大好きである。１学期に『たんぽぽのちえ』（植村利夫，光村図書出版，教科書書き下ろし）のお話を読んだ。たんぽぽが綿毛をとばすまでの過程を時系列にそって説明している文章である。子どもたちは，その世界にひたり，たくさんの子が登校する時にたんぽぽを摘んで，教室にもってきた。

低学年の子どもたちにとって，学習するお話の世界と自分の生活や活動を結びつけ，学びの道筋を明らかにしていくことがとても大切だと実感した。

本教材は，サンゴの海の生きものたちの関わり合いについて書かれている。主にイソギンチャクとクマノミ，ホンソメワケベラと大きな魚の共生の関係について紹介している。大きな挿絵が効果的に使われており，子どもは，関わり合いについてイメージを広げやすく，書かれている大体をとらえながら，興味をもって楽しく読むことができる。生きもの自体が単独で生きているのではなく他の生きものとの関わり合い，広く言えば周りの環境のなかで共に生きていることを実感としてとらえさせたい。

文章構成が「はじめ」「中１・中２」「おわり」になっていて，１学期に学習した「たんぽぽのちえ」にはなかった問いかけがある。教材文を元に共生する魚や生きものについて調べることは，２年生にとって難しい課題だと考えるが教師の方で参考資料を紹介しながら子どもなりに見つけさせ，言葉の力を育み

＊『サンゴの海の生きものたち』は，本川達雄著，光村図書出版『国語　２年（上)』教科書書き下ろし。

たいと考えた。

## 2 活用型学力をどうとらえたか

本単元では子どもたちが「『関わり合って生きる』生きものって，いっぱいいるんだな」と感じることができることが学習のゴールである。「関わり合って生きる」とはどういうことなのか，自分で調べたり仲間の発表を聞いたりしながら，身近な生き物の世界にも当てはまることを知り，自分自身だって関わり合って生きていることを感じさせたい。

そのために，教材を読み内容を理解し表現に到る活動をすることによって基礎的，基本的な知識・技能さらに思考力・判断力・表現力など，活用型学力を育てることができると考える。活用型学力は，その意味で基礎的，基本的学習と活動や表現，自己の成長とが結びついた総合的な学力といえる。

国語科において特に大事にしたい点は，次の2点だと考える。ひとつは，考える力をどう育てるかである。「考える力」は，「表現する場」を設定することによってより一体となり，効果的に活用されることになる。なぜなら，「表現すること」は，既習の知識や技能を言葉を通して新しい場面で使うことであり，読んで学んだことをエネルギーとして働かせることにつながるからである。もうひとつは，生きた言葉の活用である。「言葉の力を育てる」という時，子ども一人ひとりの「伝えたい」という実感を伴うことがとても重要である。子どもたちの体をくぐった言葉，事実に基づいた信念のある言葉を大事にしたい。

「考える力」「言葉を活用する力」を育成するためには，個と集団のなかでの学び合いこそが核になる。そのための学習方法を子どもたち自身に身につけさせることが必要である。基本的な読み取りや課題を共有させ，表現の方法を身につけさせることによって，学習課題の相互理解や内容の集団での学び合いが確かなものになるのではないか。

低学年の子どもたちにとって共通の見通しをもって表現へとつなげることは，難しい課題である。だからこそねらいにせまるための学習方法として，教材を通して，表現への基礎・基本となる表現方法や型を繰り返し，あるいは重点的に学ばせる必要があると考え，以下の単元モデルと指導方法を設定した。

### （1）単元モデル（低学年から高学年へ　段階的，重点的に進める）

| 過程 | 段　階 | ね　ら　い |
|---|---|---|
| 習得 | 1　テキストとの出会い | •作者の主張や内容について想像を広げる（教材の世界へのアプローチ）。<br>•自分の経験や知識の交流。 |
| | 2　テキストの読み取り | •表現方法や型を読み取る。 |
| | 3　表現課題の決定 | •学習課題の明確化。<br>•表現の型を決める。 |
| 活用 | 4　構想づくりと調査 | •型にそって表現のあらすじを作る。<br>•集団での学習課題の共有。 |
| | 5　表現と改善 | •他者評価を入れて表現を改善する。<br>•モデルと自分らしさの追求。 |
| | 6　表現の公表 | •表現を聞き手の前で発表，交流する。 |
| | 7　表現の振り返り | •テキストの再評価。<br>•身につけた力の自覚（自己の成長）。<br>•生きた言葉の獲得。 |

### （2）指導方法

| | |
|---|---|
| 1　多様な資料の活用 | ①複数の資料を比較・総合して結論を出させる。<br>②自己の経験や生活のなかの身近な題材や社会問題を学習内容として取り上げる。 |
| 2　型の提示と活用 | ①思考と表現の型を教えて活用させる。<br>②思考および表現において，目的を意識させる。 |
| 3　共同的集団づくり | 相互評価を通して，考えの深化や表現の練り上げをさせる。 |
| 4　思考の活性化 | イメージマップを用いて自分の考えや表現の構想をまとめさせる。 |
| 5　自分づくり | ①常に自分の言葉で考え，論理的に表現させる。<br>②自他の評価を振り返り，学習の力や成長の証を確認させる。 |

## 3　単元構成の工夫と活動の流れ

【単元構成の工夫】

①自分たちで調べた「生きものの関わり合い」を説明することを最後の段階での活動・表現とし，見通しをもった学習をすすめること。

- グループごとに工夫して発表することで，その元になる教材のめあてを意識して読むことができる。関わり合いを調べ，表現することで仲間との関わり合いも感じることができる。

②教材文の構成から型を取りだし，主体的な読み取りと同時に表現の方法に活かすこと。

- 聞いている人にわかりやすく説明するためには，文の構成やキーワードがあることを知ることができる。ワークシートを工夫することによって，表現するための台本として活かすことができる。

【活動の流れ】（次のページを参照）

## 4　指導の実際と子どもの学び

### （1）題名からお話の世界へ

１枚のサンゴの海の拡大写真を使って，子どもたちに問いかけた。サンゴって何だろう？　①草や木，ワカメのような植物の仲間。②石や砂みたいなものの仲間。③魚やカニのような生きものの仲間。

子どもたちの答えは，①19人　②10人　③４人だった。そのわけを話してもらった。

①植物の仲間だという理由

- 木の枝みたいに１本から分かれているから。
- 森みたいにいっぱいあるから。
- 草みたいにまとまって生えているから。

## 【活動の流れ】

| 学　習　過　程 | 指導方法と言葉 | 環境づくり |
|---|---|---|

**習得の過程**

第１次　２時間

**〈１　テキストとの出会い〉**
①題名からイメージを広げる。
②新出漢字・語句を知る。
③全文を読み，感想・疑問を交流する。

- ○題名読み
- ○イメージマップ
  「サンゴの世界」
  「関わり合い」

第２次　４時間

**〈２　テキストの読み取り〉**
①場面ごとに，生きものを調べる。
②１つめの関わりを読み取り，表現する。
③２つめの関わりを読み取り，表現する。
④生きものの関わり合いを台本でまとめる。

- ○読み取りワークシート
- ○ペープサート
  「問いかけ」
  「このように」

第３次　６時間

**〈３　表現課題の決定〉**
①説明する課題を決定する。
②表現の方法を確認する。

- ○図書館司書
  「伝える」
  「説明する」

**活用の過程**

**〈４　構想づくりと調査〉**
①調べる方法を確認する。
②生きものの関わり合いの本を調べる。
③発表方法の選択

- ○参考図書の紹介
  「生きものの関わりのひみつ」

**〈５　表現と改善〉**
①台本形式のワークシートにまとめる。
②発表の分担をし，練習する。

**〈６　表現の公表〉**
①各グループの調べた生きものの関わり合いを聞く。
②仲間の表現の良さや工夫を見つける。
③いろいろな生きものの関わり合いを知る。

- ○表現台本
- ○ペープサート
- ○紙芝居
  「わかりやすさ」
  「関わり合いの表現の工夫」
  「仲間との関わり」

**〈７　表現の振り返り〉**
①テキストの見直し
②図工での作品作り
③生活のなかでの関わり合いを見つめる。

- ○教材
- ○絵「不思議な生きもの」
  「関わり合い」

環境づくり：生きものの世界に関連する本や資料の紹介・掲示

②ものの仲間だという理由

- 海のそこにあって，岩みたいだから。
- おばあちゃんの家に行ったら，サンゴがあって，さわったら石みたいに固かったよ。

③生きものの仲間だという理由

- ファインディング・ニモに出てきたサンゴは，しゃべっていて生きものだったよ。
- イソギンチャクやヒトデの仲間じゃないかなと思ったから。

子どもたちは，自分の立場の仲間を増やそうと大さわぎだった。答えが③だと告げると，４人の子が大歓声をあげた。他の子たちは，不満そうな顔。生きものということは，「何か食べているの？」「大きくなるの？」「死んだりするの？」「卵を生むの？」などいっぱい疑問が出てきた。

教室に海の生きものに関連する本を置いた。学校の図書館で借りる本も生きものに関係する本を勧めた。Ｄさんは，早速，『サンゴ礁の世界』（白井祥平，あかね書房，2005年）を借りて，私に報告にきた。それは，サンゴがいっせいに卵を産んだ瞬間の写真だった。

### （２）イメージマップを活用する

「もし，みんなが海にもぐったら，どんなことを思うか？」をキーワードとして，イメージマップを使って想像させた。特に海という環境のなかでどんな助け合いや関わり合いが考えられるかに着目させた。子どもたちは，いろいろな生きものがいることを確認し，その生きものがどこかで助け合っているのではないかというイメージをもつことができた。この時点で単元での学習課題〈生きもののひみつや助け合い，関わり合いを調べ，わかりやすく説明しよう〉を子どもたちに提起した。

### （３）登場する生きものたちのようすを読み取る

内容を正確に読み取るためには，事柄の順序を踏まえ，説明する文章の型を

海にもぐる：イメージマップ

読み取りのワークシート

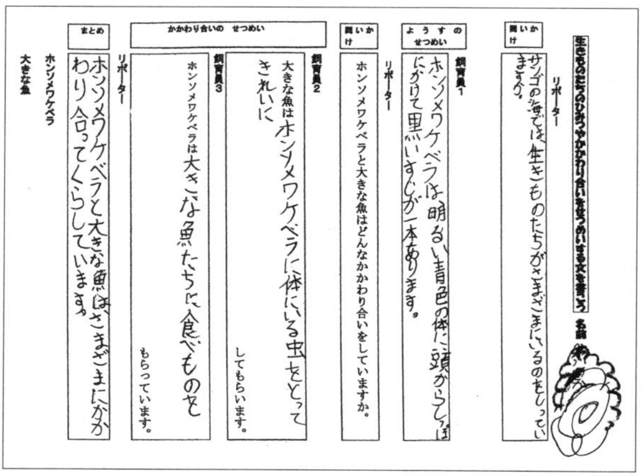


押さえることが大切である。本教材でも「問いかけ」「ようす」「ひみつ」「理由」「まとめ」などの構成があり，「〜でしょうか。」「〜ます。」「〜のです。」「このように」の表現は，各段落の内容の読み取りの根拠になった。

## （4）生きものたちの関わり合いでわかったことを表現する

教材には，生きもの同士の関わり合いが2例出されている。前時の学習で

関わり合いを説明するペープサート

使ったワークシートを元にグループで役割分担して説明する手法を取った。

○水族館に来たレポーターが〈生きもののひみつ・関わり合い〉を問いかけるよ。

○水族館の飼育員が〈魚の様子・関わり合い〉を説明するよ。

○他の飼育員がペープサートを使って動作化して説明するよ。

子どもたちは，動作化するために生きものの関わり合いを繰り返し読んだ。発表では，文に書いてある内容を視覚的にとらえることができ，効果的だった。

### （5）生きものについての本を読み，関わり合いを調べる

子どもたちは，生きもののひみつを調べることに興味をもった。家にある図鑑や図書室の本，近くの図書館まで行って，自学ノートにいろいろな生きもののひみつを書いてきた。

それでも，『サンゴの海の生きものたち』にあるような「関わり合い」を見つけることはむずかしかった。そこで，私自身も図書館や水族館に行って調べた。司書の先生にもお願いし，子どもたちの本と合わせて50冊近くが集まった。子どもたちは，①興味のある生きもの，②ひみつがある生きもの，③相互に関わり合いのある生きものを視点にして調べた。

表現用のワークシート

## （6）調べた生きもののひみつや関わり合いをワークシートに整理し，説明文を書く

本の選択，内容の理解など個人差が大きく，初めはとまどう子どもが多かった。教師，司書の先生，保護者のアドバイスで少しずつ書くことを進めた。特に良かったことは，先に活動を進めている子どもの存在である。「どんな生きもののどんな内容を書いているか」を発表させることによって，他の子どもの意欲につながった。

## （7）グループ内で調べた生きものを紹介し合い，発表する内容をしぼる

ワークシートを元にグループのなかで発表させた。〈①生きものの名前，②問いかけ，③ようす，④ひみつや関わり合い〉の視点を与え，話をさせた。誰の調べた生きものがおもしろいか，どんな説明が良かったかを元にグループで発表する生きものを絞らせた。

次にワークシートを元に発表用の台本を作らせた。説明する内容をまとめ，役割分担し，準備するものを考えさせた。ペープサート，絵，紙芝居をグルー

プごとに選んだ。

| |
|---|
| 1班：サイとウシツツキ（鳥） |
| 2班：ありとあぶら虫 |
| 3班：コバンザメとくじら |
| 4班：アリとスミレ |
| 5班：そうじエビと人間 |
| 6班：ヤドカリとイソギンチャク |

子どもは，どんな生きものの発表を他のグループに説明したいか考えた時，生きもののひみつだけのものではなく，やはり生きものの関わり合いがあるものを選んだ。教材で学んだ型を繰り返し学習することによって，生きものの関わり合いの不思議さ，おもしろさを説明したいという欲求が生まれたようだ。

### （8）発表の練習をする

グループでの発表を活かし，役割分担を決めて発表の準備と練習を進めた。課外の時間も使って，ペープサートや紙芝居を作った。発表の課題として〈どんなことに気をつけたらわかりやすいか〉を視点にした。子どもたちは，〈最初に生きものの名前とようす・ひみつや関わり合いを工夫して・時間も考えて〉などを意識した。グループ内での仲間との関わり合いを大切するよう声をかけることによって，それぞれが自分の持ち味を発揮していた。

### （9）発表会を開き，学んだことを振り返る

子どもたちは，自分たちの発表の内容を秘密にして準備や練習をし，他のグループに早く発表したいと意欲的だった。この授業のねらいを次の２点とした。

①聞いている人がわかるように順序を考え，工夫して話す。

②初めて知ったことや説明の仕方のいいところを考えて聞く。

聞く相手を意識した発表と共通した型をモデルにした表現は，聞いているどの子どもにもわかりやすく，集中しながらも楽しい発表になった。

子どもが発表したペープサートと紙芝居

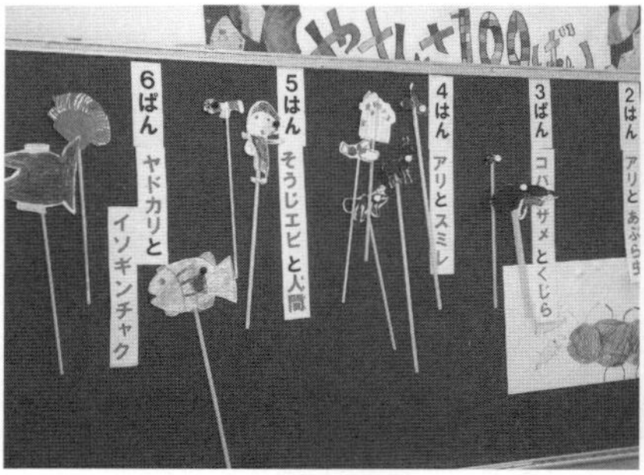


役割分担しての発表

あんまり関わり合いがないと思ったけど，図かんとか調べてみたら，ものすごいいっぱいの生きものがいるんだなあと思いました。
どうして，アリはスミレの白い所だけ食べて，後はすてるのかなあと思いました。イソギンチャクって動いたりするなんて知らなかったから，勉強にすごくなったなあと思いました。れんしゅうより，うまくできてよかったです。（T）

さいしょは，関わり合いが2，3こぐらいしか知らなかったけど，図かんを見たら，知らない関わり合いがわかりました。
いろいろな関わり合いやひみつがわかって楽しかったです。グループで力を合わせて，いい発表ができて，いい思い出になりました。（R）

各グループが型を使った表現をしたが，それぞれが見つけた生きものの対象が違うことや表現手段の方法に工夫があることで，創造的な表現ができることを知ったことは，私自身とても意義があった。

発表会の後半では，どんなひみつや関わり合いがあったかを確認し，初めて知ったこと，おどろいたこと，わかったことを発表した。またそれぞれのグループの表現の工夫を認め合う交流の場とした。

### （10）学びの成果を振り返る

これまで活動した個人で作ったワークシートやグループで作ったペープサー

ト，紙芝居を一定期間教室に掲示した。自分たちがこの単元で学習してきた成果をみんなで確かめ合いたかったからである。子どもたちは，個とグループの振り返りのなかで学びの成果を感想としてもつことができた。しかし，自分がつけた力を自覚する点においては十分ではない。本書編者の田中博之氏の言う「自己成長を評価するための『評価セッション』」のように，個に応じた学びの成果と自己の成長が具体的な力としてわかる手立てや方策を研究する必要がある。それは，自己の学びや成長の確認は，クラスの仲間の存在がとても大きいことを実感したからである。

## 5　振り返りと今後の課題

本単元を実践するにあたって，構想段階で田中博之氏のアドバイスを受けた。学習方法の一つとしての型の提示や表現に至る過程について学んだ。活用型学力を意識した実践に初めて取り組んで多くの成果と課題を得た。以下，それぞれ 3 点に絞って整理しておきたい。

### （1）成　果

①読みから表現への型（モデル）を知ることによって，誰もが学習の見通しをもち，表現までのねらいを意識することができた。

②ワークシートについては，読み取るだけのものから，次の表現の手立てになるものへと段階的に変えることによって，めあてがはっきりし，意欲も高まった。

③表現することは聞き手を意識することである。子どもたちは，聞き手に伝わるように工夫し，グループの子どもたちと話し合いながら活動した。伝えるための力が，調べた事実や共同での練り合いによって生きて働く言葉になった。

### （2）課　題

①活用型学力を育てる学習は，子どもたちに主体的な学びと満足感を与えることがわかった。今回の実践を振り返ると，子どもたちに十分時間を保障するなかで表現までたどりつくことができた。各教科との横断的な学習や年間を通した国語科教材の重点化が必要である。

②本実践において子どもたちが一番戸惑ったところは，生きものたちの関わり合いを自分で見つけ，表現の型を利用しながら書くところである。各学年で年間を通して重点的に指導していくことと同時に低・中・高学年でつけさせる力を考え，学校全体で研究していく必要性を感じた。

③生きた言葉を通して自分および関わり合う集団の成長を自覚することが単元の終末ではとても重要である。学んだ読み取りや表現の方法，活用しながら獲得した言葉を自分の力として肯定的にとらえ，新たな学びへの意欲としていくような手立てや方策を研究していきたい。

（吉野裕之）

# 5 単元名　伝えたいことをはっきりさせて書こう
## 教材名　「わたしの研究レポート」を書こう*
## 学　年　第3学年

## 1 この単元のねらいと特徴

この単元では，自分の興味ある問題について調べ，横書きのレポートという形で報告する文章を書く学習をする。すでに子どもたちは，他教科や総合的な学習において，調べ，報告する活動に取り組んでいるが，自分の伝えたいことを明確にして報告するという観点から，改めて国語科の学習として位置づけたものである。レポートにまとめる過程では，集めた材料の組み立てについても取り上げ，論理的でわかりやすい文章の構成を身につけることもねらいとしている。

この教材を見て，まず，総合的な学習とのリンクを考えた。そのわけは，この教材の学習の流れが，総合的な学習の流れと一致する部分が多いからである。

| 指導書による単元の計画 | | | 総合的な学習の流れ |
|---|---|---|---|
| 1 | 1時 | 教材文を読み，学習の流れをつかむ | |
| | 2時 | 自分が調べたいことを決定し，情報収集の手段を考える | 総合的な学習の情報リサーチの部分 |
| 2 | 3・4時 | 情報収集の準備をし，調べる内容に応じた手段で情報収集をする | |
| | 5時 | 調べてわかったことをメモに整理し，感想をまとめる | |
| 3 | 6・7時 | 調べたことのメモをもとに組み立てメモを作成する | 総合的な学習の再構築の部分 |
| 4 | 8～10時 | 組み立てメモをもとに「研究レポート」を書く | |
| 5 | 11時 | 書いた研究レポートを読みあい，感想を伝えあう | |

＊『「わたしの研究レポート」を書こう』は，東京書籍『国語　3年（下）』。

## 2　活用型学力をどうとらえたか

ここでは，活用の場面として３つのパターンがある。ひとつめは，１学期に学習したスキルを活用すること。２つめは，総合的な学習の時間で学習した内容をこの単元で題材として活用すること。３つめは，この単元の学習のなかで，子どもが例から読み取った「型」を活用してレポートを書いていくこと。

まずひとつめの活用パターンについて。子どもは，１学期の国語の学習「どちらがすき――メモをとりながら聞きましょう」でメモの取り方を学習した。その後，総合的な学習などでお話を聞く機会が多く，そのつどメモを取りながらお話を聞く練習を積んでいる。また，同じく国語の学習「わたしのお気に入りの場所」で，インタビューの仕方について学んでいる。それらの既習事項をこの単元で活用する。

次に，２つめの活用パターンについて。この単元を総合的な学習とリンクさせることで，次のような利点があると考える。

①国語科から考えると

「取材活動の時間を，充実させることができる」という利点がある。

国語科でのこの単元の「取材をしてメモをとり，わかったことを整理してまとめる」のに使う活動時間は，３時間である。しかし，総合的な学習とリンクさせることで，この活動時間は10時間以上確保することができる。そのことにより，取材活動の内容が充実し，よりおもしろくわかりやすい文章を書くことができるのではないかと考える。わかりやすい文章を書く条件として，「何を伝えたいかが明確であること」があげられる。これは，読み手にとっても重要であり，書き手にとっても「どう書けば伝わりやすいのか」という技術を学ぶことにもつながる。取材活動の時間を十分に確保することで，子どもが自分の伝えたいことをより長い期間意識しながら活動することができ，わかりやすい文章を書くことにつながるのではないかと考える。この単元での学びを，次年度からの総合的な学習のプレゼンテーションに生かすことができれば，より効果的である。

②総合的な学習から考えると

「総合的な学習における言語活動を充実することができる」という利点がある。

今回の学習指導要領の改訂において，言語活動の充実は各教科を貫く重要な改善の視点である。体験したことや収集した情報を，言語により分析したりまとめたりすることは，問題の解決過程や探究活動の過程において特に大切にすべきことである。また，言語によりまとめたり表現したりする学習活動で，文章やレポートに書き表したりすることは，それまでの活動を振り返り，体験したことや収集した情報と既有の知識とを関連させ，自分の考えとして整理することにつながる。プロジェクト型学習の再構築に当たるのではないかと思われる。また，それを友だちと交流したり，自己評価したりして，言語活動を利用した協同的な学習をすることで，異なる学習活動を共有したり，相互に関連づけたりすることができるのでないかと考える（一部，新学習指導要領より抜粋）。

この再構築の部分を国語科で学習することで，レポートを書いたり友だちと交流をしたりする際に，より明確な目的をもって活動することができると考える。

また，総合的な学習の発表の場である「浜小いきいき発表会」では，国語科の「お気に入りの場所」で学習した司会・レポーター・解説が登場しての発表形式を活かして，自分たちの活動や地域の方々への提案などを伝えることができた。一度学習したことを活かしての発表であったため，発表の流れがはじめからわかっていて，せりふづくりも自分たちでがんばることができたし，練習もスムーズに進めることができていた。

最後に3つめの活用パターンについて。論理的な思考を高めるために，説明的な文章を書くことは有効な手段である。そのためには，誰が読んでもわかりやすい書き方ができるようにならないといけない。伝わりやすさを工夫する方法として，この単元では，「組み立てメモの作り方」を取り上げている。これは，取材したことから取捨選択し，整理すると同時に文章構成を学ぶ学習でもある。「伝わりやすさ」を実現するために，

①何を伝えたいのか（題材）

②伝えるためには，書き手は何を知らなければいけないのか（取材内容）

③それをどう手に入れればいいのか（取材方法）

④そのなかから何を選んで書けばいいのか（選材）

⑤選んだ事柄をどう構成すればいいのか（構成）

のような段階を追って学習していく必要がある。①②③については，総合的な学習で長い時間をかけて学習を進めているので，子どもはしっかりと自分の思いをもっていると思われる。④については，総合的な学習の情報リサーチ終了後，活動をまとめるために，自分たちの活動を振り返りまとめをしている。それを今回は，第7・8時で使用するメモとして活用する。

また，研究レポートではなく総合的な学習の内容を題材としてこの単元を扱うということで，教科書に提示されているメモ・組み立てメモ・レポートの例は使用せずに，総合的な学習に即した模範的文章を例として教師が作成し，使用する。⑤についても，教師が作成したオリジナルの組み立てメモを元にして，その書き方を学ぶ。例示された組み立てメモから，どのような内容がどのような順で書かれているのか，また，どのような言葉を使っているのかを読み取り，それらを「型」として活用していく。次に，組み立てメモからレポートを書く際にも，教師が作成したオリジナルのレポートを基にしてレポートの書き方を学ぶ。どのような内容がどのような順で書かれているのか，また，どのような言葉を使っているのかを読み取り，それらを「型」として活用していく。

# 3 活用型単元構成の工夫と活動の流れ

| 国語科単元の流れ | | | | | 総合的な学習の流れ | |
|---|---|---|---|---|---|---|
| 次 | 時 | 学習活動 | 評価規準 | 活用 | プロジェクトの流れ | 学習活動 |
| | | | | | 素地作り | 自分たちは多くの方々に支えられて生活していることに気づく<br>自分たちを支えてくれている方々の話を聞く |
| 1次 | 1時 | 教材文を読み，学習の流れをつかむ | (関) 身近な暮らしのなかから興味をもった事柄を探そうとしている | | | |
| | 2～6時 | 1学期の総合的な学習や夏休みの自由研究交流会での内容などを整理し，自分が調べたいことを決定し，活動計画を考える | (関) 自分の興味に応じて，調べる題材を決めようとしている | 1学期の活動<br>夏休みの活動 | テーマ／ゴール | 調べてみたい課題を決定する |
| | | | | | 計画 | ゴールまでの活動計画を考える |
| この部分は総合的な学習で行う | | ・情報収集の準備をし，調べる内容に応じた手段で情報収集をする<br>・調べてわかったことをメモに整理し，感想をまとめる | (書) 調べた事柄を適切に書いている<br>(書) 調べてわかったことをメモに整理する | メモの取り方<br>インタビューの仕方 | 情報リサーチ | 計画にそって情報を集める |
| | | | | 横書きの書き方 | 制作 | 自分たちの活動や思いをわかりやすく伝えるために必要なものを作る |
| | | | | レポーター形式の伝え方 | プレゼンテーション | 多くの方々に自分たちの活動や思いを伝える |
| 2次 | 7・8時 | 調べたことのメモを元に，組み立てメモを作成する | (書) レポートの構成を考えて組み立てメモを作成する | 交流会の仕方 | 再構築 | このプロジェクトにおける活動や思いを振り返り，新たな課題をもつ |
| 3次 | 9～15時 | 活動レポートを書く | (書) レポートの書き方を理解して，組み立てメモを生かして書く | | | |
| 4次 | 16時 | レポートを読み合う | (関) 興味をもって友だちの作品を読む | | | |
| | 17時 | 学習の振り返りをする | | | 成長エントリー | このプロジェクトにおける成長を振り返る |

## 4　指導の実際と子どもの学び

①学習の見通しをもつ

学習過程を明確化することで，自ら学び問題解決していく能力が育つ。

②表紙を作る

• 相手・目的を明確に。

だれに何を伝えるのか

何を書けばそれを伝えることができるのか

• 必要なことを考えて，調査・取材する。

この力は，今後課題を解決するときに役に立つ，各教科等の学習の基盤となる能力である。

③メモをする（総合的な学習で取り組む）

国語で学習した「メモの取り方」「インタビューの仕方」を活用して，活動をする（学習したことは，アイテムノートに整理してあり，それを活用する）。

④メモを元に組み立てメモを作る

• 多くのメモのなかから何を選ぶのか。

• 選んだ事柄をどう構成するのか。

•「組み立てメモの書き方の型」を考える。

⑤組み立てメモを元にレポートを書く

•「レポートの書き方の型」を考える。

「型」を学び，それを活用することは，子どもたちの自由な思考や表現を助けることにつながり，特に思考や表現の苦手な子どもにとっては，学習の大きな助けになる。

そのことにより，どの子どもも自信をもって自ら考え個性的に表現することができるようになる。

インタビューで情報を集める（③）

学習したことは，アイテムノートに整理（③）

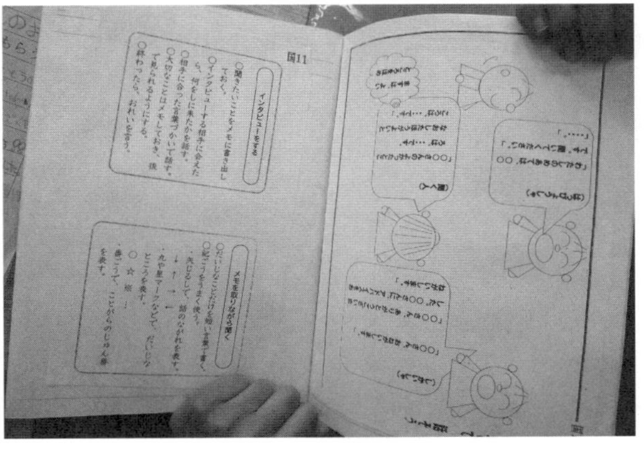

⑥書いたレポートを推敲する

まず，お手本で推敲の練習をして，次に自分で推敲（アイテムノートに貼ってある既習事項を活用）。そして，友だちと交換して推敲する（色を変えて書いてもらう）。

⑦レポートを清書する

写真を貼りながら，下書きしたものを清書。

組み立てメモの書き方の型（④）

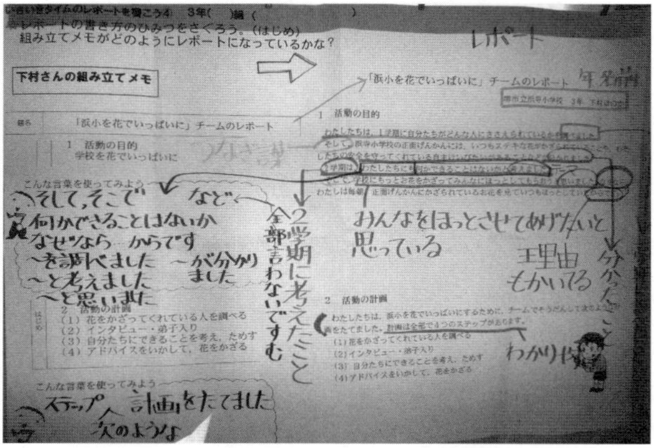


レポートの書き方の型（⑤）

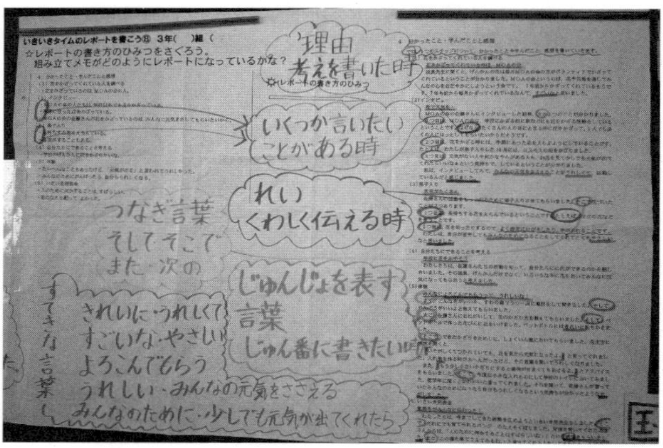


⑧レポートの書き方を整理する

自分たちが獲得したアイテムを整理し，習得を確かなものにする。こうすることで，次に課題を追求するときに活用することができる。

⑨自分が使ったアイテムを整理する

- できあがったレポートを友だちと交換して感想を書いてもらう。
- おうちの人やお世話になった人にも読んでもらう。

写真を貼りながら下書きしたものを清書（⑦）

レポートの書き方を整理する（⑧）

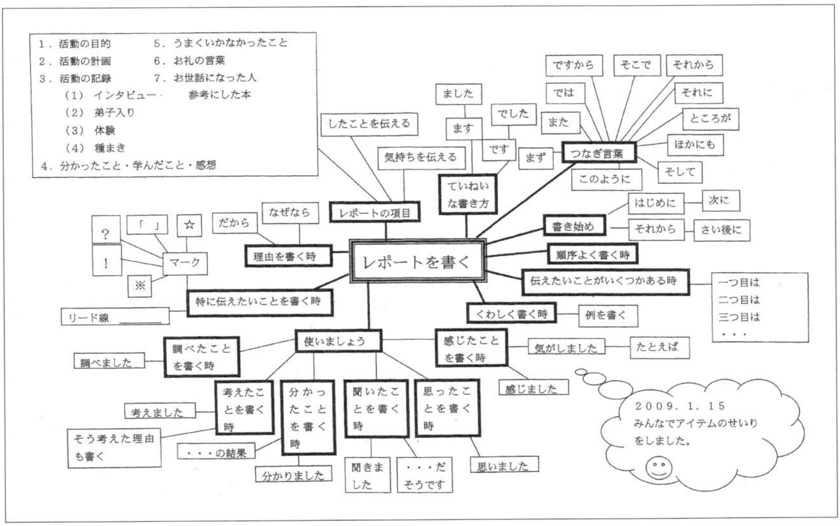


そうすることで，自尊感情・他尊感情を育成する。これは，支え合う関係を作り，学級経営の基盤になる。

## 子どものレポート

いきいきタイムのレポートを書こう　3年(　)組 (　　　　　　　　)

お年よりチームのレポート

1. 活動のもくてき
お年よりを大セツにしよう
わたしたちは，1学期に，自分たちがどんなんにささえられて
いるのかを調べました。
そして地いきのみなさんにささえられてることが，わかりました。
2学期は，わたしたちに，できることはないかと考えました。
そこでわたしたちは，お年よりの方々にありがとうのたねをまこう
と思いました。なぜなら，お年よりの方々は長くいきていてやさし
くしてあげようと思ったからです。
2. 活動の計画
みんなで立てた5つの計かく
わたしたちは，お年よりによろこんでもらえるように，チームでそ
うだんして次のような計画を立てました。計画は，全部で5つあります。
(1) インタビィー
(2) 弟子入り
(3) 体けん
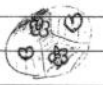
(4) たねまき
(5) いきいき発表会
(3) 活動のきろく
活動のしょうかい
次に，計画の5つのステップについて，じゅん番に説明していきます。
(1) インタビュー　おくさんとの口さんにインタビューをしまた。
「おとしよりは，どんなことをしてもらったらよろこびますか？」
「お年よりのおせわをするのにどんな気持ちでしますか？」
「おとしよりによろこんでもらったらどんな気持ちになりますか」など。
(2) 弟子入り
10月15(水)　わたしのおばあちゃんに教えてもらいました。
お手だまや，あやとり，おり紙を教えてもらいました。
(3) 体けん

いきいきタイムのレポートを書こう　3年(　)組 (　　　　　　　　)

10/15 岩井さんのおばあちゃんに教えてもらいました。

コツをいろいろ教えてもらいました。
お手だまおはじきを教えてもらいました。
(4) たねまき
10/23(木) いきいきサロンで昔遊びを教え合をしました。
あるおばあちゃんがとても早くお手だまをしててびっくりしました。
さいごにおばあちゃんたちにわたしたちがおったおり紙
をあげました。おばあちゃんたちが何度も「ありがとう」ってい
ってくれてうれしかったです。
(5) いきいき発表会
11/1(土) 3-2で発表をしました。
お客さんたちに伝えたいことを大きな声でいいました。
(4) 分かったこと・学んだこと・感想
では，5つのステップについて，分かったこと学んだこと・感
想をかいていきます。
(1) インタビュー
お年よりを大切に！
9/22日 おくさんと野口さんにインタビューをしました。インタビューを
したけっか次のような3つのことがわかりました。
1つ目は，おくさんは，小さいころ大ばあちゃんとすんでいたから，おばあちゃん
のことは，よくわかるといっていました。
2つ目は，いきいきサロンの人は，1人ぐらしの人が多いから，し
ゃべってくれる人がいたらうれいということを学びました。わたし
は昔遊びをいっしょにして，よろこんでくれたらいいなぁと思いまし
た。なぜならおくさんた好子どもが好きで，わたしたちがいったらおばあち
ゃんは，よろこんでくれるといっていたからです。
(2) 弟子入り
むかしあそびはとってもおもしろい！
おくさんの活動をもっと知るために弟子入りをさせてもらいました。
そこで気づいたことが3つあります。
1つ目は，むかし遊びは体を使ってるからすごいなと思いました。

いきいきタイムのレポートを書こう　3年(　)組 (　　　　　　　　)

2つ目は，昔遊びは，どか力しないとできないことがわかりま
した。
3つ目は昔遊びは，とてもおもしろいと思いました。なぜなら，おはじ
きは，いっぱいルールがあるし，毎日ちがう遊びができるんじゃな
いかなぁと思ったからです。
(3) 体けん
広げよう昔遊びのおもしろさをね♡
弟子入りのことをもっといかして，体けんをさせてもらいました。そこで，
気づいたことが2つあります。
1つ目は，岩井さんのおばあちゃんは，お手玉が早くできてすご
いなぁと思いました。
2つめは，この活動をして，むかしあそびを上手にするにはどか力しな
いといけない…」と思いました。
(4) ありがとう♡のたねまき
楽しかった♡たねまき活動
体けんや弟子入りのしっぱいを直して，ありがとうのたねまき
をしました。そのじゅんばんにかきます。

1番はじめにあいさつをしました。
次におばあちゃんたちといっしょに，
遊びました。
さいごにわたしたちがおったおり
紙をあげました。おばあちゃんたちが「ありがとう」を何度もいっ
てくれてうれしかったです。
(5) いきいき発表
あいずちをしながらきいてくれてうれしかった！
ぜんぶの活動のまとめに，いきいき発表会をしました。そして，感想
が3つあります。
1つ目は，おわった後，お母さんが，「すごかったね！」といってくれてう
れしかったです。
2つめは，見てくれたお客さんが終わった後はくしゅをしてくれてう
れしかったです。

いきいきタイムのレポートを書こう　3年(　)組 (　　　　　　　　)

3つめは，お客さんがわたしの目をみてきいてくれたからうれしかった
です。なぜなら，浜小には「目を見てきく」があるし，先生がいってくれて
るからです。
(5) うまくいかなかったこと
前もってじゅん番を決めようね！
わたしが1番うまくいかなかったことは，たねまきでちゃんとできな
かったことです。なぜなら，はじめにあんまり練習をしてなくて，あや
とりで「あれをやって」とか決めてなかったからです。
次にやるときは，しっぱいせずに，することだから前もってじゅん
番を決めようと思いました。
2番目にうまくいかなかったことは，みんなたねまきの時で，
全員のおばあちゃんが，ちゃんとできてないのに次を進めた
ことです。これからは，みんなちゃんとできてからほかのをつづけ
るのが大じだと思いました。
(6) おれいの言葉
感しゃしていますおせわになった方々。
まず，体けんや弟子入りでお世話になった岩井さんのおばあち
ゃんわたしのおばあちゃんありがとうございました。いろいろなコ
ツを教えてもらって，いきいきサロンではとても役立ちました。感しゃして
います。あとインタビューやたねまきの時おせわになった，おくさんとの口
さん本当にありがとうございました。
また1番お世話になった，泉谷先生・先生方本当にありがと
うございました。
みなさん本当にかんしゃの気持ちでいっぱいです。
(7) おせわになった人・さんこうにした本
わたしのおばあちゃん　・　岩井さんのおばあちゃん
泉谷先生　・　3年生の先生方
『むかしあそび』
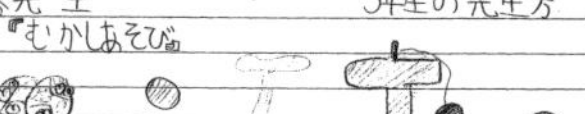

## 5　振り返りと今後の課題

3年生としては，かなりの量の文章を書くことができるようになった。やはり，実際の体験を元にレポートを書くと，材料をたくさんもっているので，子どもたち自身でどんどん書き進めることができる。また，この単元の課題でもある，横書きの形式・箇条書き・見出しをつけるなどの習得は，十分にできたと考える。また，学習後に獲得できたアイテムを整理し，自分がどれだけそれらを活用できたかを確認・評価する作業をしたことで，改めてこの単元を学習して自分がどれだけ成長することができたかを，意識することができた。単元全体を振り返ってみても，最初に述べたように，総合的な学習と国語科をリンクさせることで総合的な学習から見れば時間的にスリム化でき，国語科から見れば活動時間を十分に確保できるのでレポートの内容が濃くなった。

今後の課題としては，①このレポートの書き方をうまく総合的な学習のプロジェクトの凝縮ポートフォリオに活用すること，②推敲の仕方を，学校としての「型」に整理していくこと，などがあげられる。

（池側早智子）

# 6 単元名　わかりやすく書こう
組み立てを考えて書く
――様子がつたわるようにくわしく書こう
教材名　おもしろいもの，見つけた*
学　年　第3学年

本校（有田川町立石垣小学校）では「組み立てを考えて書く」を目標に，書く能力の向上に取り組んできた。文章を書くにあたって，「書くこと」の各段階（相手意識・目的意識，取材・選材，構成，記述，推敲・評価）における学習指導を明確にすることを実践の重要点とし，書く意欲をもたせるための題材や場の設定をしてきた。

そして，その研究の中心に据えたのが，具体的手立てとなる教材の開発であった。私たちは，それを石垣シート（シート名は，学校名に由来：「③活用型単元の工夫」参照）と名づけるとともに，次のような研究仮説を立てた。

研究仮説　「書くこと」の各段階における意識をもち，文章の構成を考えて書くことで，自分の意を明確に相手に伝えることができるとともに，伝え合う力が高まるであろう。

## 1 この単元のねらいと特徴

子どもたちは，普段の生活において，おもしろいものを見つけたとき，周りの人にその場で話したり，そのものを紹介するために現場に連れて行こうとする。また，家に帰ってから，見つけたものについて話す子もいるだろう。しかし，これらの表現は「話し言葉」にすぎない。

声による表現から，文字による表現へ。自分の伝えたいことを「書くこと」

* 『おもしろいもの，見つけた』は，光村図書出版『国語　3年（上)』。

によって，どう伝えればよいのか，そのための具体的な方法として，本単元では，紹介文の書き方を学ぶ。

本単元の目標は，「読み手にわかりやすい紹介文を書くこと」である。わかりやすい紹介文を書くためには，「はじめ・中・おわり」の文章構成を意識しながら，書くための事柄をいくつかの視点に絞って書く必要がある。そして，事柄ごとにメモを作成し，それをもとに文章を書くことにより，段落の意識化も図ることができると考えた。

【本単元における「書くこと」の各段階を明確にした評価規準】

- 自分が見つけた「おもしろいもの」を，クラスの友だちにわかりやすく知らせようとしている。(書ア)
- 「知らせたいもの」について，知らせたい事柄を収集したり選択したりしている。(書イ)
- 伝えたいことが読み手に伝わるように，事柄ごとに段落に分けている。(書ウ)
- 「知らせたいもの」の様子が伝わるように，事実を正確に書いている。(書エ)
- 友だちの文章のよいところを見つけたり，自分の文章をよりよくするために直したりしている。(書オ)

注：(書ア)～(書オ) は，学習指導要領にある領域「書くこと」の指導項目（各段階）です。

## 2　活用型学力としての高まり

国語科の領域「書くこと」においては，本単元で学習する「紹介文」をはじめ「報告文」や「意見文」など様々な文章の型を学習する。しかし，国語科の学習だけでは，目的にあった文章の型で書き表すことができるようにはならない。大切なのは，国語科で培った力をどう高めていくかである。その鍵となるのは，他教科・領域における，その技能を繰り返し活用する場の設定である。

習得と活用による活用型学力の高まりの概念図

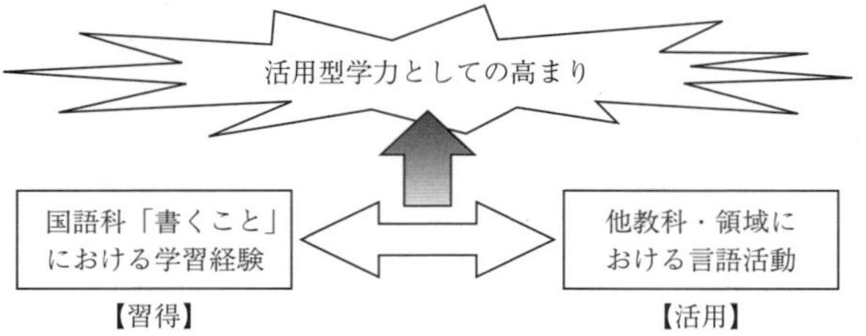


つまり，国語科「書くこと」の学習で学んだことを，国語科だけでなく，他教科・領域においても，その言語活動として計画的に実践させていくことで，活用型学力としての高まりが期待できると考えたのである。

## 3　活用型単元の工夫――石垣シートについて

### （1）「石垣シート」とは？

指導の充実を図るための手立ての一つとして考えた補助教材で，「学習案内」と「ワークシート」の役割を併せもつ。作成にあたっては，まず「書くこと」の重点単元を年間指導計画に位置づけ，その各段階（相手意識・目的意識，取材・選材，構成，記述，推敲・評価）の指導に沿った構成でまとめ作成した。主に「書くこと」の単元学習に先立ち作成し，教材研究を深めながら，実際の指導に活用している。

### （2）「石垣シート」導入において期待した効果

①子どもが見通しをもって取り組むことができる

- 最初に学習計画を知らせることで，書くための各段階（相手意識・目的意識，取材・選材，構成，記述，推敲・評価）について，子どもたち一人ひとりが見通しをもつことができる。また，単位時間の学習がどの段階の学習であるのかをとらえることができるため，学習の準備性が高まり，学習したことを生かしやすい。

②一つひとつの手順を大切に積み重ねることができる

石垣シートの表紙

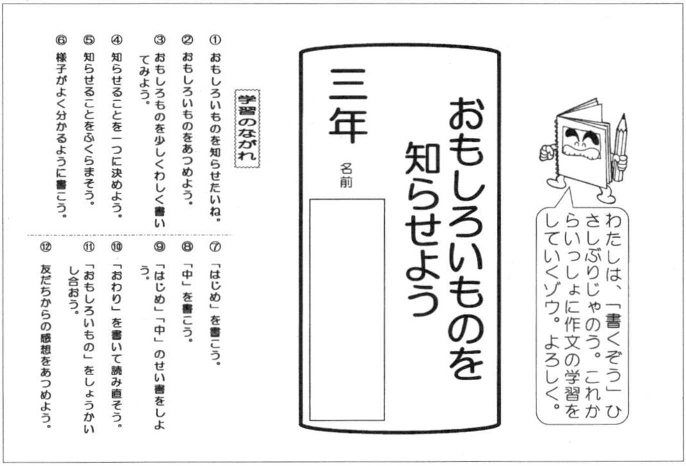

わたしは、「書くぞう」ひさしぶりじゃのう。これからいっしょに作文の学習をしていくゾウ。よろしく。
おもしろいものを知らせよう
三年
名前
学習のながれ
①おもしろいものを知らせたいね。
②おもしろいものをあつめよう。
③おもしろものを少しくわしく書いてみよう。
④知らせることを一つに決めよう。
⑤知らせることをふくらまそう。
⑥様子がよく分かるように書こう。
⑦「はじめ」を書こう。
⑧「中」を書こう。
⑨「はじめ」「中」のせい書をしよう。
⑩「おわり」を書いて読み直そう。
⑪「おもしろいもの」をしょうかいし合おう。
⑫友だちからの感想をあつめよう。

注：詳しくは，「⑥ 指導の実際と子どもの学び」を参照。

- 学習内容やそのめあて，段階がわかり，主体的な学習が可能である。
- それぞれの活動の意義を理解しやすい。

③学習のフィードバックができる

- 単元における学習内容を随時振り返ることができ，確かめながら学習を進めることができる。
- 学習過程を確かめることで，自分の成長を振り返りながら次に生かすことができる。

④「シート」の作成過程において，指導者がより深く教材研究をすすめることができる

- 指導者にとっても，シートを作成することにより，単元における重点指導項目が明確になり，子どもの実態に応じた授業構成を考えることができる。

### （３）「石垣シート」作成時における留意点

- 全体指導と個別指導（シートに書く活動）を効果的に組み立てる。
- １枚のシートにおける情報量を精選し，全体の情報量を見直す。

- 学習場面によっては，個に応じたシートを数種類作成する。
- 子どもの豊かな表現を大切にし，書くスペース等に配慮する。
- キャラクターとして「書蔵（かくぞう）」を登場させ，各学年に応じたセリフを工夫し，学習のポイントをアドバイスさせるようにする。
- 学習の進み具合や子どもの様子に応じて加筆修正していく。

### （4）石垣シートの系統性

石垣シートの作成にあたっては，「書くこと」に関する各学年の指導事項の系統性にも留意した。

【「構成」の段階における各学年の石垣シート】

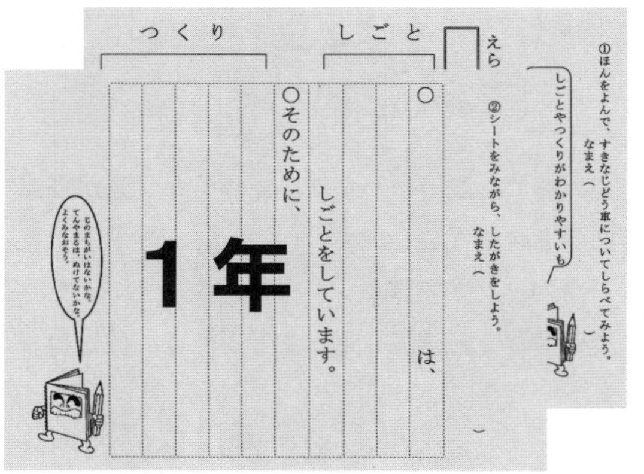


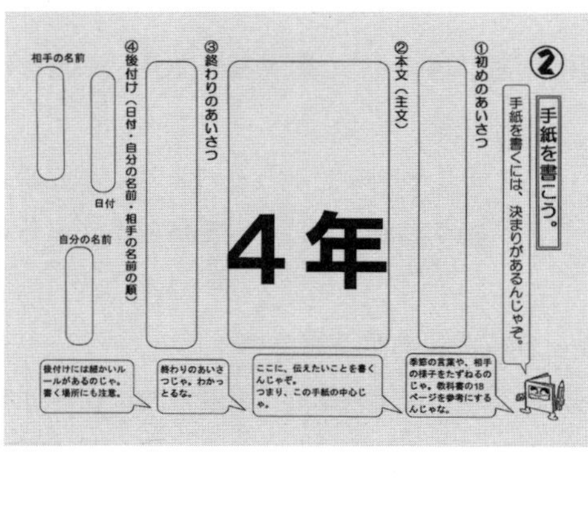

○１年…２文でものの説明を書く。
○４年…「はじめ・なか・おわり」の構成で書く。観察文や調査報告文だけでなく，手紙にも応用した。
○６年…意見文の構成　尾括型「序論・本論・結論」と頭括型「結論・本論・まとめ」のどちらかを選択して書く。

## 4　本単元における「石垣シート」の構成

本単元では，説明の順序によって文章を組み立てていく。そこで，子どもたちに文章を書き進める手順がよくわかるよう，活動の流れを次のように明確化した（○数字は，石垣シートの番号に対応，後の⑤⑥で詳しく紹介）。

1. 身の回りから知らせたいものを選び，誰に伝えるかを決める。…①②
2. 知らせたいことを，次の３つの事柄で伝える。…③④
   - おもしろいと思ったところ　• 知らせるものの様子　• ある場所

3. 事柄ごとに詳しい取材カードを作る。…⑤⑥
4. 取材カードをもとに，全体の組み立てを考えながら段落ごとに文章を書く。…⑦⑧⑨
5. 文章を読み返し，段落のまとまりや改行などを見直す。…⑩
6. 書き上がった文章をもとに交流をする。…⑪⑫ ＋ 完成した作文

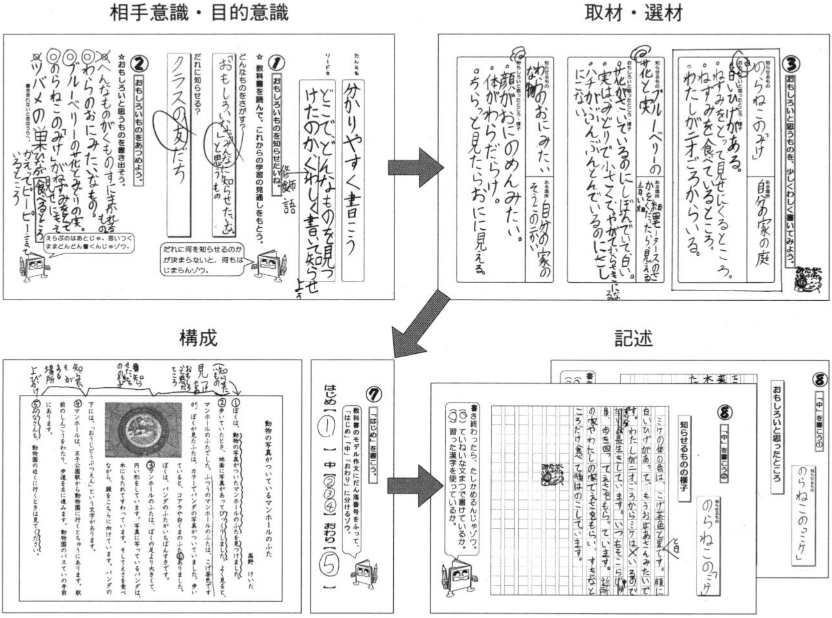
相手意識・目的意識
取材・選材
構成
記述
分かりやすく書こう
えらぶのはあとじゃ。思いつくままどんどん書くんじゃゾウ。
だれに何を知らせるのかが決まらないと，何もはじまらんゾウ。
おもしろいと思うものを，少しくわしく書いてみよう。
「はじめ」を書こう。
教科書のモデル作文にだん落番号をふって，「はじめ」「中」「おわり」に分けるゾウ。
「中」を書こう
知らせるものの様子
書き終わったら，たしかめるんじゃゾウ。
(1)(2) ていねいな文字で書けているか。
習った漢字を使っているか。

# 5　指導計画と評価規準（全13時間）

○数字は，使う石垣シートの番号。

| 次 | 学習活動 | 指導上の留意点 | 評価規準【評価方法】 |
|---|---|---|---|
| 第一次 | 1時（表紙・①②）<br>・全文を通読し，学習の見通しを立てる。 | ・単元名，リード文，題名から，学習の見通しをもたせる。 | ・クラスの友だちに知らせたいことを見つけようとしている。 |

| | | | |
|---|---|---|---|
| 1時間 | • 身の回りからおもしろいと思うものを探し，カードに書く。 | • 書き出しやすいように，身近な具体例をいくつかあげる。 | （関）【机間指導・シート①②】 |
| 第二次 10時間 | 2・3時（②③④）<br>• 高野さんの作文（モデル作文）を読み，メモと作文を比べる。<br>• おもしろいと思うものを少し詳しくシートに書く。<br>• 書いたシートのなかから，一番知らせたいものを決め，3つの事柄に分けて書く。 | • どのようにメモをふくらませて文章を書いていくかということやシート1枚で1つの段落になっていることを知らせる。<br>•「おもしろいところ」「様子」「ある場所」に分けて書かせる。 | • 自分が見つけた「おもしろいもの」を，クラスの友だちに知らせようとして書いている。<br>（書ア）【机間指導・シート③④】 |
| | 4・5時（④⑤-(1)(2)(3)⑥）<br>• 3つの事柄について内容をふくらませる。<br>• 様子を詳しく表すには，どうしたらよいかを知る。 | • 1つの事柄について，1枚のシートに書かせる。<br>• 読み手にとってわかりやすい表現方法を考えさせる。 | •「知らせたいもの」について知らせたい事柄を収集したり選択したりして書いている。（書イ）<br>【机間指導・シート⑤-(1)(2)(3)】 |
| | 6時（モデル作文・⑦）<br>• モデル作文を読み，「はじめ・中・おわり」の書き方を知る。<br>• 書き出しの文「はじめ」を工夫して書く。 | • 作文の構成をしっかり理解させる。<br>• 書き出しの参考例をいくつかあげる。 | • 伝えたいことが読み手に伝わるように，事柄ごとに段落に分けて書いている。<br>（書ウ）【机間指導・シート⑦】 |
| | 7・8・9時（⑤-(1)(2)(3)⑧-(1)(2)(3)）<br>• 知らせたいこと「中」を書く。3つの事柄をそれぞれ1段落として書く。 | • ていねいな文末で揃えさせる。<br>• 習った漢字を使わせる。 | •「知らせたいもの」の様子が伝わるように，事実を正確に書いている。<br>（書エ）【机間指導・シート⑧-(1)(2)(3)】 |
| | 10時（⑦⑧-(1)(2)(3)⑨）<br>• 書き出しの文「はじめ」と知らせたいこと「中」の清書をする。 | • 段落の初めは行を改めさせる。 | • 段落の初めは行を改め書いている。（言ウ（イ））【机間指導・シート⑨】 |
| | 11時（⑨⑩）<br>• 結び「おわり」を工夫して書く。 | • 結びの参考例をいくつかあげる。 | • 友だちの文章のよいところを見つけたり，自分の文章 |

| | | | |
|---|---|---|---|
| | ・全文を読み返す。 | | をよりよくするために直したりしている。（書オ）【机間指導・シート⑨⑩⑫】 |
| 第三次　2時間 | 12・13時（⑨⑪⑫）<br>・友だちの文章を読んで，よいところや感想を書く。 | ・友だちの作品を批判するのではなく，認め合うようにさせる。 | |

評価規準欄の記号（書ア）～（書オ）は，p. 113 参照。（関）は，「関心」。（言ウ（イ））は，「言語事項」の指導事項ウの（イ）を指す（本稿には含んでいない）。

## 6　指導の実際と子どもの学び

第３学年では，前学年までに習得した「事柄の順序を考えながら続き方に注意して書く」能力をもとに，伝えたい相手や目的に応じながら，事柄ごとの区切りや中心を考えてから書くことができる子どもの育成をめざした。

そのためには，まず事柄ごとに書く内容を整理したり簡単な組み立てを考えたりさせたい。そして，段落ごとにひとつのまとまりとして文章を書いたり，徐々に段落と段落の続き方にも注意して書くことができるようにさせたいと考えた。

### （1）第１次　【相手意識・目的意識】

まず，教科書の全文を通読するとともに，石垣シートの表紙で学習の流れを確認し，今後の学習への見通しがもてるようにした。

次に，シート①を用いて，次の２点を重視した。ひとつめは，単元名，リード文についてきちんと押さえること。リード文はこの単元のねらいともいえる文である。２つめは，相手意識と目的意識を明確にもたせること。これは紹介文だけでなく，他の文章においても言えることであるが，この段階で明確な相手意識と目的意識をもたせておくことが，単元全体を通してしっかりとした課題意識をもたせることにつながる。

【表紙】で学習の流れをとらえる

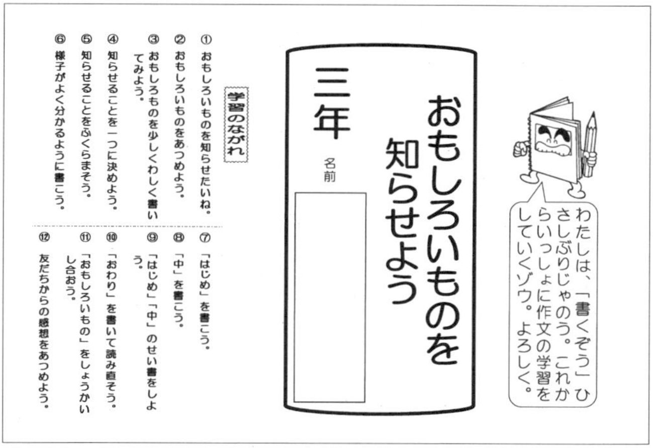

わたしは、「書くぞう」ひさしぶりじゃのう。これからいっしょに作文の学習をしていくゾウ。よろしく。
おもしろいものを知らせよう
三年
名前
学習のながれ
① おもしろいものを知らせたいね。
② おもしろいものをあつめよう。
③ おもしろいものを少しくわしく書いてみよう。
④ 知らせることを一つに決めよう。
⑤ 知らせることをふくらまそう。
⑥ 様子がよく分かるように書こう。
⑦ 「はじめ」を書こう。
⑧ 「中」を書こう。
⑨ 「はじめ」「中」のせい書をしよう。
⑩ 「おわり」を書いて読み直そう。
⑪ 「おもしろいもの」をしょうかいし合おう。
⑫ 友だちからの感想をあつめよう。

シート①②　【相手意識・目的意識】　対象は，クラスの友だちに書く

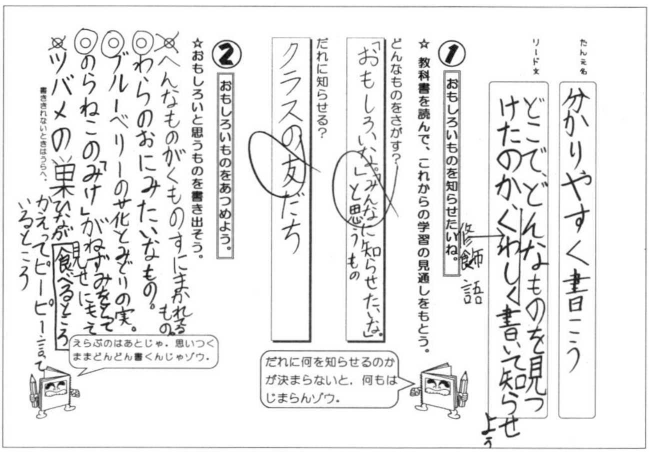

たんげん名
分かりやすく書こう
リード文
どこで、どんなものを見つけたのか、くわしく書いて知らせよう
修飾語
① おもしろいものを知らせたいね。
☆ 教科書を読んで、これからの学習の見通しをもとう。
どんなものをさがす？
「おもしろいな。」「みんなに知らせたいな。」と思うもの
だれに知らせる？
クラスの友だち
だれに何を知らせるのかが決まらないと，何もはじまらんゾウ。
② おもしろいものをあつめよう。
☆ おもしろいと思うものを書き出そう。
わらのおにみたいなもの。
ブルーベリーの花とみどりの実。
えらぶのはあとじゃ。思いつくままどんどん書くんじゃゾウ。
書ききれないときはうらへ。

## （２）第２次　【取材・選材】

シート②で列挙した「おもしろいと思うもの」を３つにしぼり，シート③へそれぞれについて簡単に「おもしろいと思ったところ」や「様子」,「ある場所」という視点で箇条書きさせた。その上で，これなら読み手にも伝わるし，

シート③　書きたいこと３つについて箇条書きの形でメモをする

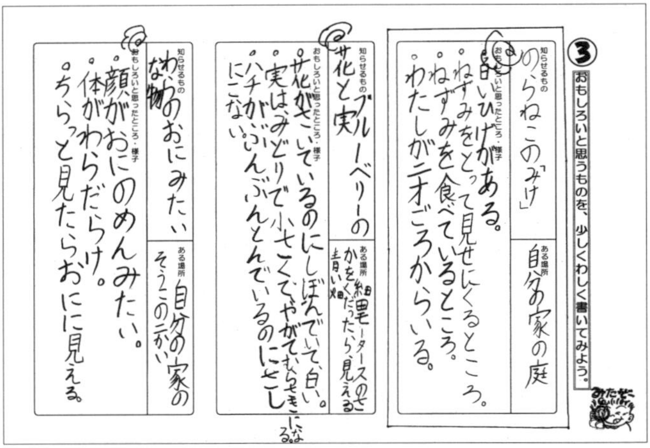


シート④　段落化を想定した構成

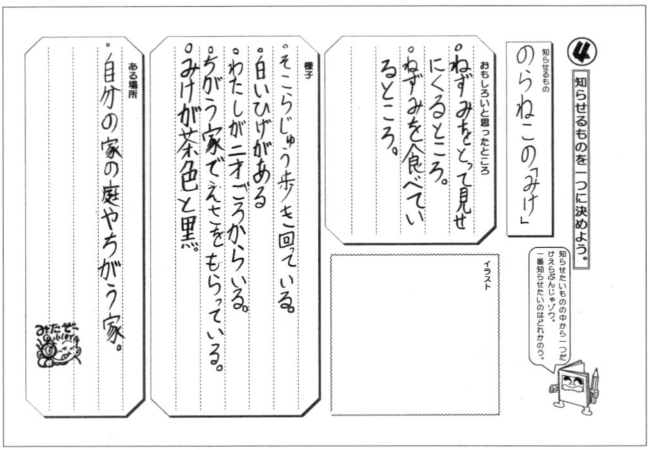


おもしろそうと思われるものをひとつ選択させた。この例では一番右の『のらねこの「みけ」』を選択し，シート④にまとめている。また，シート④の構成を見れば，「おもしろいと思ったところ」や「様子」，「ある場所」について，この段階から段落化を意識させる工夫をしてあることがわかる。

シート⑤　【記述】場面で，段落の意識化を図るため(1)「おもしろいと思ったところ」，(2)「知らせるものの様子」，(3)「ある場所」をそれぞれ１枚ずつに分けて作成

シート⑥

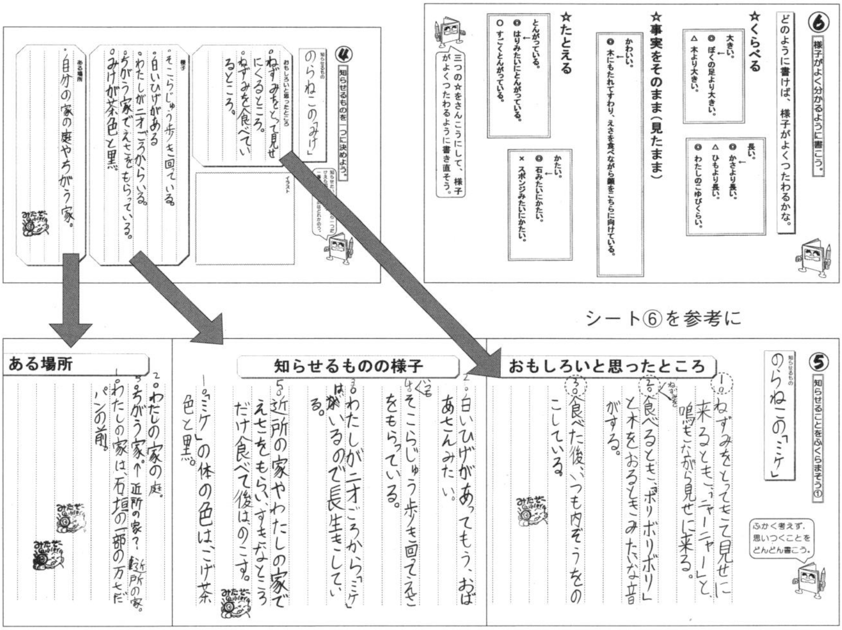

知らせるものを「一つ」に決めよう。
のらねこの「みけ」
ねずみをとって見せにくるところ。
ねずみを食べているところ。
そこらじゅう歩き回っている。
白いひげがある
わたしが二才ごろからいる。
ちがう家でえさをもらっている。
みけが茶色と黒。
自分の家の庭やちがう家。
様子がよく分かるように書こう。
どのように書けば，様子がよくつたわるかな。
☆くらべる
☆事実をそのまま（見たまま）
☆たとえる
三つの☆をさんこうにして，様子がよくつたわるように書き直そう。
シート⑥を参考に
知らせることをふくらませよう①
のらねこの「ミケ」
おもしろいと思ったところ
知らせるものの様子
ある場所
ふかく考えず，思いつくことをどんどん書こう。


一般的に取材・選材とは，決まったテーマについて取材したことのなかから書きたいことを選ぶことを指す。しかし，本単元においては，複数のテーマでとりあえず簡単に取材をしてから，ひとつのテーマに決定するという形をとった。これは，３年生という発達段階を考慮し，とりあえずある程度の見通しをもたせた上でテーマ設定をさせたかったためである。なお，テーマを決める際は，「だれに，何のために書くのか」ということをもう一度意識させる必要がある。自分が伝えたい「おもしろいと思ったところ」が，果たして相手にとっても興味・関心をかきたてる事象（事柄）であるのか，その点を具体的に考えさせることで，相手意識を強化させておきたい。

シート⑤は，シート④でまとめた取材メモをふくらませたものである。高学年なら，【記述】の段階でメモを見ながら書き進めていくことができるが，

モデル作文をもとに構成を考える

（知らせたいもの）見つけた

おもしろいと思ったところ

知らせたいものの様子

知らせたいものがある場所

よびかけ

**動物の写真がついているマンホールのふた**

高野　けいた

①ぼくは、動物の写真がついたマンホールのふたを見つけました。

②歩いていたとき、地面に写真があってびっくりしました。よく見ると、マンホールのふたでした。ふつうのマンホールのふたは、こげ茶色ですが、ぼくが見たふたは、カラーでパンダの写真がついていました。歩いていると、コアラや白くまのふたもありました。

ぼくは、パンダのふたがいちばんすきです。

③マンホールのふたは、ぼくの足より大きくて、円い形をしています。写真に写っているパンダは、木にもたれてすわっています。そしてえさを食べながら、顔をこちらに向けています。パンダの下には、「おうじどうぶつえん」という文字があります。

④マンホールは、王子公園駅から動物園に行くとちゅうにあります。駅前のしんごうをわたり、歩道を左に進みます。動物園のバスていの手前にあります。

⑤みなさんも、動物園の近くに行くときは見てください。

3年生の段階ではまだ難しいと判断したため，この活動の時間を設定した。なお，その際にはシート⑥（前ページ参照）を参考にさせて，比喩や擬音語・擬態語などのレトリックを取り入れるよう指導した。

なお，シート⑤（前ページ）の箇条書きしたメモの上に付記している算用数字は，記述する際に書き進めるための順番を想定させてつけさせたものである。

### （3）【構成】

資料として，教科書にあるモデル作文を取り上げた。ここでは，「はじめ，中，おわり」といった文章構成を子どもたちにつかませることが大切である。

まずは，形式段落をつけ，自分がつくったシート④のメモを参考にさせな

シート⑦　文章構成を考えたあと，「はじめ」となる書き出しを書く

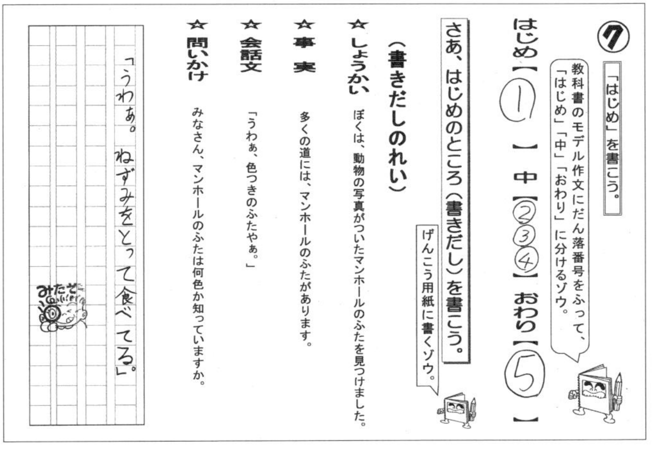

⑦
「はじめ」を書こう。
教科書のモデル作文にだん落番号をふって、「はじめ」「中」「おわり」に分けるゾウ。
はじめ【①】中【②③④】おわり【⑤】
さあ、はじめのところ（書きだし）を書こう。
げんこう用紙に書くゾウ。
（書きだしのれい）
☆しょうかい　ぼくは、動物の写真がついたマンホールのふたを見つけました。
☆事実　多くの道には、マンホールのふたがあります。
☆会話文　「うわぁ、色つきのふたやぁ。」
☆問いかけ　みなさん、マンホールのふたは何色か知っていますか。
「うわぁ。ねずみをとって食べてる。」
みたぞ


がら，それぞれについて何が書かれているのかを考えさせた。それが，モデル作文上段のメモ書きである。このメモ書きは，あとに控える【記述】場面で，書くときの参考になるようにという意図で行わせた。そして，それぞれの段落を「はじめ，中，おわり」にまとめた（シート⑦右端参照）。

（４）【記述】

高学年は，メモをもとにして一気に書き進めていくことができる。しかし，本実践の対象は３年生であるということもあり，次にあげる２段階に分けて指導した。⑴段落ごとにメモを参考にして記述する（次ページのシート⑧）。⑵できた段落をつなぐ形で，「はじめ」「中」「おわり」の清書を行う（次ページのシート⑨参照）。

実際の場面では，まず書き出しの指導を行った。紹介文は，いかに読み手に呼びかけるかがポイントとなる。そこで，シート⑦の例示を活用しながら，「はじめ」となる書き出しの表現を工夫させた。

「中」は，高学年の学習などでは，『本論』ともよばれる。ここが上手く書けるかは，取材・選材の段階で，事象（事柄）について，どれだけ精査されたメ

シート⑤のメモ書きの算用数字の順に，シート⑧に記述していることがわかる

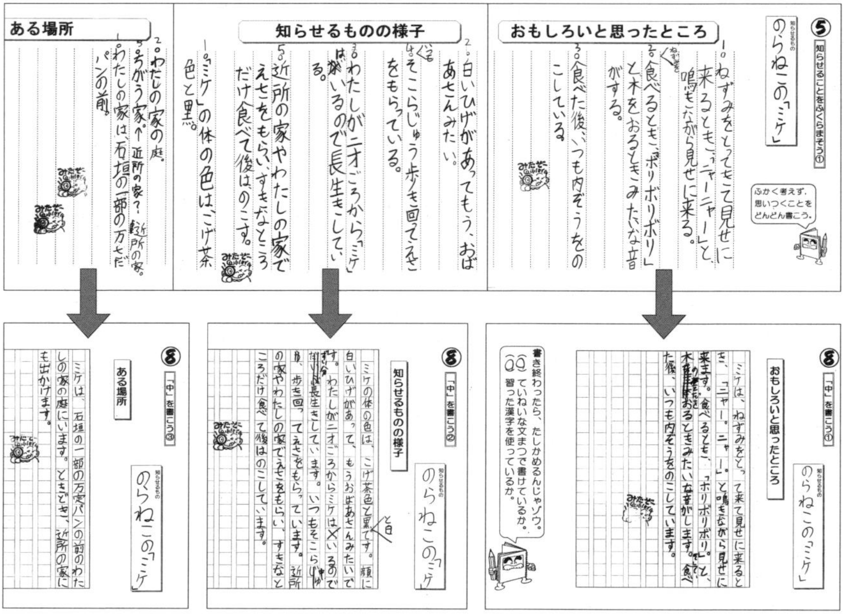


モが作れているかがポイントとなる。また，書き進めるにあたって配慮すべきことは，段落相互の関係を考え適切な接続詞を用いること，文末表現を揃えること，主述のねじれに気をつけることなどがあげられる。

本単元では，シート⑤を参照させながら，シート⑧にそれぞれ一事象一段落となるよう３枚に分けて書かせた。

さらに，記述に際しては，一段落書くごとに読み返すという習慣をつけることが大切である。上の子どもの記述を見ても，朱書きで自ら校正を入れていることがわかる。

「おわり」の指導においては，シート⑩の『むすびのれい』で提示した，「さそいかけ」「せっとく」「広がり」を参考に考えさせた。そして，シート⑧の記述とここで考えたむすびを，シート⑨に清書させた。

シート⑩　「おわり」の例示と，推敲の観点を示す

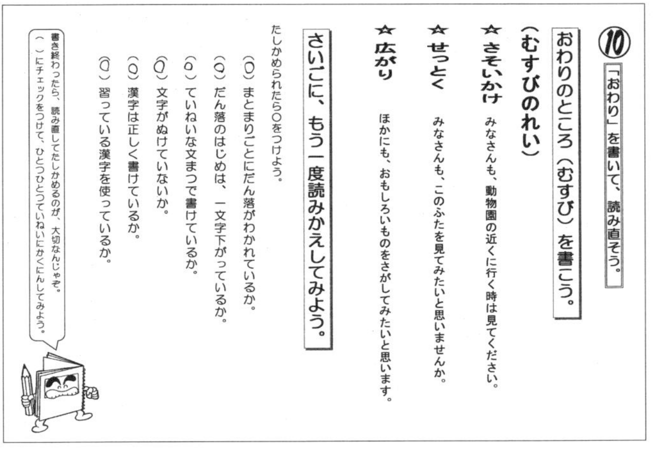
⑩
「おわり」を書いて、読み直そう。

おわりのところ（むすび）を書こう。

（むすびのれい）

☆さそいかけ　みなさんも、動物園の近くに行く時は見てください。

☆せっとく　みなさんも、このふたを見てみたいと思いませんか。

☆広がり　ほかにも、おもしろいものをさがしてみたいと思います。

さいごに、もう一度読みかえしてみよう。

たしかめられたら○をつけよう。

（○）まとまりごとにだん落がわかれているか。

（○）だん落のはじめは、一文字下がっているか。

（○）ていねいな文まつで書けているか。

（○）文字がぬけていないか。

（○）漢字は正しく書けているか。

（○）習っている漢字を使っているか。

書き終わったら、読み直してたしかめるのが、大切なんじゃぞ。
（　）にチェックをつけて、ひとつひとつていねいにかくにんしてみよう。



シート⑨　「はじめ」と「中」である３枚のシート⑧に「おわり」を加える

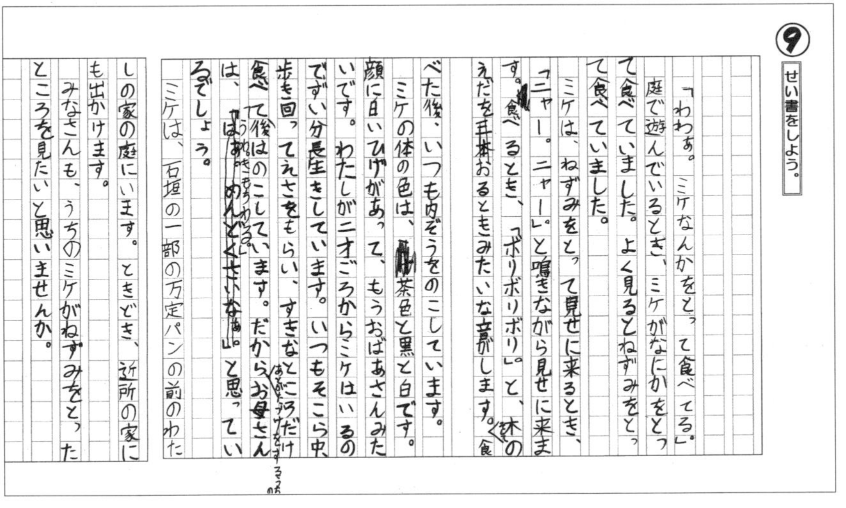
⑨
せい書をしよう。

「わわぁ。ミケなんかをとって食べてる。」

庭で遊んでいるとき、ミケがなにかをとって食べていました。よく見るとねずみをとって食べていました。

ミケは、ねずみをとって見せに来るとき、「ニャー。ニャー。」と鳴きながら見せに来ます。食べるとき、「ボリボリボリ。」と、林のえだを手でおるときみたいな音がします。食べた後、いつも内ぞうをのこしています。

ミケの体の色は、茶色と黒と白です。顔に白いひげがあって、もうおばあさんみたいです。わたしが二才ごろからミケはいるのですい分長生きしています。いつもそこら中歩き回ってえさをもらい、すきなところだけ食べて後はのこしています。だから、お母さんは、「はぁ。めんどくさいなぁ。」と思っているでしょう。

ミケは、石垣の一部の万定パンの前のわたしの家の庭にいます。ときどき、近所の家にも出かけます。

みなさんも、うちのミケがねずみをとったところを見たいと思いませんか。

## （５）第３次　【推敲・評価】

その後，シート⑩の左側にある『たしかめ』を参考に，シート⑨に朱書きで校正を行わせた。なお，評価は小学校において明示されていない指導事項で

シート⑪　評価を書く際のアドバイス

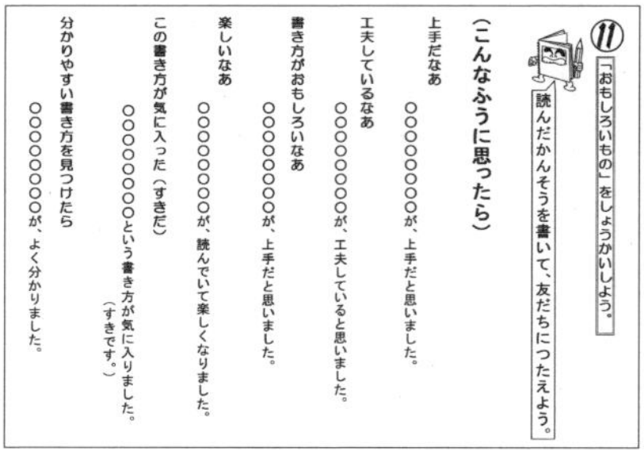


シート⑫　実際の評価カード

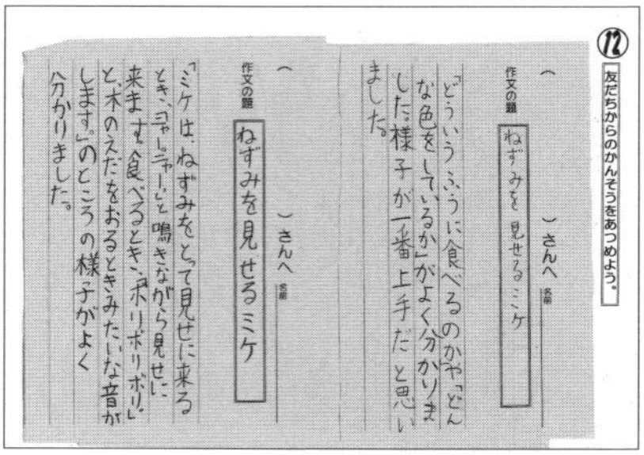

⑫
友だちからのかんそうをあつめよう。
（　　）さんへ
作文の題
ねずみを見せるミケ
「どういうふうに食べるのかや「どんな色をしているか」がよく分かりました様子が一番上手だと思いました。
（　　）さんへ
作文の題
ねずみを見せるミケ
「ミケは、ねずみをとって見せに来るとき、ニャーニャーと鳴きながら見せに来ます。食べるとき、ポリポリポリと木のえだをおるときみたいな音がします。」のところの様子がよく分かりました。


あったが（当時），本校においては，相互評価という形で，明確な観点のもと行っている。

評価を書く際には，具体的に評価するよう助言し，いろいろやたくさんなどといった漠然としたことばは使わないように指導した。シート⑫を見れば，上手な表現や様子がよくわかるところについては「　」を用いて具体的にどこを指すのか抜粋して書いてあることがわかる。

こうした相互評価は，子どもたちに充実感を与えるとともに，次の書く意欲を向上させる。だからこそ，漠然とした言葉ではなく，どの表現がよかったのか，具体的に子どもの言葉で相互評価することを重視した。

なお，ここには載せていないが，これら一連の学習をファイリングした上で保護者にも，その感想を同じ評価カードに書いてもらっている。また，相手意識が，異学年や他の施設の方々であるときは，必ず完成した文章をその相手に届けることが大切である。一連の学習を通して，明確なゴールが子どもたちに見え，そして，必ずそのゴールにたどり着けるということを実感させていくことが，今後の「書くこと」への意欲を喚起させていく。

## 7　振り返りと今後の課題

「書くこと」の指導は，指導をする側だけでなく，取り組む子どもたちにとっても大きなエネルギーがいる。そのため，石垣シートについて当初は嫌が

完成した子どもの作品

３年　国語科　分かりやすく書こう　おもしろいもの、見つけた

ねずみを見せるミケ

「うわぁ。ミケなんかとって食べてる。」
庭で遊んでいるとき、ミケがなにかをとって食べていました。よく見るとねずみをとって食べていました。
ミケは、ねずみをとって見せに来るとき、「ニャー。ニャー。」と鳴きながら見せに来ます。食べるとき、「ボリボリボリ。」と、木のえだをおるときみたいな音がします。そして、

食べた後、いつも内ぞうをのこしています。
ミケの体の色は、茶色と黒と白です。顔には白いひげがあって、もうおばあさんみたいです。わたしが二才ごろからミケはいるので、ずい分長生きしています。いつもそこら中、歩き回ってえさをもらい、すきなところだけ食べて、後はのこしています。だから、後かたずけをするわたしのお母さんは、「うわっ、きもちわる。」と思っているでしょう。
ミケは、石垣の一部の万定パンの前のわたしの家の庭にいます。ときでき、近所の家にも出かけます。
みなさんも、うちのミケがねずみをとったところを見たいと思いませんか。

るかと懸念したが，それは取り越し苦労であった。これは，シートを用いた学習が単にステップを踏んでいるからではなく，子どもたち自身がその学習内容を容易に振り返ることができる教材になっているからであろう。

この取り組みを経て実証されたのは，具体的な手だてとなる教材研究や教材開発，指導形態の工夫，そして，子どもの一時間一時間の実態把握を欠かさなければ，どの子も書くことができるようになるということである。

書くことは継続することで定着していく。言い換えれば，継続なくして定着はあり得ない。前述したように，国語科「書くこと」で学習する内容は，様々な目的に応じた文章を書くことができるように，その型を学んでいるに過ぎない。大切なのは，国語科で培った力を，他教科・他領域において，計画的に実践できる場面（言語活動）を設定することで，繰り返し活用させていくことである。「言葉の力を育てる活用学習」の中心を担うのは，国語科の学習であろう。しかし，それを支えるのは，計画的かつ系統的な指導に基づいた教育活動全体でなければならない。

（千川善史）

# 7 単元名　ファンタジー作家になって読み聞かせに行こう
教材名　白いぼうし*
学　年　第4学年

## 1 この単元のねらいと特徴

『白いぼうし』は教科書のなかで「本の世界を広げよう」という夏休み前の読書へと結びつける単元として設定されている。主人公のタクシー運転手・松井さんの人柄に触れ，シリーズを読み進め，読書の世界を広げることがねらいである。しかし，本単元では，読解により作品の型を取り出し，その白いぼうしの型を活用したファンタジー物語を創作し，創作したファンタジー物語を絵本にして，低学年へ読み聞かせるという展開にする。この展開によって，文学的な教材を読解活動で終わらせることなく，表現活動へと結びつけ子どもに活用型学力やPISA型読解力を育てることを目指す。

このような本単元の特徴として，以下の4点をあげることができる。

まず，1年間の国語科学習のなかで単元と単元を，育てたい力を視点に結びつけることである。年間指導計画のなかで単元の学習内容の結びつけだけでなく，育てたい力を継続的に指導できるようにする。次に，PISA型読解力を重視して読解プロセスを意識化することである。読解のプロセスには，3つのプロセスがある。(1)「情報の取り出し」，(2)「解釈」，(3)「熟考・評価」の3つのプロセスを指導のなかに位置づけることで，文学的なテキストの詳細な読解に偏ることなく，PISA型読解力の育成につなげることができる。また「熟考・評価」のプロセスを取り入れることで，自らの考えを論述する力も必要となる。テキストに対する共感で終わるのではなく，テキストに対する自らの立場や考

＊『白いぼうし』は，あまんきみこ著，光村図書出版『国語　4年（上)』。

えを示すことができるようにする。

３つめは，フィンランド・メソッドを活用することである。様々なフィンランド・メソッドが紹介されているが，なかでも「書き換えによる創作」と「サークルタイム」と「カルタ」の３つを活用していく。書き換えによる創作とは，扱う教材文の特徴や型を取り出して，その特徴や型を活用して，自分なりの作品を創作するというものである。型を守りながら書くことで，子どもに新しい型を習得させると同時に，型が創作するための補助輪となってくれる。サークルタイムとは，みんなで円になって座りひとつのテーマを，「なぜ？」「どうして？」「本当に？」と問い合う活動である。このメソッドによって，子ども一人ひとりが言葉の本質に目を向けることができると考えている。カルタとは，ウェビングやイメージマップとも呼ばれているが，思考を活性化したり，情報の取り出しを整理したり，思考の有機的なつながりを視覚化できる。このようなフィンランド・メソッドを活用して，高次の学習活動に全員が意欲的に取り組めるようにしたい。

最後に，書くこと・話すこと・聞くこと・読むことを総合的に鍛える単元の構成にすることである。本単元は，テキストの読解，テキストから型の抽出，型の共有，型を活用した創作，創作作品の高め合い，作品の披露，自己成長認識，と展開する。このような単元を展開することで，すべての活動に「創作する」という目的意識をもつことができ，「ファンタジー作家になって読み聞かせに行こう」という大きな目標に向かって，子どもが学習を主体的に進めることができるのである。

## 2　活用型学力をどうとらえたか

本単元では「ファンタジー物語を創作し読み聞かせに行く」という課題が学習のゴールである。これが，思考力・判断力・表現力などの活用型学力を育て，なおかつ基礎的，基本的な知識技能の確かな習得につながるポイントである。

「活用型学力」とは，知識・技能を効果的に活用する学習活動を子どもが経験することによってのみ身につけることができる学力であると考え，以下のような活用する学習活動を単元に設定している。

まず，「型を活用して創作する」ことである。『白いぼうし』がもつ，文章構成，登場人物の設定，文章表現，表現技法などを「型」として読解段階で読みとるのである。そして，その「型」を守ったり，活かしたりしながらファンタジーを創作する。つまり，読解で習得した知識・技能を創作活動で自ら使っていくことで，生きて働く力へと高めさせるということである。また，創作するということは，自己を表現するということである。自己表現することで，自分らしさを感じたり，自己を表現する喜びを感じたりすることができることも創作する良さであると言える。

次に，「読み聞かせに行く」ということは，自分の創作作品（言語活動の結果）を評価してもらうということである。学習したことが他者に認められ，自分自身がその価値を感じることができる。PISA型読解力（Reading Literacy）の定義は「自らの目標を達成し，自らの知識と可能性を発達させ，効果的に社会に参加するために，書かれたテキストを理解し，利用し，熟考する能力」とある。「読み聞かせに行く」ということで，このPISA型読解力で定義されているように，テキストを理解し，利用して，効果的に社会（子どもたちの社会・異学年）に参加（貢献・読み聞かせ）できるのである。

そして，このような活動を支えるのは「言葉の力」である。読み取ったこと（作品の型）を自分の言葉で整理したり，友だちと交流したり，型を活かして物語を書いたり，書いた作品を相互評価したり，読み聞かせに行ったり，様々な言語活動が展開される。この様々な言語活動のなかで，田中博之氏が提案する６領域20項目からなる「言葉の力」（図表序－１：pp. 2-3参照）をもとに，どの「言葉の力」を育てるのか，明確に位置づけることが大切である。ただ活動させるのではなく，活動することで育てたい言葉の力を指導するのである。

このように活用型学力を育てるためには学習活動を，何をどのように活用させる活動なのか，どのような言葉の力を育てる活動なのか，という２つの側面から考える必要があると言える。

## 3　単元構成の工夫と活動の流れ

| 学習活動（全19時間） | 言葉の力とメソッド | 単元構成の工夫点 |
|---|---|---|
| 〈1　テキストとの出会い〉<br>①新出漢字・新出語句を知る。<br>②題名から想像する。<br>③一読後の感想を書き，共有する。<br>「ふしぎ」を考え書き出す。 | 領域C — 9<br>「イメージを創る力」<br>←カルタ<br>←サークルタイム | **学習ゴールは読み聞かせ活動を設定すること**<br>・明確な目的をもてる<br>・文字言語と音声言語で表現できる |
| 〈2　テキストの読み取り〉<br>④場面，登場人物，など情報の取り出しを行う<br>⑤叙述を根拠に挿絵を本文に添える。<br>⑥⑦⑧⑨<br>場面ごとに作品の良さ（型）を書き込み，みんなで共有する。<br>⑩自分なりの作品の魅力をつかむ。 | 領域A — 3<br>「なぜを問い合う力」<br>領域A — 1<br>「論理を組み立てる力」<br>領域A — 2<br>「思考を明確にする力」<br>←サークルタイム | **習得学習と活用学習が連動していること**<br>・一連の流れのなかで文脈ある指導ができる<br><br>**評価セッションを設定すること**<br>・自分の成長を言語化し成長をメタ認知できる<br>・学習の過程をモニタリングし自己評価できる |
| 〈3　創作物語の計画作り〉<br>⑪創作物語のふしぎ，登場人物，場，中心課題，解決方法を設定する。<br>⑫物語のあらすじを書く。 | ←カルタ<br>領域C — 9<br>「イメージを創る力」 | |
| 〈4　ファンタジー作品作り〉<br>⑬読み取った型を守って創作物語を書く。<br>⑭⑮相互評価により作品の改善を図る。<br>⑯作品を仕上げる。 | 領域F — 19<br>「言葉を評価する力」<br>領域F — 20<br>「間違いを正す力」<br>領域B — 4<br>「良さを認める力」 | **絵本作りという図工科との教科横断的な単元構成にしていること**<br>・学習活動が作品化することができる<br>・次の読み聞かせに行く活動へとつながる |
| 〈5　作品発表〉<br>⑰学級内で読み聞かせの練習をした後，低学年を対象に読み聞かせ会を開く。 | | |
| 〈6　単元のまとめ〉<br>⑱元のテキストを読み直して，評価する。<br>⑲自己評価や相互評価を通して，自分が成長したところを自覚し，まとめる。 | 領域F — 20<br>「言葉を評価する力」<br>領域E — 16<br>「自信をつける力」<br>←評価セッション | **色々なあまんきみこ作品へ読み広げていくこと**<br>・作品から型を読み取る<br>・ファンタジー作品のイメージを豊かにする |

# 4　指導の実際と子どもの学び

## （1）カルタを活用

「題名」からどのような物語が想像できるか話し合ったのちに，自分なりにカルタを使いながら拡散的思考をする。自分の頭のなかに広がっていることをどんどん言葉にしていくことで，子どもたちの思考はさらに広がっていく。頭のなかで考えさせるだけでなく，文字化させることが大切である。

物語の内容を予想しカルタで整理する

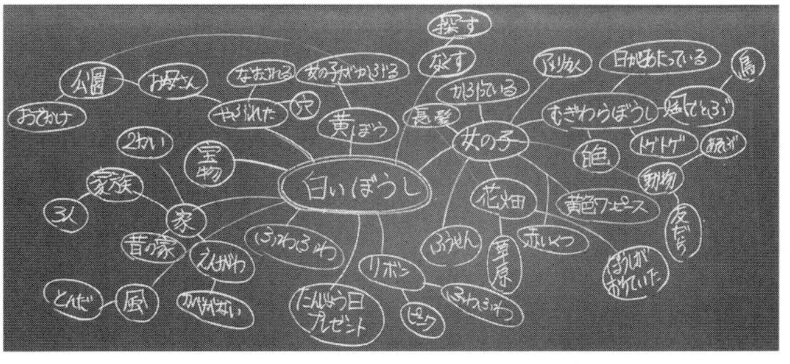


## （2）叙述を根拠に挿絵を配列

作品の全体像をつかませるために，挿絵を活用する。挿絵を並べ替えることで，お話の流れを自然にイメージすることができるからである。その際に，挿絵（非連続型テキスト）の読み取りと，叙述（連続型テキスト）の読み取りを一致させていくことになる。

## （3）場面ごとの読解

作品を４場面に分けて，一人ひとりがテキストに書き込みを行う。自分の読みをもつことができて，みんなでの学習に参加することができる。まずは，自分なりに読むことが大切である。そのための視点を前の単元「三つのお願い」でいくつか提示しておく。例えば，「登場人物の気持ちが表れているところは？」や「筆者の工夫が感じられるところは？」や「言葉から想像できることは？」や「接続語」や「比喩」などである。ただし，子ども全員に同じ視点を設けさせるのではなく，自分なりの視点によって色鉛筆で色分けしながら書き込みを進めていくようにした。そのため，型通りの読み取りではなく，叙述に対して自分なりのひっかかり方をすることができる。

**自分なりの読みを書き込んだ教材文**

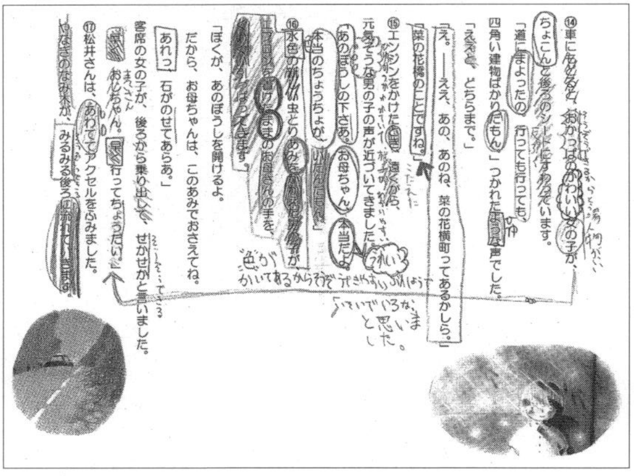


そうして，自分で読み取ったことを交流させて読みを深めていく。交流を板書していき，学習の最後に「自分たちが作品を書くときに使えそうな良いところはどこかな？」と問いかける。その良さを型として子どもたちに意識させた。

**3場面の板書**

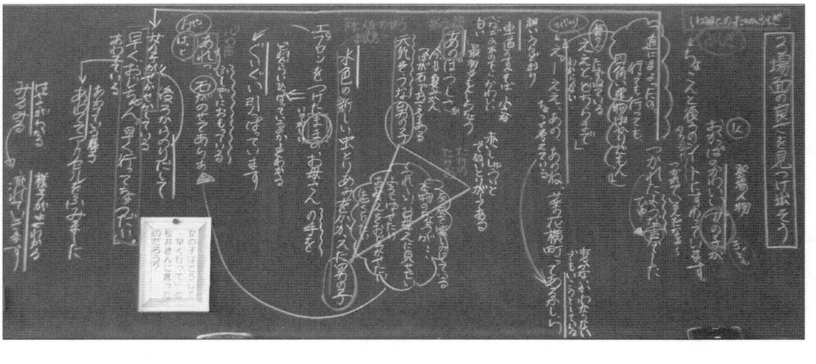

## （４）あまんきみこ作品を読み広げる

市立図書館や図書室から30冊ほどあまんきみこ作品を借りてきて，専用のブックコーナーを作り，少しの時間でも手にとって読むことができる環境を作る。多くのあまんきみこ作品に触れることで，自然とその書きぶりや言葉の使い方を感じ取ることができ，またその作品世界を広げることができると考える。

あまんきみこ作品の多読シート

| No. | 作品名 | 読んだ日 | ファンタジー物語に使えそうな文しょうを書き出そう | No. | 作品名 | 読んだ日 | ファンタジー物語に使えそうな文しょうを書き出そう |
|---|---|---|---|---|---|---|---|
| 1 | 小さなお客さん | 5月29 | だめですよ私は、黒いコートなんですから。 | 2 | うんのいい話 | 5月28 | ふらふらするあたまを、 |
| 3 | すずかけ通り三丁目 | 5月28 | すずかけ通り三丁目までいってください | 4 | 山ねこ、おことわり | 5月27 | さっぱりわからなくなってしまいました |
| 5 | シャボン玉の森 | 5月28 | まいさんはにわきにきのびだけ[illegible] | 6 | くましんし | 5月30 | 星がつめたい冬のそらにちかちかとひかっています。 |
| 7 | ほん日は雪天なり | 5月28 | 「りんどう公園入り口です。」 | 8 | 春のお客さん | 5月27 | 朝からうれしいお客さんだなあ |
| 9 | きりの村 | 5月28 | こまったなあはれないかなあ〜 | 10 | やさしいてんき雨 | 5月27 | やさしい天のカーテンだなあ |
| 11 | 草木もねむるうしみつどき | 5月28 | あのね…あたしね…ぶらんこがこげないの | 12 | 雲の花 | 5月30 | まどの外は、まるで金色のまくをおろしたようです |
| 13 | 虹の林のむこうまで | 5月27 | そしてとろとろねむってしまいました | 14 | まよなかのお客さん | 5月28 | つきのひかりは、ぎんのはけ |
| 15 | ぼうしねこはほんとねこ | 5月27 | ぽかぽかびより | 16 | 星のタクシー | 5月30 | 白いもやがすっとはれてまどの[illegible]ものが、[illegible]名前 |
| 17 | しらないどうし | 5月30 | 今日でおまわりをしたいとでたお客さんは3人めだ | 18 | ほたるのゆめ | 5月27 | 体もしびれたようにうごきません |
| 19 | ねずみのまほう | 5月28 | よかった。よかった。 | 20 | たぬき先生はじょうずです | 5月28 | このおとうと歯がいたいんだ 歯のいたいのはつらいもんな |
| 21 | 雪がふったら、ねこの市 | 5月28 | 白い雪の中を走りだしました. | 22 | あなたはだあれ | 5月28 | にこにこしました. |
| 23 | なまえをみてちょうだい | 5月30 | 青いじゅう糸でたしかにそうかいてありました | 24 | あしたもあそぼうね | 5月28 | ももいろのふくをきたおんなの子がたっていました |
| 25 | おまけのじかん | 5月30 | あしたのケーキはどんなのかなね きょうのケーキより[illegible]かな | 26 | おひなさまのきもの[illegible] | 5月28 | 夏のはじめは、うれしい[illegible]あそび |
| 27 | えっちゃんの森 | 6/2 | くるっとむきをかえるとはしりだしました。 | 28 | すてきなぼうし | 5月30 | [illegible]あたしのぼうしゆりかごだわ |
| 29 | きんのことり | 6/4 | | 30 | ゆうひのしずく | 5月30 | あるなつの日、ひとりぼっちのきりんがながらおかをかけ[illegible]とおくの[illegible]をみていた |

あまんきみこさんの良さを見つけ出そう！

## （５）サークルタイムを取り入れる

作品主題をとらえようとするとき，作品世界のなかのままで終わってしまうのではなく，もっと自分に引き寄せて，その作品から心が響かされるような感覚をもってほしいという願いから，サークルタイムを取り入れた。ひとつの円になって座り，ひとつの問いについて語り合うというものである。小さなボールをもっている子どもだけに発言権があり，そのボールを転がして次の子どもへと発言をつなげるのである。今回は読み取りのなかで，「松井さんはやさしい」という意見から「やさしさってなに？」ということを問いとして設定して

「やさしさってなに？」と問い合っている様子

サークルタイムを行った。子どもたちは，日ごろの自分の体験や，この作品のたけのたけお君（白いぼうしの持ち主）の気持ちを想像したりしながら，やさしさとはどういうものなのか考えていった。

## （6）創作作品の計画を立てる

まず，「どんな不思議な出来事を起こすのか」ということを決定し，その後で「はじまり」「おわり」を設定していくようにした。また，カルタを使って場面設定をしていき，設定を整理した。カルタでの整理は表で整理するのとは違い，イメージしたことをその順番に書き留められる。そのため，自分の思考に沿ってイメージを広げていくことができるというのは良い点であると言える。

創作作品の計画カルタ

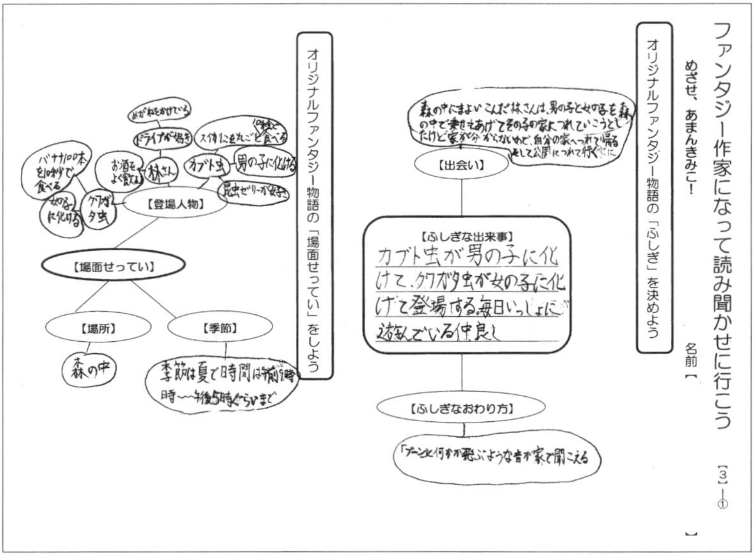

段落型あらすじワークシート

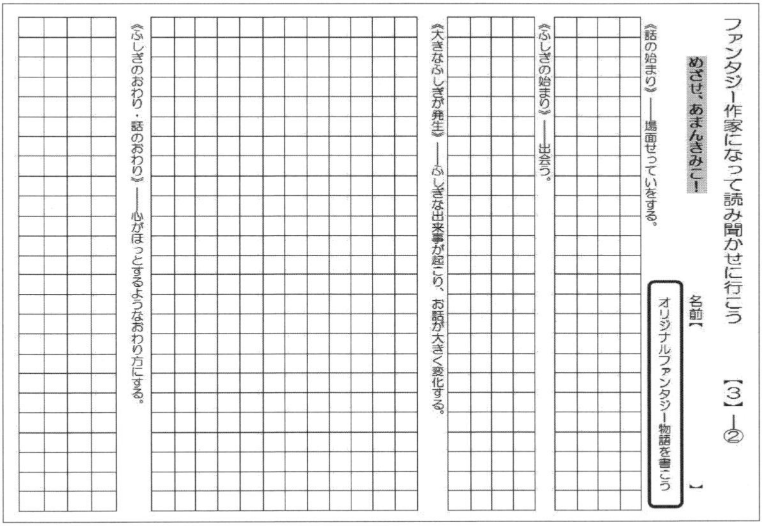
ファンタジー作家になって読み聞かせに行こう　【3】―②
めざせ、あまんきみこ！
名前【　】
オリジナルファンタジー物語を書こう
《話の始まり》――場面せっていをする。
《ふしぎの始まり》――出会う。
《大きなふしぎが発生》――ふしぎな出来事が起こり、お話が大きく変化する。
《ふしぎのおわり・話のおわり》――心がほっとするようなおわり方にする。

## （７）創作作品を相互評価により高め合う

３，４人の学習グループを意図的に構成し，子どもたちが互いに指摘し合い自分たちの作品を練り，高め合っていく活動を設定する。この活動により，子どもは自分の文章表現を客観的に見つめなおすことができる。誤字や文法の修正はもちろん，活用しようとしていた型が本当に自分で活用できているのか，再度，型の活用を促したり，確認したりすることができるようになる。なんとなく真似をしたのでなく，自分で「自分が活用したこと」を語れるようになることで，本当の活用する力へとつながると考える。また，作文を得意としている子ども，苦手としている子どもも，共に学び合って互いの力を高め合っていくことこそが大切であると考える。

相互評価によって高め合う活動をしたあとに，ある子が「友だちの作品をなおすのはめっちゃしんどいからいやだ。だって，友だちの気持ちをそのまま変えずに言葉を変えないとあかんやろ。友だちの気持ちを自分がわからないとできひんもん」と口にしたことがあった。また，ある子は，活動の振り返りで

創作作品の下書きを相互評価し合う様子

「自分の言ったことが理解してもらえてうれしかった」と言った。まさにその通りである。このしんどさやうれしさがこの子自身の力へとつながるはずである。しんどい思いを乗り越えることなくして，力がつくことはない。学んだ喜びを感じられなくて，力がつくことはない。自分なりに学習活動に真剣に向き合っている証拠である。その意味でこのような相互評価を通した活動は非常に効果的であると言える。

相互評価を赤鉛筆で下書きに反映した様子

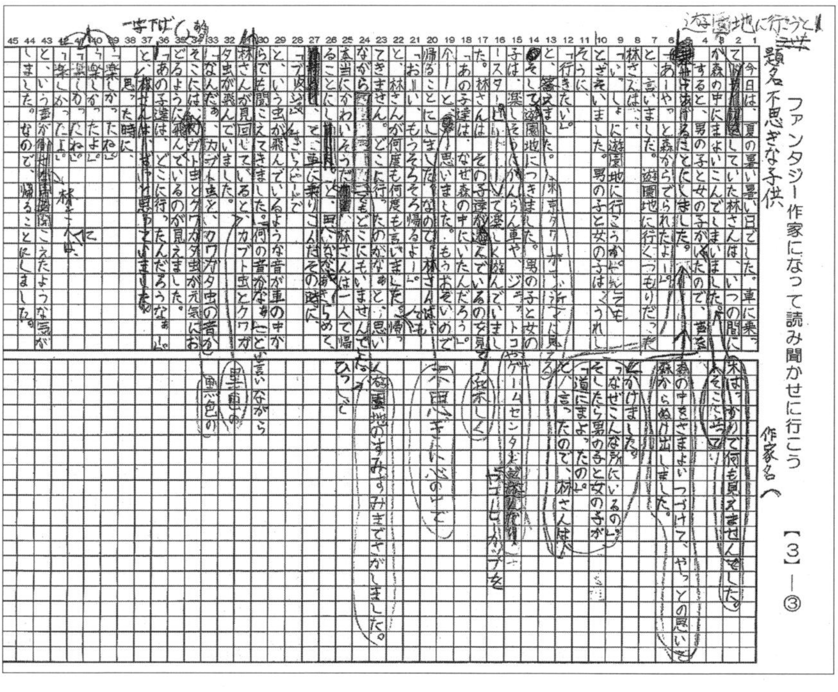
ファンタジー作家になって読み聞かせに行こう　【3】—③

題名　不思ぎな子供　作家名（

今日は、夏の暑い暑い日でした。車に乗って[illegible]していた林さんは、いつの間にか森の中にまよいこんでしまいました。すると、男の子と女の子が[illegible]たので、[illegible]あげることにしました。
「あーやっと森からでられたよー。」
と、言いました。遊園地に行くつもりだった林さんは、
「いっしょに遊園地に行こうか。」
とさそいました。男の子と女の子はうれしそうに、
「行きたい。」
と、答えました。
そして遊園地につきました。男の子と女の子は、楽しそうにかんらん車や、ジェットコースターで楽しく遊んでいました。林さんはその子達が遊んでいるのを見
「あの子達は、なぜ森の中にいたんだろう。」
と思いました。もうおそいので帰ることにしました。なので林さんは、
「おーい、もうそろそろ帰るよー。」
と、林さんが何度も何度も言いました。[illegible]てきません。どこに行ったのかなあと、思いながら、[illegible]でもどこにもいません。本当にかわいそうだ[illegible]林さんは一人で帰ることにしました。[illegible]あきらめて、[illegible]車に乗りこんだその時に、
「ブ[illegible]」[illegible]スピードで
と、いう虫が飛んでいるような音が車の中からでも聞こえてきました。何の音かなあと林さんが見回していると、カブト虫とクワガタ虫が飛んでいました。
「なんだあ、カブト虫と、クワガタ虫の音か。」
そこには、カブト虫とクワガタ虫が元気におどるように飛んでいるのが見えました。
「あの子達は、どこに行ったんだろうなぁ。」
と、林さんはずっと思っていました。
思った時に、
「楽しかったね。」
「楽しかったよ。」
「楽しかったね。」
「楽しかったよ。」
と、いう声が[illegible]聞こえたような気がしました。なので、帰ることにしました。

子どもが取り出した型を整理した一覧表

「見っけた良さ」一らん表　～あまんきみこ作 白いぼうしより　み一んなで見つけたよ～　名前

| | | | |
|---|---|---|---|
| ふしぎ | ありえない【ふしぎなできごと】を起こす | | |
| ふしぎ | おかっぱのかわいい女の子がちょこんと後のシートにすわっています。 | | |
| ふしぎ | だれもうつっていません。ふりかえってもだれもいません。 | | |
| 化ける | ある生き物が人に化ける | | |
| 化ける | ちょうちょうが夏みかんに化ける | | |
| 化ける | ちょうちょうが女の子に化ける？！ | | |
| におわせ書き | はっきりと書かないで、読む人ににおわせるような書き方 | | |
| におわせ書き | [illegible] | 「早くおじちゃん、早くいってちょうだい。」 | |
| におわせ書き | [illegible] | [illegible] | |

| | | | |
|---|---|---|---|
| 書き出し | 一場面 | 「」で書き始める | |
| 書き出し | 一場面 | においで書き始める | |
| 様子 | 一場面 | にこにこして | |
| 様子 | 一場面 | いっせいに | |
| 様子 | 二場面 | ふわっと(何かが…) | |
| 様子 | 二場面 | あわてて | |
| 様子 | 二場面 | ひらひら | |
| 様子 | 二場面 | じろじろ | |
| 様子 | 二場面 | かたをすぼめて… | |
| 様子 | 二場面 | そのまま(そめつけた…) | |
| 様子 | 三場面 | (エプロンをつけた)まま | |
| 様子 | 三場面 | ぐいぐい(ひっぱって…) | |
| 様子 | 三場面 | (後から)のりだして | |
| 様子 | 三場面 | せかせかと | |
| 様子 | 三場面 | みるみる…流れていきます | |
| 様子 | 四場面 | (あの子が)そうっと(開けたとき) | |
| 様子 | 四場面 | (ハンドルをまわし)ながら… | |
| 様子 | 四場面 | ぽかっと口をOの字に開けて… | |
| 様子 | 四場面 | 「ふふふ」ひとりでに笑いがこみ上げて… | |
| 様子 | 四場面 | (まだ)かすかに | |

| | | | |
|---|---|---|---|
| 場面決め | 一場面 | 夏がいきなり始まった… | |
| におい | 一場面 | レモンのにおい | |
| におい | 二場面 | すっぱい、いいにおいが | |
| におい | 四場面 | 夏みかんのにおいがのこって… | |
| 色 | 一場面 | 信号が赤なので… | |
| 色 | 一場面 | 信号が青になると… | |
| 色 | 二場面 | 赤いししゅう糸 | |
| 色 | 二場面 | あたたかい日の光をそのままそめつけたような見事な色 | |
| 色 | 三場面 | 水色の新しい虫とりあみ | |
| 色 | 四場面 | クローバーが青々と | |
| 色 | 四場面 | わた毛と黄色の花の交じったたんぽぽ | |
| 指示語 | 三場面 | あの(ぼうしさ) | |
| 指示語 | 四場面 | その上を(どろるように) | |
| 心の声 | 二場面 | はっとしました。 | |
| 心の声 | 三場面 | あれっ(石がのせてあらぁ) | |
| 強く言う | 一場面 | あまり(うれしかった…) | |
| 強く言う | 二場面 | あんな(すぐそばに…) | |
| そうぞう | 四場面 | (おどろいた)だろうな | |
| そうぞう | 四場面 | (まほうのみかんと思う)かな | |
| 名前がえ | 三場面 | 《たけのたけお君の言い方》 | |

| | | | |
|---|---|---|---|
| けしき | 二場面 | 緑がゆれているやなぎの下に | |
| けしき | 三場面 | やなぎのなみ木がみるみる… | |
| けしき | 四場面 | [illegible] | |
| ひゆ | 一場面 | 夏がいきなり始まったような暑い日 | |
| ひゆ | 二場面 | あたたかい日の光をそのままそめつけたような見事な色 | |
| ひゆ | 三場面 | つかれたような声 | |
| ひゆ | 三場面 | 元気そうな男の子 | |
| ひゆ | 四場面 | (その上を)どろるように | |
| ひゆ | 四場面 | しゃぼん玉がはじけるような | |
| くり返し(反ぷく) | 三場面 | 「早くおじちゃん。早くいってちょうだい。」 | |
| くり返し(反ぷく) | 四場面 | 考え考え、(まどの外を見ました) | |
| くり返し(反ぷく) | 四場面 | 小さな団地の小さな野原 | |
| くり返し(反ぷく) | 四場面 | 「よかったね。」「よかったよ。」「よかったね。」「よかったよ。」 | |
| くり返し(反ぷく) | 四場面 | (しゃぼん玉がはじけるような)小さな小さな声 | |
| 登場人物の性格 | 一場面 | いなかのおふくろ《もぎたて・速達・においまで》 | |
| 登場人物の性格 | 一場面 | 松井さん《くるまがひいてしまうわい》 | |
| 登場人物の性格 | 一場面 | 松井さん《石でつばをおさえました》 | |
| 登場人物の性格 | 三場面 | たけのたけお《元気そうな男の子》 | |
| ダッシュ | 四場面 | (あの子がそうっと開けたとき)―― | |
| ダッシュ | 四場面 | (ちょうが化けたんだから)―― | |
| 書き終わり | 四場面 | 車の中には、まだかすかに夏みかんのにおいがのこっています。 | |

## (８) 絵本の作成と完成作品

完成した原稿を絵本にするために，図書室へ行っていろいろな絵本を分析した。表紙，裏表紙，書き方，割り付けの仕方，絵の描き方，文字の大きさ，など自分のモデルとする絵本を探し，絵本の創作を行った。

下書きを見ながら絵本に仕上げている様子

創作し完成した絵本

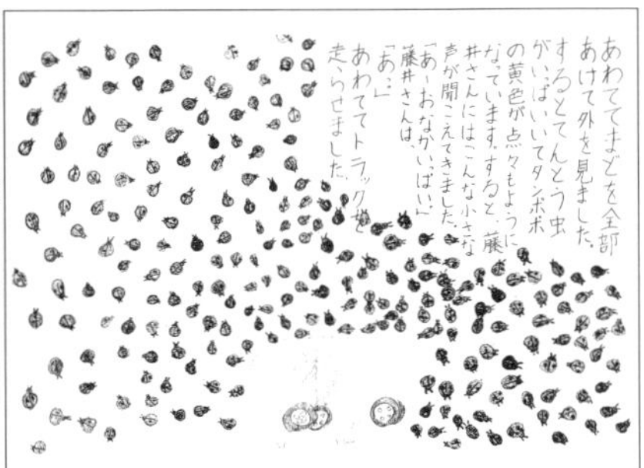

### （９）参観日，縦割り班，２年生への読み聞かせ

参観日では，保護者の方に読み聞かせを聞いてもらい，読み聞かせへのアドバイスカードをもらった。声の大きさ，本の持ち方，目の配り方など読み聞かせのポイントを教えてもらうことができた。縦割り班では，５，６人のグループに読み聞かせを行った。読み聞かせ後に，高学年から「すごいなぁ」という言葉や低学年から「本当に自分で書いたの？」と言葉をもらえ，喜びを感じることができた。

最後の読み聞かせ活動として，２年生を対象に読み聞かせを行った。２年生が前へ前へと本に迫ってくる様子自体が作品や子どもたちの学習への評価の表れであった。

縦割り班で読み聞かせしている様子

２年生の児童に読み聞かせしている様子

### （10）自己成長を認識する

自己成長を認識するために，評価セッションを行った。単元全体の学習を自分のポートフォリオや保護者からのコメントなどをもとに，自己成長シートにまとめた。自分の成長を言語化し，自分自身を肯定的に受け止める活動としてとても意義があったと言える。

「創作」という活用型の課題は，とても難しく大きな課題である。日ごろの日記でもなかなか文章が続かない子ども，書くことに苦手意識をもっている子どもは，自力で物語を創作するという課題を聞いただけで，困って嫌そうな顔をしていた。しかし，みんなで助け合って学び合いながら目標にむかってがん

ばってきた。作品のもつ型を頼りに少しずつ文章を組み立てていくことができ，型が補助輪の役割を果たしてくれた。単元を終えてみると，できあがった創作作品，読み聞かせをしてもらった多くの拍手，保護者からのメッセージ，自分の成長を感じさせてくれる多くの要素が自分のもとにたまっていた。

ある子どもが１学期の終わりに書いた自己成長シートには，自分の苦手だった国語がちょっと得意になったと書いている。その下には小さく「絵本が書けるようになった」とある。この言葉が子どもの成長をありのまま表していると言えるだろう。

本単元での成長をまとめた自己成長シート

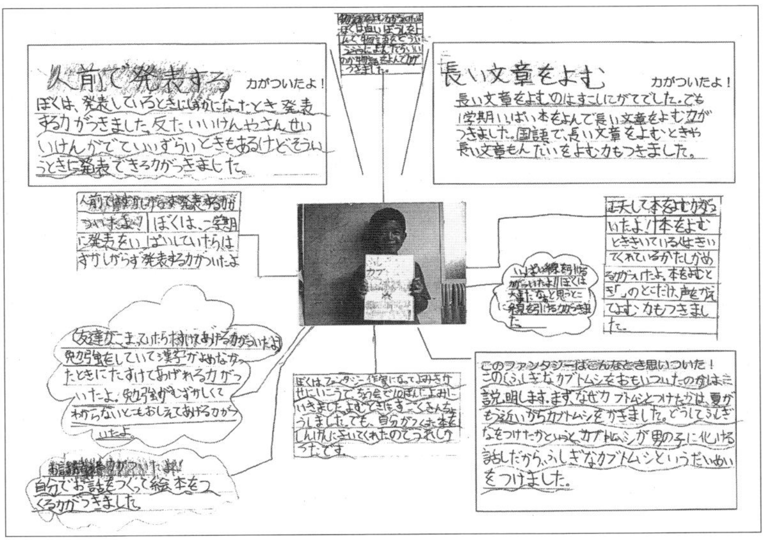


自己成長シート（部分）

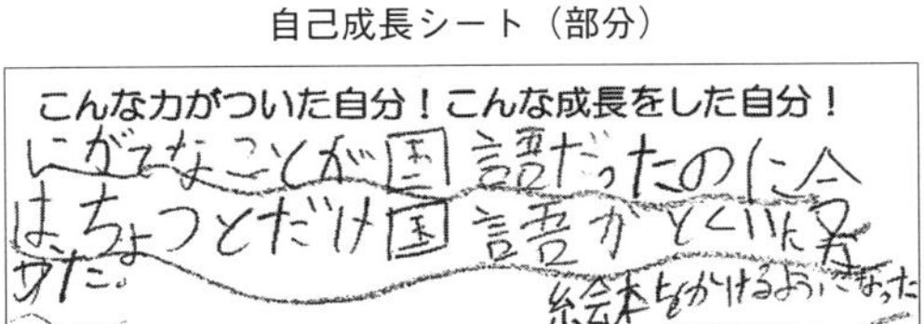

## 5 振り返りと今後の課題

この活用学習に取り組んだことで，子どもたちはこれまであまり感じずにいた「国語の達成感」を得たようだった。また，保護者や上級生や下級生など多くの人に自分の学びを認めてもらえ，自己成長を認識することにもつながり，今後の国語科学習における大きな励みにもなったと言える。

最後に，今後国語科における活用学習を進めていく上で，本実践から見えてくる課題を整理しておきたい。⑴作品の型を自力で取り出せる確かな読解技術の育成，⑵型の活用のためのスモールステップ，⑶創作作品のプロットを設定しやすいワークシート，この３つが，型を活かした創作表現の活用学習を実践する上で，改善を加えていかなければならないことだと考えている。

（竹本晋也）

# 8 単元名　道具から見える人々の願いを未来へ伝えよう
教材名　進化した路面電車*
学　年　第4学年

## 1 この単元のねらいと特徴

この単元のねらいは，論理的思考力と論理的表現力を育てること，説明文を教材とした活用型単元を開発することである。

物語文『白いぼうし』を教材に「ファンタジー作家になって読み聞かせに行こう」という学習では，書くことへの抵抗感を感じることなく，自分の頭の中でどんどんと広げストーリーを展開することのできる物語の世界を楽しみ，達成感を得ることができたと言える（前述の実践[7]参照）。

しかし，学習を通して子どもたちの課題も見えてきた。それは，創作作品の相互評価時に，段落構成や文章全体の構成を検討し合うことができなかったという点である。同様に「かむことの力」や「手と心で読む」においても，文章構成の気づきや段落相互の関係の気づきが，十分にできていない子どもの様子が見られた。物語文などをイメージ豊かに読むことと，説明文などをイメージ確かに論理的に読むこととでは，子どもの活用する能力・技能がちがい，論理的な思考や表現の仕方を指導する必要性を感じた。そこで，論理的思考力と論理的表現力の育成をねらった単元を開発した。

そのために，本校の教科書教材ではないが，説明文として書き方の型が明確である大阪書籍4年生の『進化した路面電車』を教材として設定し，また，表現活動へ活用できるように社会科「古い道具と昔のくらし」と教科横断的な単元構成とした。

---

＊『進化した路面電車』は，今尾恵介著，大阪書籍『小学国語　4（下）』。

## 2　活用型学力をどうとらえたか

前述したように本単元のねらいは，論理的思考力・論理的表現力の育成である。つまり，この2つを活用型学力としてとらえたと言える。この2つの力と関係して，自問自答の思考力（自己内対話力），言語活動のメタ認知力の2つも活用型学力としてあげたい。

まず，論理的思考力とは，言葉や社会的事象に着目し，筋道を立てて考えることができる力だと考える。自分の思考を分類・整理したり，分析・関連づけたりして，自分の考えをさらに進化させる力である。また，単元の見通しをもち，目的をもって学習を進めることができたり，文章全体をみて，その文章構成を見通したりできる力も論理的思考力だと考える。

次に，論理的表現力とは，自分の思考を表現できる力である。ただ，自分の思考を表現するだけではない。根拠を述べること，具体例を出すこと，反例を示すこと，比較することなどを効果的に活用して自分の思考を相手に説得力をもって語ったり，主題を伝えるために効果的な文章を構成し表現技術を駆使して書いたりすることができる力と言える。

3つめの自問自答力は自己内対話力とも言える。これは，ひとつめに述べた論理的思考力とも関係する。「自ら問い，その問いに対して，自ら答え，その答えに対して，また自ら問い，その問いに対して，自ら答え……」というように，自問し自答する自己内対話する力である。何に対してもどこかに答えがあると思い込むのではなく，答えは思考によって常に自分のなかにこそ生まれてくるものであるという感覚や考え方が重要である。

最後に，活用の自己認識力である。活用型単元では，習得した知識・技能を活用して自己を表現することがポイントとなる。その活用し表現したときに，「自分は何をどのように活用できたのか，活用したことはどのような効果があったのか」ということを自分で認識することが，活用力の習得につながり，次の活用にもつながると考える。

## 3 単元構成の工夫と活動の流れ

①社会科「古い道具と昔のくらし」との教科横断的な単元構成

社会科と教科横断的な単元構成を行うことで，ひとつは，説明文を創作する際の「伝えたい内容」を得ることができる。今，身の回りにある道具には先人の知恵・工夫がつまっていることや，先人の思いが脈々と受け継がれて道具が進化していることなどを伝えるために説明文を創作しようとなるのである。また，古い道具や今の道具を見つめ，自問自答と調べ活動による課題解決の過程を，「読者に問いかけながら内容を展開していく」説明文としてそのまま活用することができるのである。

②育てたい言葉の力を位置づけた単元構成

国語科では，「相手，目的，場面を考えて情報を理解したり伝えたりする力」，「自らの知識や経験に照らして情報を評価する力」を，社会科では「記述する力」，「説明する力」，「価値判断する力」を本単元における活用型学力を下支えする言葉の力として意識した言語活動を設定する。

③評価セッションを取り入れた単元構成

活用学習の根幹は学び合う学習である。創作する説明文の計画を改善し合ったり，創作した説明文の推敲をお互いにしたり，活用できたことを互いに確かめあったり，単元での自己成長を発表したり，そういった評価し合う活動を取り入れることで子ども同士の学び合いが生まれる。そして，その学び合いは学習意欲や自信につながり，思いやりのあるコミュニケーション力をはぐくむ。

④フィンランド・メソッドを取り入れた単元構成

まず，事実認識を正確にさせる，因果関係を明らかにする，事実と事実の関連づける，など目的的にカルタを活用する。次に，「なぜ」を問うことこそが思考することなので，物事の本質を問い合うサークルタイムを活用し自問自答を促す。最後に四言語活動をひとつの単元のなかで総合的に取り入れる。

## 【活動の流れ】

| 社　会　科<br>（全10時間） | メソッド<br>育てたい力 | 国　語　科<br>（全23時間） |
|---|---|---|
| **社会認識内容の習得**<br>〈第１次　今使っている道具〉<br>①身の回りの道具を探す<br>【食事】炊飯器・コンロ等<br>【洗濯】洗濯機・アイロン等<br>【娯楽】テレビ・ラジオ等<br>【農具】田植え・稲刈り等<br>【寒暖】冷暖房・こたつ等<br>②なぜ道具があるのか考える<br>●いつ誰が使うのか<br>●使うと？　ないと？ | ← カルタ<br>カルタ →<br>論理を組み立てる力<br>思考を明確にする力 →<br>← サークルタイム<br>← なぜを問う<br>サークルタイム → | **型の習得**<br>〈第１次　テキストとの出会い〉<br>①新出漢字・新出語句を知る<br>②あらすじをつかむ<br>初発の感想を書きまとめる<br>〈第２次　テキストの読み取り〉<br>③段落関係を読み取る<br>④⑤⑥⑦⑧<br>段落ごとに型（構成・表現技術）を抽出する<br>⑨作者の主張に対して自分の考えを持つ |
| 〈第２次　古い昔の道具〉<br>③④古い道具を体験する<br>●湯たんぽ，コタツ<br>●洗濯，明かり，炊飯等<br>⑤昔の人々を共感する<br>⑥なぜ道具は変遷するか考える<br>●よりよく生活をしたいという人々の願い<br>●新旧の価値 | ← 記述する力<br>言葉を評価する力<br>間違いを正す力<br>良さを認める力 →<br>← サークルタイム<br>← 記述する力 | **型の活用**<br>〈第３次　創作説明文計画作り〉<br>⑩⑪説明文に込める主張（未来の子どもたちに伝えたいこと）を設定し，型に沿った段落構成を考える<br>⑫⑬型に沿ってあらすじを書く |
| **価値判断（認識の活用）**<br>〈第３次　道具のうつりかわり〉<br>⑦今使っている道具の中からひとつの道具について昔の姿を調べる<br>⑧古い道具から，昔の人々の暮らしを推理する<br>●使われ方（手順・手間）<br>●周りの環境（保管・設置）<br>●使い手の気持ち（苦労）<br>⑨未来の子どもたちに伝えたいことをひとつ決める<br>⑩ひとつの道具について疑問を立て，学習したことを根拠に自分で解き明かす形式で言葉にまとめる | ← カルタ<br>← なぜを問う<br>← 推理する力<br>合意を形成する力<br>やる気を起こす力<br>励まし応援する力 → | 〈第４次　創作説明文作り〉<br>⑭⑮読み取った型を活かして説明文を創作する<br>⑯⑰型を活かして友だちと相互評価し作品を高める<br>⑱作品を仕上げる |
| | 言葉を評価する力<br>間違いを正す力<br>良さを認める力 →<br>← 判断する力 | **社会参加**<br>〈第５次　創作説明文発表〉<br>⑲⑳創作説明文を自己評価し，読みあって相互評価する<br>㉑創作説明文を学級外の人（上級生等）へ公表する |
| | ← なぜを問う<br>← 説明する力<br>自信をつける力<br>成長を祝い合う力 → | **振り返り**<br>〈第６次　自己成長認識〉<br>㉒学習の様子を相互評価する<br>㉓自分の成長をまとめ，自己成長シートにまとめる |

## 4　指導の実際と子どもの学び

社会科での学習活動を社，国語科での学習活動を国として以下に述べる。

### 社 生活を支える道具に目を向ける（①）

カルタの始まりを時計の絵にして，自分の一日の過ごし方を意識できるようにした。たくさんの道具が身の回りにあり，自然と使っていることに改めて気づくことができ，「道具」に目を向けこれからの学習に対する意欲が高まった。

① みんなでカルタをして気づいたこと・思ったこと

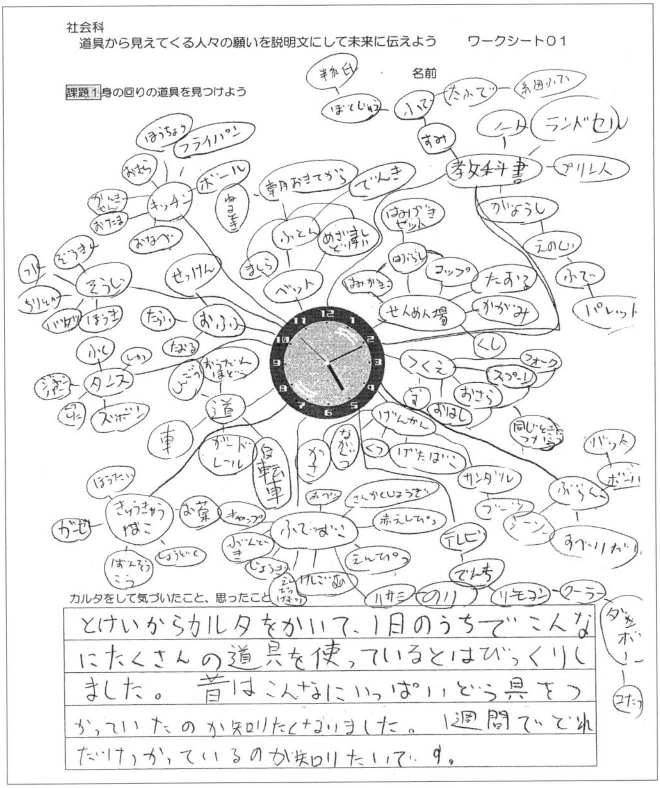

## 社 サークルタイムで「なぜ道具があるのか？」を問い合う（②）

いきなり「なぜ道具があるのか？」と切り出すのではなく，ワークシートを使ってスモールステップで学習課題に迫っていくことで，より多くの子どもが

② ワークシートで思考する

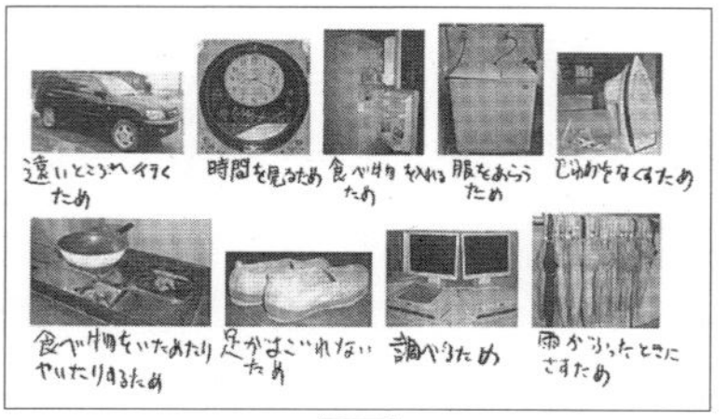


サークルタイムで問い合う

思考を400字でまとめる

主体的に学習することができる。「個→集団→個」という活動形態によって，「自分の思考→集団での思考→深まった自分の思考」という流れを作ることができる。

## 国 テキストへの書き込み（③）

自分なりに色に意味をもたせて，気づいたことをどんどん書き込んでいくようにした。3 回目となる書き込みだったので，これまでの学習を活かして書き込みを行っていた。また，お互いの書き込みを共有し合う時間を設け，問いかけ・接続語・指示語・作者の思いなど全員が着目してほしいところに自然に気づくことができるよう配慮した。

③ 自分の気づきを書き込んだテキスト

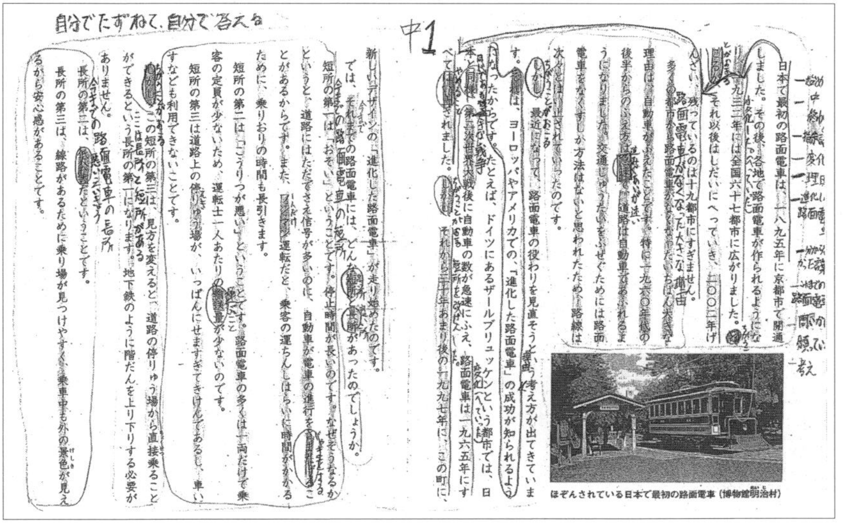



日本で最初の路面電車は、一八九五年に京都市で開通しました。その後、各地で路面電車が作られるようになり、一九三二年には全国六十七都市に広がりました。それ以後はしだいにへっていき、二〇〇二年げんざい、残っているのは十九都市にすぎません。

多くの都市から路面電車がなくなったいちばん大きな理由は、自動車がふえたことです。特に一九六〇年代の後半からのふえ方は[illegible]で、道路は自動車であふれるようになりました。交通じゅうたいをふせぐためには路面電車をなくすしか方法はないと思われたため、路線は次々とはい止されていったのです。

最近になって、路面電車の役わりを見直そうという考え方が出てきています。それは、ヨーロッパやアメリカでの、「進化した路面電車」の成功が知られるようになったからです。たとえば、ドイツにあるザールブリュッケンという都市では、日本と同様に第二次世界大戦後に自動車の数が急速にふえ、路面電車は一九六五年にすべて[illegible]されました。しかし、それから三十年あまり後の一九九七年に、この町に、新しいデザインの「進化した路面電車」が走り始めたのです。

では、それまでの路面電車には、どんな短所と長所があったのでしょうか。

短所の第一は「おそい」ということです。停止時間が長いのです。なぜそうなるかというと、道路にはただでさえ信号が多いのに、自動車が電車の進行を[illegible]することがあるからです。また、[illegible]運転だと、乗客の運ちんしはらいに時間がかかるために、乗りおりの時間も長引きます。

短所の第二は「こうりつが悪い」ということです。路面電車の多くは一両だけで乗客の定員が少ないため、運転士一人あたりの輸送量が少ないのです。

短所の第三は道路上の停りゅう場が、いっぱんにせますぎてきけんであるし、車いすなども利用できないことです。

[illegible]この短所の第三は、見方を変えると、道路の停りゅう場から直接乗ることができるという長所の第一になります。地下鉄のように階だんを上り下りする必要がありません。

長所の第二は、[illegible]ということです。

長所の第三は、線路があるために乗り場が見つけやすく、乗車中も外の景色が見えるから安心感があることです。

ほぞんされている日本で最初の路面電車（博物館明治村）

## 社 集めた昔の道具を自分たちで体験する（④）

子どもが家から持ってきた古い道具や，市の資料館から借りた道具を自分たちで体験し，その体験をきっちりと言語化し説明文の材料とする。

④ 昔の道具を体験

洗濯板体験

番傘体験

体験の言語化

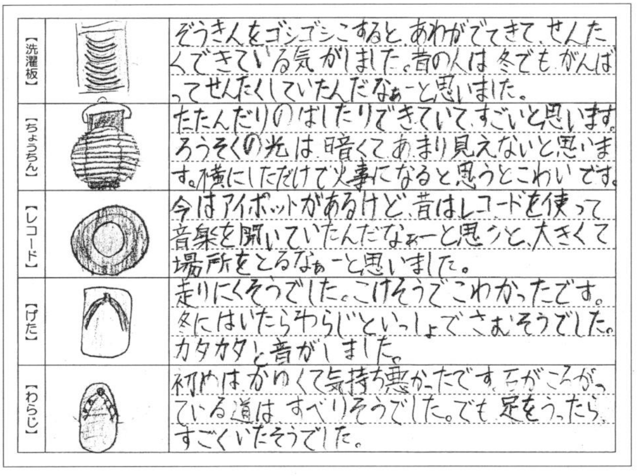

| | |
|---|---|
| 【洗濯板】 | ぞうきんをゴシゴシこすると，あわがでてきて，せんたくできている気がしました。昔の人は冬でも，がんばってせんたくしていたんだなぁーと思いました。 |
| 【ちょうちん】 | たたんだりのばしたりできていて，すごいと思います。ろうそくの光は，暗くて，あまり見えないと思います。横にしただけで火事になると思うとこわいです。 |
| 【レコード】 | 今はアイポットがあるけど，昔はレコードを使って音楽を聞いていたんだなぁーと思うと，大きくて場所をとるなぁーと思いました。 |
| 【げた】 | 走りにくそうでした。こけそうでこわかったです。冬にはいたらわらじといっしょでさむそうでした。カタカタと音がしました。 |
| 【わらじ】 | 初めはかゆくて気持ち悪かったです。石がころがっている道は，すべりそうでした。でも，足をうったら，すごくいたそうでした。 |

## 国 読み取ったことから「型」を取り出し整理する（⑤）

読解していくなかで，「創作説明文を書くときに自分が使ってみたい技や工夫はどこかな？」という視点で型を取り出していく。子ども自身が取り出した型を活用しやすいように分類し一覧表にして子どもに配布する。

## ⑤ 活用したい型の一覧表

ワークシート０４

【書き出しがおもしろくできるグループ】
**①大きく問いかける**
「…多いのではないでしょうか。」
**②呼びかける**
「みなさんは、…」
**③かん単に説明する**
※これから何の話が始まるのがわかり、読み手をワクワクしてもらう

【文や段落をつなぐことができるグループ】
**①これまでと反対につなぐ**
「しかし」「ところが」「けれど」
**②これまでと続けてつなぐ**
「そして」「また」「それから」
**③話を切りかえてつなぐ**
「では」

【まとめることができるグループ】
**①いくつかのことをまとめる**
「これらの」「それら」
**②これまでの話を受け止めてまとめる**
「このように」

【見方を変えることができるグループ】
**①短所を長所へ進化することを書く**
「見方を変えると…」
「どのような観点で調べるかによって評価も変わる」

【自分でたずねて自分で答えるグループ】
① **「…思い浮かべるのではないでしょうか」**
※文しょう全体を通して「進化した路面電車」について答えている
② **「…どんな長所と短所があったのでしょうか」**
※「短所の第一は…」と答えている
③ **「…先の短所を改善したらどうでしょう」**
※「それがヨーロッパやアメリカの進化した路面電車なのです。」と答えている

『進化した路面電車　今尾恵介』
**自分たちが見つけ出した技や工夫を**
**自分たちの説明文に活かそう**

【使ってみたいなこの言葉グループ】

| | | |
|---|---|---|
| ・便利な | ・なんかく | ・〇〇をこえて |
| ・次々に | ・先の〇〇 | ・その名の通り |
| ・すべて | ・せん用 | ・〇〇では(場所) |
| ・あふれる | ・そのまま | ・のんびり |
| ・それまで | ・そのため | ・思いうかべる |
| ・どんな〇〇も | ・生まれた | ・それぞれ |
| ・ただでさえ | ・どこの〇〇 | ・しくみ |
| ・〇〇など | ・そのままに | |

【くわしく説明できるグループ】
**①たとえ話を出す**
「例えば、…」「…の場合は、…」
**②年号を書く**
※その時代をはっきりわかってもらう
**③様子の分かる言葉を使う**
「ガッタン、ゴットン」

【パッと見てわかりやすくできるグループ】
**①いくつ目なのか書く**
「第一は…第二は…第三は…」
**②会話文でなくても大事な所は「」をつける**

【最後に思いをこめることができるグループ】
**①伝えたいことくりかえす**
「考えて…」「考えて…」
**②自分の願いを書く**
※自分の気持ちが伝える言葉を選ぶ！
**③だれに願いを伝えているのか書く**
「市民一人一人が…」
**④最後の一文をおもしろく書く**
※期待する「きっと～でしょう」
※会話文にする
※呼びかけにする

【進化させた人々の気持ちを伝えるグループ】
**①古い道具のくろうや困ったところ書く**
「遅い」「こうりつが悪い」「せまい」
**②人のこころが伝わることを書く**
「バリアフリー」「安心感」

## 社 サークルタイムで「道具はなぜ変わるのか？」を問い合う（⑥）

なぜ，道具が変わっていくのかということを考えるなかで，そこに人の願いがだんだんと見えてくる。便利にしたい，効率よくしたい，安全にしたい，そういった人々の思いが，道具の変遷につながっていることに気づく。また，サークルタイムは，落ち着いてじっくりと子どもの思考が深化していくようで，発表して考え合うのとは違うと言える。

⑥ ワークシートで思考した足跡

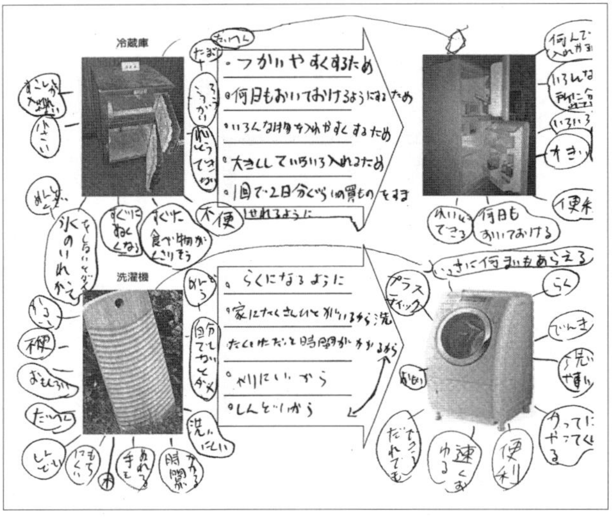


## 国 作者の考えを熟考・評価する（⑦）

作者である今尾さんが述べていることに対して，自分の立場を明らかにするために，読み取りの学習を終えたときに，自分の考えを書く活動を取り入れた。その立場に立つ根拠をこれまでの自分の生活から導き出してみようと呼びかけ，根拠ある自分の考えをもつようにした。

⑦ サークルタイム後にまとめた自分の思考

　今、ぼく達が、使っている道具は、昔のも
のよりも、すごくよくなっていると思います。
　なぜ道具が変化するのかというと、たぶん
昔の物は、その時は便利だったと思います。
でも、もっと便利な物にしようとして、石包
丁なら包丁にというように変わっていったん
だと思います。
　これからは、もっと便利な物に変わってい
って、今まる物が昔の物になるんだなぁーと
、思います。

作者に対する自分の立場（抜粋）

大切と言っているので、今尾さんが言ってい
ることは、正しいと思います。
生活の中では、野球で、
「ボールがとんできたら、どこに投げるか考
えておけよ。」
と、言われたことがあるからです。
だから、ぼく達には、むずかしいと思うけれ
ど、未来の町にどんな交通のしくみを作るの
がよいかを考えていかないと、いけないなぁ
ーと思いました。
そのためにはまず、交通機関のことをよく
知っておかないといけないから、もっと勉強
しないといけないなぁーと思います。

### 社 自問自答したり調べ学習をしたりして道具についての問いを解決する（⑧）

自分が調べたい道具のイラストから「なぜ？」を考える。下の「⑧カルタを使って『問い』と『答え』を整理する」の丸で囲まれている部分が考えついた「なぜ？」であり，四角で囲まれた部分がその「答え」となっている。わからないことはFAXで市の資料館へ問い合わせて調べたり，家族に尋ねたりして調べた。

⑧カルタを使って「問い」と「答え」を整理する

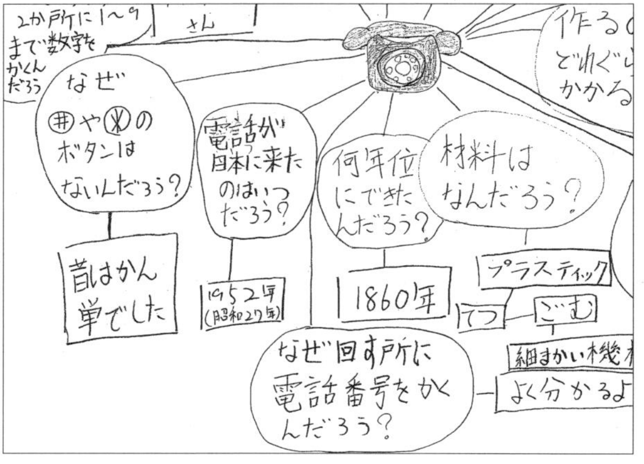


### 社 未来の子どもたちに伝えたい思い（主張）をもつ（⑨）

調べてわかったことを伝えたい！　自分の気づいたことを伝えたい！　道具が進化していることを伝えたい！　昔の人の思いが道具に込められていることを伝えたい！　道具を大切にしてほしいということを伝えたい！　といった思いを社会科の学習を通して，もつことができた。この思いがしっかりと未来の子どもたちに伝わるように，今尾さんの型を活用して創作説明文に臨むわけである。

⑨ 未来の子どもたちに伝えたい思いを整理する

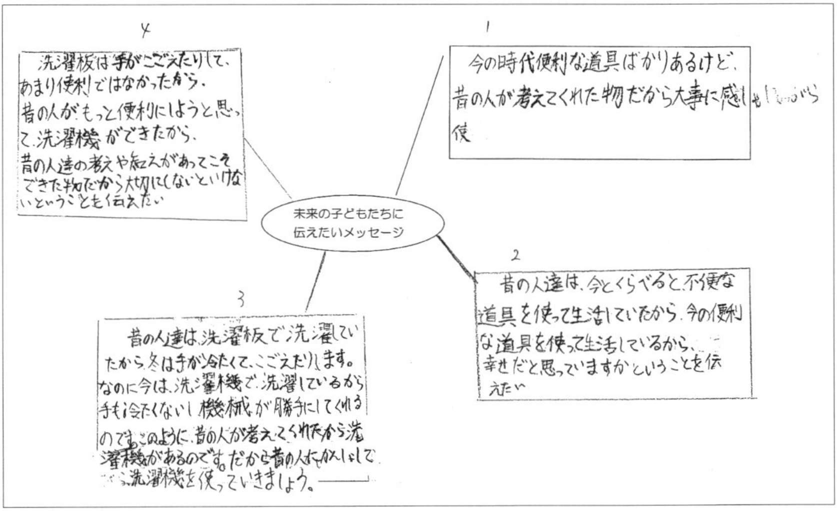

未来の子どもたちに
伝えたいメッセージ
1
今の時代便利な道具ばかりあるけど、
昔の人が考えてくれた物だから大事に
2
昔の人達は、今とくらべると、不便な
道具を使って生活していたから、今の便利
な道具を使って生活しているから、
幸せだと思っていますかということを伝
えたい
3
昔の人達は、洗濯板で洗濯してい
たから冬は手が冷たくて、こごえたりします。
なのに今は、洗濯機で洗濯しているから
手も冷たくないし機械が勝手にしてくれる
のです。このように、昔の人が考えてくれたから洗
濯機があるのです。だから昔の人にかんしゃして
洗濯機を使っていきましょう。
4
洗濯板は手がこごえたりして、
あまり便利ではなかったから、
昔の人がもっと便利にしようと思っ
て、洗濯機ができたから、
昔の人達の考えや知えがあってこそ
できた物だから大切にしないといけな
いということも伝えたい


## 国 型の活用を位置づけた計画書を作り，友だちと互いに高め合う（⑩⑪）

ワークシートの上段には『進化した路面電車』を部分的に抜粋したものを載せてその構造を活用しながら書けるようにした。中段に創作説明文の計画書を載せ，一番の下の段には，活用したい技・工夫を書く欄を設け，どこにどんな型を活用するのか意識づけを行うようにした。

⑩ 友だちと練り上げて完成した創作説明文の計画書

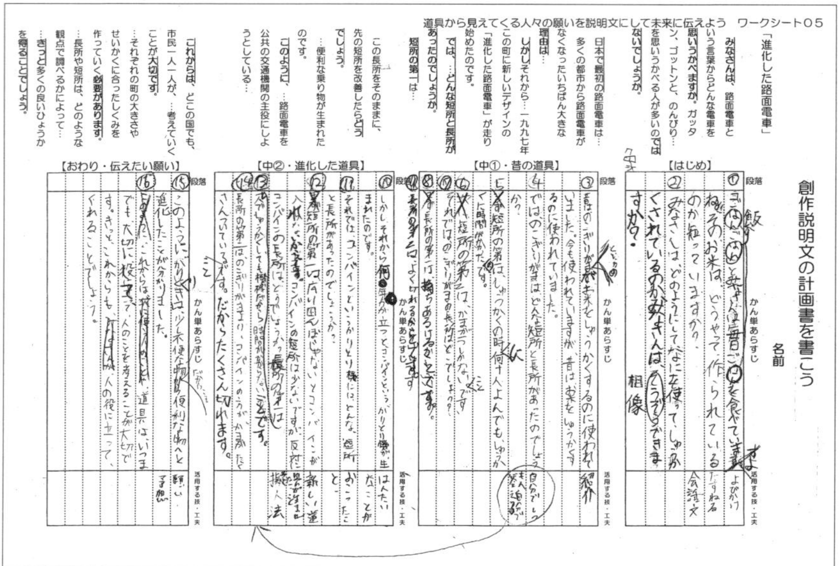


⑪ 計画書を高め合った感想

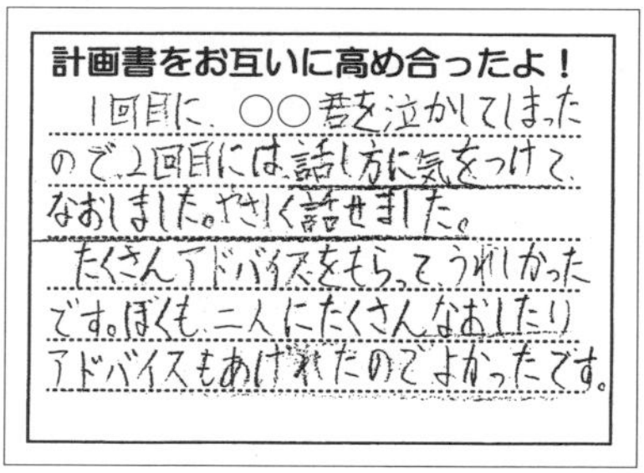
計画書をお互いに高め合ったよ！
1回目に、○○君を泣かしてしまったので、2回目には話し方に気をつけて、なおしました。やさしく話せました。
たくさんアドバイスをもらってうれしかったです。ぼくも、二人にたくさんなおしたりアドバイスもあげれたのでよかったです。

⑫ 友だちと学び合い練り上げている様子

**国 計画書をもとに書き上げた下書きを再び友だちと練り上げ完成させる**（⑫）

下書きが完成した段階で，ペアを組んでチェックし合う活動を行う。具体例の出し方や文章の順序など誤字や文法の間違いも含めて練り上げ完成させる。完成した時には，とても大きくてじわーっと湧き上がってくる喜びを子ども一人ひとりが感じることができるのである。

## 国 子どもたちが「活用の評価観点」を作り，創作説明文を評価し合う（⑬⑭）

まずは，自分の創作説明文は，型の活用が本当にできているか，自分で読み直しながらチェック表（工夫整理シート）にまとめていく。それらをもち寄り，活用の評価観点を設ける。それが，点線で囲まれた部分である。その観点に沿って，相互評価したり，自己評価したりして，自分の活用を自分で認識する。このことが，「次の活用」につながる。何をどう活用できたのかという評価をすることが活用学習において重要になってくると言える。

⑬ 自分が活用できた型の整理

工夫整理シート　～創作説明文に使っている工夫を書きだそう～

| No. | [illegible] | 自分の工夫 |
|---|---|---|
| 1 | 1ぎょう目 | 会話文…「もしもし。」 |
| 2 | 2ぎょう目 | よびかけ…みなさんは |
| 3 | [illegible] | 大きく問いかける…〇〇か。 |
| 4 | [illegible] | 年号…一八五四と一八六〇 |
| 5 | [illegible] | これまでを続ける…それから |
| 6 | [illegible] | 年号…九十二と一九五二 |
| 7 | [illegible] | いくつ目なのか書く…第一第二… |
| 8 | [illegible] | 反対につなぐ…しかし |
| 9 | [illegible] | ぎ人法…生まれ変わった。 |
| 10 | [illegible] | セットになっている…何何にかわった… |
| 11 | | |

⑭「活用の評価観点」にそって相互評価・自己評価した結果

評価シート　～◎・○・△で評価をしてもらおう，その理由も教えてもらおう～　～自分で評価しよう～

| No. | 評価観点 | 友だち【　】 | 友だち【　】 | 自己評価 |
|---|---|---|---|---|
| 1 | 初めの書き出しを工夫できているか？！ | ◎ | ◎ | ◎ |
| 2 | 問いかけることができているか？！ | ◎ | ◎ | ◎ |
| 3 | お話をうまくつなげているか？！ | ◎ | ◎ | ○ |
| 4 | くわしい説明ができているか？！ | ◎ | ◎ | ○ |
| 5 | 見方を変えて書けているか？！ | ○ | ◎ | △ |
| 6 | パッと見てわかりやすく書けているか？！ | ○ | ◎ | ◎ |
| 7 | 最後に自分の願いが伝わるように書けているか？！ | △ | ◎ | ○ |

～評価してもらった友だちに読んだ感想を書いてもらおう～

| | |
|---|---|
| 一言コメント【　】 | ていねいな字で書けているけど，もうすこしふつうにはなした方がいいよ |
| 一言コメント【　】 | ていねいな字で，最後がとても良かって気に入りました。初めも完ぺきで，もう完ぺキ～ |

総合評価シート　～友だちからの評価や自分の評価をみて、作品の良かったところ、次書く時の課題を見つけよう～

自分でも友達が評価してくれたように「大きく問いかける」と「初めの書き出し」と「いくつ目かかく」はしっかりとできていたと思うし良いと思いました。
自分で「ダメだなぁ～」と思った所は「見方を変えてかけているか」ということです。「短所のここをここは長所の第一です」とはかいているけど，もっとしっかり説明をかいた「見方を変える」にした方がいいと思いました

## 国 5年生や保護者に評価をもらい，この単元での成長を自己成長シートにまとめる（⑮⑯⑰）

この単元での学びがすべてこの1枚にまとめられるように枠を設定し，書きためていくようにした。完成した創作説明文を掲げる子どもの写真とともに，

⑮ 5年生の評価を受けている様子

⑯ 完成したときの思い

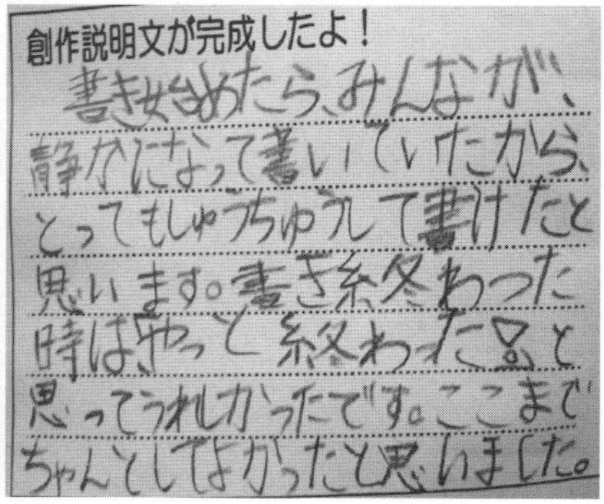


⑰ 自己成長シート

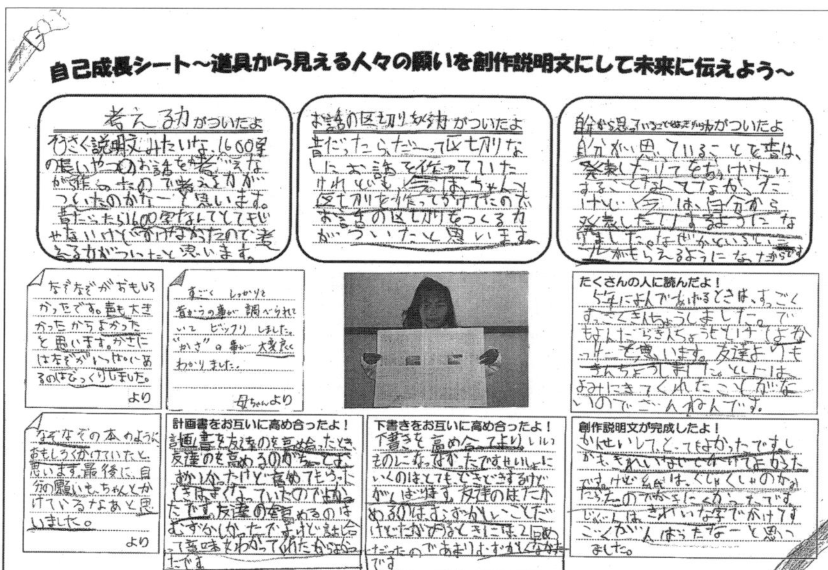

保護者や５年生からのメッセージも自己成長シートに載せている。自分で自分の成長を語れるのも言葉の力である。

## 5　振り返りと今後の課題

論理的思考力・表現力がこの一単元で育つわけではないが，このような活用学習を積み重ねていくなかでこそ，活用型学力は育てられる。「自分を表現する喜び」を一人ひとりが実感できるかどうかが，根気と努力の必要な活用学習が成立するかどうかのカギであるように思う。子どもを表現者へと導けるような日々の授業実践がこれからの課題である。

（竹本晋也）

# 9 単元名　自然探検小説を書こう
教材名　森へ*
学　年　第6学年

## 1 この単元のねらいと特徴

本単元のねらいは，優れた情景描写や時間の流れを読み取り，作者の体と心の動きに寄り添って，大自然のなかを突き進む緊張感や期待感を味わうこと，また，本作品や様々な探検小説へ読書の世界を広げ，探検小説の型（特徴）を習得し，型を活用して自ら自然探検小説を書くことの2つである。

この作品『森へ』の特徴を活かして本単元を構成する。まず，ひとつめの特徴は，自然のなかに身を置いて，肌で感じたこと，目で見たこと，耳で聞こえたこと，鼻で匂ったことを繊細に様々な表現技術を駆使して表現している点である。この点を活かせば，このような豊かな言葉から情景をイメージする力，また，雄大な自然のありのままの姿を自分の言葉で表現する力を育てられるはずである。

2つめの特徴は，自然の豊かさ，命の尊さ，生きるということを訴えているという点である。死ぬか生きるかという厳しい自然界に自分自身も生かされているという事実に目を向けたり，作者星野道夫さんの生き方に思いをはせたりして，「今の自分の生き方」を見つめ，考える機会としたい。

最後に，小説を創作することで，子どもに書くこと（表現すること）の楽しさを味わわせ，国語の力が伸びたという充実感・達成感をもてるようにしたいと考えている。

＊『森へ』は，星野道夫著，光村図書出版『国語　6年（上)』。

## 2　活用型学力をどうとらえたか

思考力・判断力・表現力などの能力を本単元に照らし合わせて考えてみると，子どもに育てたい力は，以下の４つの力ということができる。

まず，「作品を評価しながら読む力」である。言葉に書かれていない登場人物の心情や行動の因果関係を解釈し読み解いていくことと同時に，「この作品はどこがどのように良いのか？」という評価の視点が必要である。「評価」は作品と自分の距離を十分にとって客観的にその良さを見つけ出す力と言える。このような視点で作品を読み解くことが，言語表現する力を高め，読解活動が表現活動へと結びついていくのである。

次に，「作品を構想する力」である。作品には自分の考え方や感じ方が自然に現われてくるものである。つまり，作品を構想する力は自分自身を表現する力であるとも言えるのである。また，主題を伝えられるよう工夫したり，作品に一貫性をもたせたりするために思考の網を広げ，作品全体に気を配る力が必要なのである。

そして，「場面をつなぐ力」である。創作する時には，場面と場面を飛躍させず，なおかつ自然を探検する主人公の心情の変化を表すことが求められる。星野さんが自然のなかでたくさんの生き物たちに出会っていくように，自然のなかで何と出会うのかという場面を重視して創作する。そのため，場面と場面が独立しやすくなる。そこでその場面と場面をどのように組み合わせたり，どのような間の言葉やお話を付け加えたりすればよいのか，作品がひとつにつながるように思考するのである。

最後に，「体験やイメージを言語化する力」である。自分のなかに芽生えたイメージそれ自身をどのように表現すれば，本心が伝わるのかとても難しいことである。いろいろな感情や気づきがあってもそれが言葉としてどのように表れてくるのかで受け手の印象は変わる。自分の体験やイメージをそのまま言葉にして表現できる力を単元のなかで鍛えていきたい。

## 3　単元構成の工夫と活動の流れ

| 学習活動（全20時間） | 単元構成の工夫点 |
| --- | --- |
| **第1次　作品の良さ（型）を見つけ出そう**<br>①学習の見通しをもち作品と出会う。<br>②③情報を取り出す。<br>④作品の良さを見つけ出す。 | **表現する（書く）ために読む**<br>表現するという目的を明確にもって作品を読み解く。 |
| **第2次　テキストから作品の型を取り出そう**<br>⑤森の入り口の場面までを読み解く。<br>⑥白いキノコの場面までを読み解く。<br>⑦クマとサケの場面までを読み解く。<br>⑧終わりまでを読み解く。<br>創作の構想をする。 | **自分の読みから自分たちの読みへ**<br>作品の特徴（型）を読み取り自分なりの読みを述べ合い交流する。<br>**裏山へ自然探検する（総合）**<br>学校の裏山へ自然体験をしに出かけて五感を働かせ言葉を増やす。 |
| **第3次　型を活用した探検小説を創作して他学年に紹介しよう**<br>⑨構想カルタでプロットを設定する。<br>⑩⑪場面カードを創作する。<br>⑫場面カードを組み合わせ構想する。<br>⑬下書きをする。<br>⑭下書きを完成させる。<br>⑮作品を評価し合う。<br>⑯参観日で作品を評価してもらう。<br>⑰作品を清書する。<br>⑱作品を完成させる。 | **多読する**<br>同じ作者の作品や同じジャンルの作品を読み世界観を豊かにする。<br>**星野道夫の生き方を考える（道徳）**<br>星野さんの生き方を知り，なぜ作品を書き続けたのか考え，自分の生き方や作品主題を深める。<br>**創作作品を互いに高め合う**<br>創作作品を互いに吟味評価する。<br>**創作作品を図書室に展示する**<br>全校生が読めるように，図書室にコーナーを作って反応をもらう。 |
| **第4次　自己成長を認識しよう**<br>⑲自己成長シートをまとめる。<br>⑳自己成長を認め合う。 | **自己成長認識をする**<br>成長や達成感を自分で認識する。 |

# 4　指導の実際と子どもの学び

## （1）カルタに感想を書く

作品の印象をカルタで整理し，作品に出会った感想を書く。

## （2）ワークシートで情報を正確に取り出し，読みの観点を伝える

作品の全体像をつかむことと，子どもに着目してほしい読みの観点を伝えることの２点をねらいとして，正確に情報を取り出すための設問を示したワークシートに取り組ませた。この観点をもとに子どもはテキストに自分の気づきやイメージを書き込んでいく。

正確に情報を取り出すためのワークシート

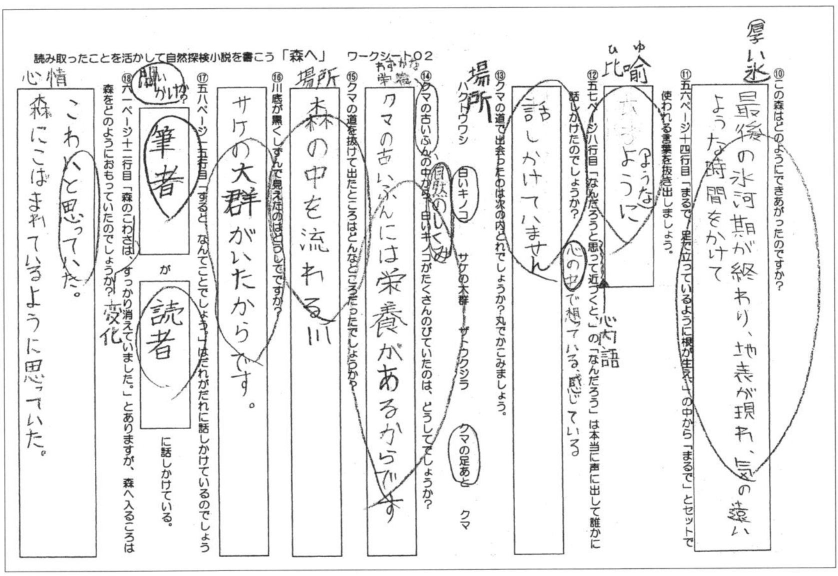
読み取ったことを活かして自然探検小説を書こう「森へ」　ワークシート０２

⑩この森はどのようにできあがったのですか？
最後の氷河期が終わり、地表が現れ、気の遠いような時間をかけて
厚い氷

⑪五六ページ十四行目「まるで、足で立っているように根が生え」の中から「まるで」とセットで使われる言葉を抜き出しましょう。
ように
比喩（ひゆ）

⑫五七ページ八行目「なんだろうと思って近づくと」の「なんだろう」は本当に声に出して誰かに話しかけたのでしょうか？
話しかけてはいません
心の中で想っている、感じている
心内語

⑬クマの道で出会ったものは次の内どれでしょうか？丸でかこみましょう。
ハクトウワシ　白いキノコ　サケの大群　ザトウクジラ　クマの足あと　クマ
場所

⑭クマの古いふんの中から、白いキノコがたくさんのびていたのは、どうしてでしょうか？
クマの古いふんには栄養があるからです

⑮クマの道を抜けて出たところはどんなところだったでしょうか？
森の中を流れる川
場所

⑯川底が黒くしずんで見えたのはどうしてですか？
サケの大群がいたからです。

⑰五八ページ一五行目「すると、なんてことでしょう」はだれがだれに話しかけているのでしょう
筆者　が　読者　に話しかけている。

⑱六一ページ十二行目「森のこわさは、すっかり消えていました。」とありますが、森へ入るころは森をどのようにおもっていたのでしょうか？
こわいと思っていた。森にこばまれているように思っていた。
変化
心情

## （3）読み取ったことや想像したことを言語化する

作者の星野さんの写真から読み取れることを自分なりの言葉で表現するミニ

写真から読み取り言語化したワークシート

タイトル　鮭のマフラー
私の目の前に広がったのは、
まるで長い鮭のマ
フラーかと思うよ
うな鮭の大群で
した。そして、その鮭
をつかみたくなる
ような気分になり
ました。鮭の大群が
いるから、すごい
音でこわく思えて
きました。少し、鮭の
大群がこちらにむかって
くるようなこうけいでした。


テキストに自分の読みを書き込んでいる様子

練習である。目の当たりにした光景を言語化することになれるために，いくつかの写真を対象にして繰り返し指導した。

また，熊の写真に吹き出しを作って会話を想像するような練習にも取り組んだ。作品自身の読解と並行して，このようなスモールステップをふむことにした。

### （4）学級で読みを交流させ合う

テキストのコピーに色鉛筆で気づきやイメージしたことを書き込む。どの言葉から何がわかるのか，どんなイメージができるのか，自分の言葉で表現する。自分の読みをもって，それらを学級のなかで出し合い，一人ひとりの読みの違いやこだわる言葉の違いを理解し合い，テキストの解釈を進めていく。この時間ではどこまでを学習対象とするのか明確にして，子どもと教師が共通のゴールを意識して学習を進めることで，板書に1時間の足跡ができあがっていく。その後，子どもたちとともに，作品の型の一覧表を作成した（次ページ参照）。

クマに出会うまでの場面をみんなで読み取った板書

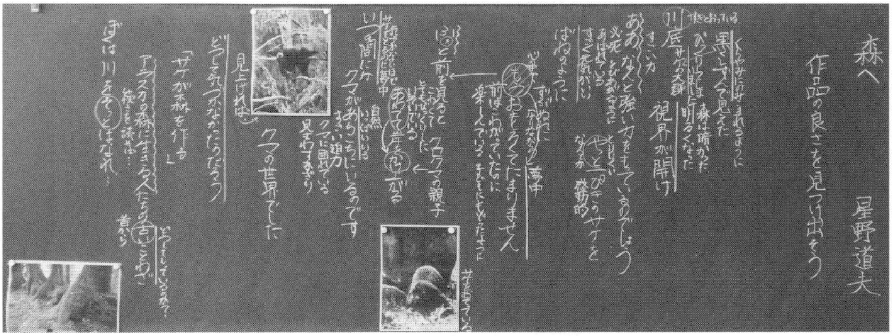


児童たちがテキストから取り出したこの作品の型の一覧

「森へ」星野道夫
自分たちで見つけた
この作品の良さ

**A 書き出し**
①「朝の海は・・・」→時間帯
②「うす暗い」「静まりかえっている」→様子
③「〜ここは原生林の世界です。」→舞台

**B 筆者の心情の変化**
①「この森に入るのをこばんでいるようでした」
②「急に胸がどきどきして」
③「気持ちが落ち着くと少し勇気が出てきました」
④「森のこわさは、すっかり消えていました」

**C 読者への呼びかけ**
①「そう、クマの道だったのです」
②「ああ、なんと強い力を持っているのでしょう」
③「じっとぼくを見ているではないですか」
④「すると、なんてことでしょう」
⑤「それはきっとこんな物語があったのでしょう」

**D 筆者の心の声**
①「どうしてこんなところにいるのだろう」
②「いったいだれが来たのだろう」
③「あれはいったいなんなのだろう」
④「何だろうと思って近づくと…」
⑤「もうおもしろくてたまりません」
⑥「どうして今まで気がつかなかったのだろう」
⑦「それでやっとわかりました」

**E 比喩表現**
①「ミルク色の世界」
②「小鳥のようなさえずり」
③「夕暮れのように」
④「森は、おおいかぶさるように」
⑤「枝から着物のように」
⑥「そのまま歩き出しそうな気配」
⑦「ばねのように」
⑧「はじけるように」
⑨「気が遠くなったような時間」
⑩「一つの生き物のように呼吸」
⑪「まるで足で立っているように」

**F イメージできる言葉**
①「バサッバサッ」→耳・音
②「顔や体をしっとり」→肌・感覚
③「びっしりと」　④「かすかな」
⑤「はるか」　⑥「ずっと」
⑦「ぐっと」　⑧「わずか」
⑨「やっと」　⑩「あちこち」
⑪「無数の」　⑫「やっと」

**G 時間の流れ**
①「しばらくすると」
②「やがて」　③「しだいに」
④「いつの間にか」⑤「再び」
⑥「とつぜん」　⑦「ゆっくりと」
⑧「だんだん」　⑨「じっと」
⑩「ふと気がつくと」

**H 視点の変化**
①「まるでクマの目になったように」
②「森のりすになったような気分で」

**I 本当の自然**
①「木々やコケ、そして岩や倒木までが、たがいにからみながら助け合い、森全体が一つの生き物のように呼吸しているようでした。」
②「厳しい自然では、わずかな栄養分もむだにはならないのです。」
③「サケが森を作る。産卵を終えた無数のサケが上流から下流へと流されながら、森の自然に栄養をあたえてゆくからなのです。」
④「年老いて死んでしまった倒木が、新しい木々を育てたのです。」
⑤「森はゆっくりと動いているのでした」

## （5）読解を終えた時点での意気込みと創作構想を書く

読解を終えた時点である子どもは，「書きこみは，かんたんだったけど，次に作る作品は，少し自しんがありません。文章をちゃんと書けるかや，意味を分かって書いているかがしんぱいでとても，ふあんです。でも，がんばって，書いていきたいです」と記している。この子どもが作品を書いていく「自信が

1回目の創作作品の構想カルタ

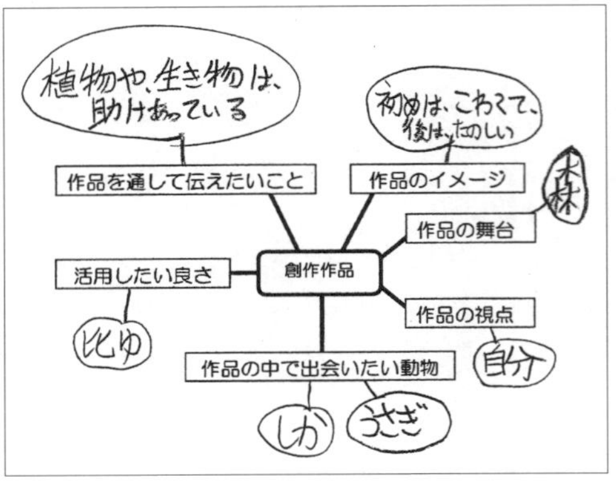


ない」と書いているのは，ここまで学習してきたことを活用する意識はあるが結果がともなうかどうかという不安があるということだろう。その証拠に，1回目の創作作品の構想カルタを見ると，イメージ豊かに構想ができているとは言い難い。表現するために読んできたけれど，具体的なイメージをつかむことが難しいので自信をもつことができていないと考えられる。しかし，この段階ではこの状態でもよい。最後にあるように「がんばって書きたい」という思いをもてていることが大切であり，教師がどうやって次の手を打ってこの気持ちを育てていくのかということがポイントとなるのである。子どもの前向きな気持ちを達成感にまで成就させたい。

### (6) 創作作品のヒントを得るために裏山へ探検に出かける

創作作品のイメージを豊かにするために，星野さんのように学校の裏山に探検に行くことにした。ここまでくると何のために裏山へ行くのかという目的意識を子どもたちは十分にもつことができた。そのため，体験が体験だけで終わるような心配はなかった。山のなかではいくつかのワークショップをして，五感で自然を感じ，感じたことをワークシートに書き留めていくようにした。自然のなかにいると，今までとは違うたくさんの言葉がその場で生まれていった。

小さな花を発見した子どもの様子

自由に探検する時間になると，土の上に寝転がって空を眺めたり，「木の根元

の皮がはがされているのはなぜだろう？」と考えたり，「土って意外とふわふわしているなぁ」と気づいたり，体全体で自然を受けとめているようだった。

この体験を色あせさせることなく言語化することを考え，カルタで整理をした。カルタには目で見たもの，耳で聞きとったものをはじめ，その時々の自分の気持ちも書くことができた。

このような体験の言語化が作品の構想に大きな影響を与えると考える。

子どもの創作への意欲も非常に高まったと言える。

型を活用して構想カルタに取り組む子ども

### （７）創作構想カルタを作成する

作品から取り出してきた型の一覧表（p. 167）や，裏山探検体験をまとめたワークシートを見ながら，自分の作品構想を練る。

裏山探検の体験後，２回目となる創作構想カルタ

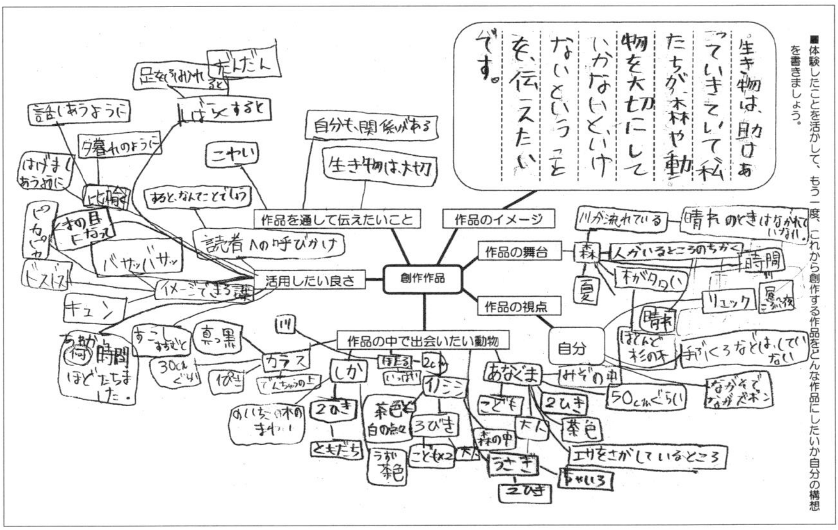

読解直後のカルタではイメージを広げることができなかった子どもたちであったが，２回目となる作品構想カルタでは，どんどんとイメージ豊かに作品世界を広げていくことができた。

ただ体験だけをもとにしていたのでは，自由で想像的な作品になるだけだが，本単元のように読解して取り出した型を活用させることで，表現技術や主題といった作品の骨格をしっかり作り上げることができ，そのことが書くことの苦手な子どもを助け，作品自体の完成度を高めることができるのである。

### （８）場面カードを作成する

ある子どもが作成した場面カード

次は，構成する場面を具体化する過程に入っていく。想像できるかぎりの場面をこの「場面カード」で具体化していくことにした。挿絵を描き，言葉でも書くことで，イメージがどんどん具体化されて，作品自体が徐々に明確になっていく。

### （９）場面カードでの型の活用を徹底する

場面カードに型が活用してあるかチェックする

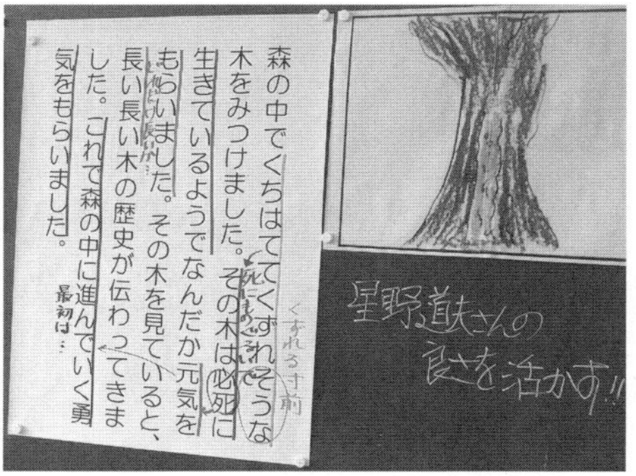


ここで作成した場面カードに星野さんの型がしっかりと活用できているのかチェックする。ここで活用できていなければ，できあがった作品に型の活用がみられるわけがない。ある子どものカードを見本に取り上げ，型の活用ができているかどうか評価していった。

例えば，「くちはててくずれそ

うな」や「必死に生きているようで」とその様子を比喩で表現していたり，「森の中に進んでいく勇気をもらいました」と作者の心情の変化を書いたりしている。このように取り出した型が活用できているかどうかをしっかりと評価し合う。このときに，型の一覧表と場面カードを照らし合わせて，場面カード自体の質を向上させるのである。

### (10) 場面カードをつなぎ合わせ，作品の構想を具体化する

型の活用を評価した次は，作成した数枚の場面カードを，どのように組み合わせつなげるのかを考える。ここで子どもたちの思考力が問われ鍛えられると言える。子どもたちは「こんな動物と出会いたいな」「こんな景色を見たいな」というそれぞれの思いで場面カードを作成しているため，場面と場面に関連性がなく独立しているのである。それぞれの場面カードをどのように配列し，どうつなぐのかということを考える難しい場面である。しかし，ここがこの作品を創作していく面白さとも言える。

ここで，２つの具体的な手立てをとった。

まず１つめは，場面カードと場面カードをつなぎ合わせる練習をするワークシートを作成したことである。

２枚の場面カードの間に自分なりのつなぎ方を創作するというワークシートである。この子どもは「そして」や「ゆきます」などの言葉を使って時間の流れを表現し，次の場面につなげている。また，創作した最後に「ふしぎな気持ちになりました」と心情を書くことで，次の場面カードの書き出しにうまく接続させている。そして，黒く塗りつぶされた部分は，子ども自身がこの文脈のなかで必要がないと判断した部分である。このように場面カードと場面カードをつないでいくことで，点と点を１本の線にしていくのである。

写真の２人の子どもはお互いにつなぎ方を紹介し合って「場面と場面とのつなぎ方」を学び合っている。作成した場面カードをただ並べただけにしないためには，このようなつなぎ方を学ばせるスモールステップが創作という大きな課題に向かっていく唯一の道である。

場面カードと場面カードのつなぎ方を練習するワークシート

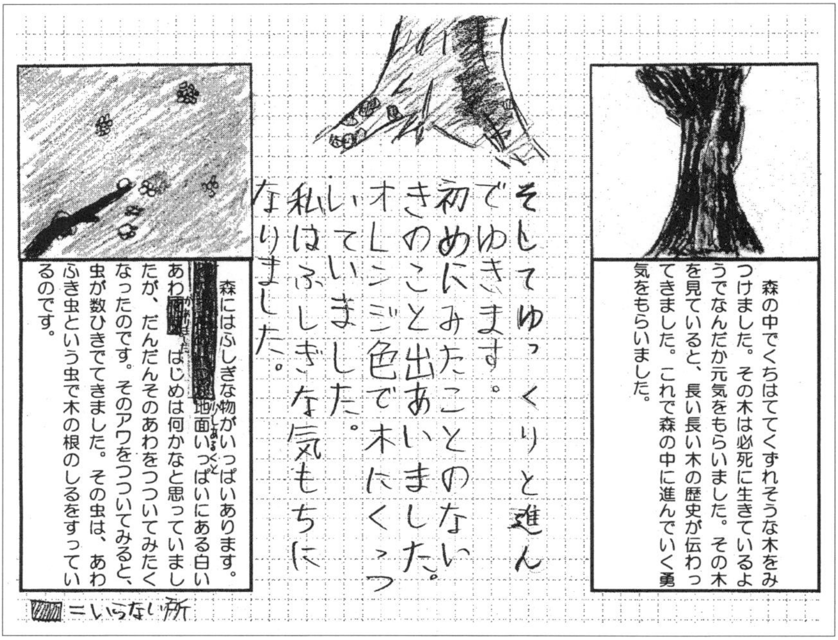

森の中でくちはててくずれそうな木をみつけました。その木は必死に生きているようでなんだか元気をもらいました。その木を見ていると、長い長い木の歴史が伝わってきました。これで森の中に進んでいく勇気をもらいました。
そしてゆっくりと進んでゆきます。初めにみたことのないきのこと出あいました。オレンジ色で木にくっついていました。私はふしぎな気もちになりました。
森にはふしぎな物がいっぱいあります。[redacted]地面いっぱいにある白いあわ[redacted]はじめは何かなと思っていましたが、だんだんそのあわをつついてみたくなったのです。そのアワをつついてみると、虫が数ひきでてきました。その虫は、あわふき虫という虫で木の根のしるをすっているのです。
＝いらない所


場面のつなぎ方を互いに評価し合う

その後，2つめの手立てとして，創作作品計画書のモデルを提示する。子どもは，前の活動で何をしていくのかということは理解できているが，その結果がどうなるのか，どのゴールを目指せばよいのか，ということについてこの段階では見通しがもてていない。そこで，創作作品のイメージ化を促すモデルを提示するのである。

このモデルは，何人かの子どもの場面カードを使わせてもらい，教師がそれらを配列し，つなぎ方をいくつか紹介する形で書いたものである。

場面カードを配列し作品を作り上げていく様子

書いた人が違うバラバラの場面カードでも，活用の仕方によってはひとつの作品になるのだというイメージをもたせ，手もとにある数枚の場面カードを自分ならどのように配列しつなぎ合わせるかを思考させる。こここそが，創作の醍醐味である。難しいからこそ面白いと言える場面である。

子どもは自分の手持ちの場面カードを並べては，だまったままじっと場面カードを見つめ，また並べ替える。自分の伝えたい思いを伝えるためには，どのように場面カードを配列し，ストーリーを作り上げるのかを考えるのである。場面カードを操作しながら思考することで，子どもの思考は活性化され，何度でも自分のイメージを作り替えることができる。1枚の紙に計画を書いてしまうと，構想を自由に作り替えることが難しい。それに比べ，このように場面カードを活用して創作していくことができるので，子どもの創作の自由度が高まったと言える。

ここで注意したのが，ただの「場面つなぎ」にならないようにすることである。作品そのものはある主題や願いのもとに創作されるものである。

星野さんの生き方についてのサークルタイム

そして，子ども自身も創作作品で何を伝えたいのかということを明確にしたはずである。作品を通して星野さんは何を伝えたかったのか，そして自分は創作作品を通して何を伝えたいのか改めて考える時間が必要であると考えた。

### (11) 星野道夫さんの生き方について考える

そこで，道徳の時間に，星野道夫さんの生き方について考えることにした。星野さんの探検家としてのはじまりが記された作品を読み，その後クラスを半分に分けサークルタイムを開いた。星野さんの生き方をどのように考えるのかそれぞれの意見を出し合った。「自分なら……」という言葉が多く聞かれた。では「自分はどうしたいのか」ということを自分自身に問いただしていく必要があるように感じた。

星野さんがどんな思いで作品を書き続けたのか，その思いに少し寄り添うことができたように思う。そして，それが作品へ良い影響を与えてくれることを期待した。

### (12) 自分の作品にこめる願いや思いを確認する

もう一度，自分の作品で「何を読者に伝えたいのか」ということを考えた。「自然の命の大切さ」や「動物にとって自然は大切な場所」や「森は生きているということ」などを主題に設定していた。子どもたちはこれまで創作している計画を見ながら，どうすれば自分のこの思いが読者に伝わるのか……ということを試行錯誤していた。子どもたちにとって「伝えたい思い」と「言葉での表現」を一致させることが非常に難しかったと言える。子どもたちが作品を通して読者に伝えようとした思いには次のようなものがあった。

「森は，人だけの物ではなくて，色々な生き物の物だと思ってほしいし，この話では，アリと，シカしかでていないけれど，ほかにも，ハチや，ヘビ，鳥など，色々な生き物がいて，その生き物を殺したり，いじめたりしては，いけないと感じてほしい。」

創作構想カルタにもしっかりと明示する

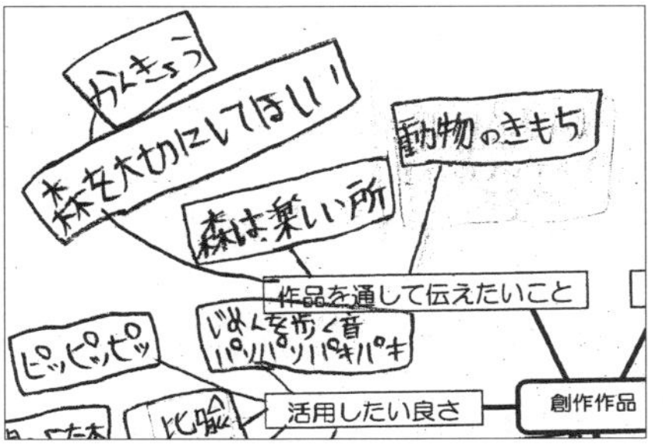


## (13) 創作作品を相互評価して高め合う

創作作品の下書きをペアで評価し合った。「これはどういう意味？」「何が言いたいの？」「ここはこの言葉に変えてみたら？」と互いの作品で十分に伝わらないところを指摘し合ったり，型の活用が十分かどうか見合ったり，漢字がきちんと使えているかチェックしたりして，作品の質を高め合うことをした。自分が思っているほど自分の思いはうまく言葉になっていないことに気づき，相手に伝わらないのだということも感じることができた。

友だちのお母さんに読んでもらっている様子

さらに，参観日を使って自分のお家の人以外に評価をしてもらうという活動に取り組んだ。友だちのお母さんに読んでもらっている間，とても緊張した様子で待っている子どもが印象的だった。この活動でさらに作品の自信が高まったと言える。

たくさんのアドバイスをもらい，修正し，下書きの完成までたどり着くことができた。

### (14) 下書きを完成させ作品化する

赤で修正してできあがった下書きを見ながら，作品化に取り組む。誰も何も話すことなくただひたすら鉛筆の音が教室に響いている状態であった。ここまでくるための時間と努力をかみしめるように作品に仕上げていった。

創作作品

子どもの創作作品を文庫本サイズにして，小説らしさを出した。表紙と裏表紙は，自分の作品らしさをより一層表現するために思いをこめて描いていた。そのなかである子どもの最初のページを紹介する。「ここは……の世界です」と書き出しの型，「なんと～だったのです」と心情を訴えるように書く型，「なぜ～でしょうか」と読者に呼びかける型など，型の活用が

ある子どもの創作作品の1ページ目

朝の森は、きりっとした空気に包まれ、小鳥の鳴き声だけがひびいていました。すこし気味の悪い、ぬるーい風が私のうでや足をぶるっとふるわせました。この森の中から少しづつ、スーッとした風が出てきました。

ここは、大きな木々の住む、自然の緑が広がるすてきな未来の世界です。

私は森に入ってみました。辺りは静まっていて、少しうす暗く、ぬるっとした空気が広がっていました。前を見ると、下の方から空気がわき出ているのか、この葉が私の足をくすぐりました。少しずつ歩いていきました。すると、変な白い物に出会いました。ゆっくりと地面に顔を近づけ見てみました。なんとその白い物とは、あわだったのです。さわってみると、とてもぷにゅぷにゅしていました。なぜ森にあわがあるのでしょうか……。そしてまた、ゆっくりと森を歩いて行きました。

しっかりと見受けられる。

このように作品から取り出した型を活用することが，創作表現をするときに欠かせないポイントである。型を活用せずにただ創作するのでは，指導もできなければ評価もできない。そして，子どもにつけたい力をつけることもできない。型を活用した創作であることでこそ，子どもに力がつき，表現した作品に個性が生まれるのである。

次に紹介するのは先ほどとは違う創作作品の最後の部分である。この子どもは「自然の大切さ」「環境の大切さ」「動物たちにも命はある」という３つを伝えるために1800字にもなる作品を書き，その最後として，このような結び方を考えた。子どもの書いた「声」にはこの子ども自身がこの学習で感じ取ったことや伝えたかった思いが含まれ，最後にある「森はしっかりと生きているのでした」という言葉が子どもから読者へのメッセージとなっているのである。

ある子どもの創作作品の結び

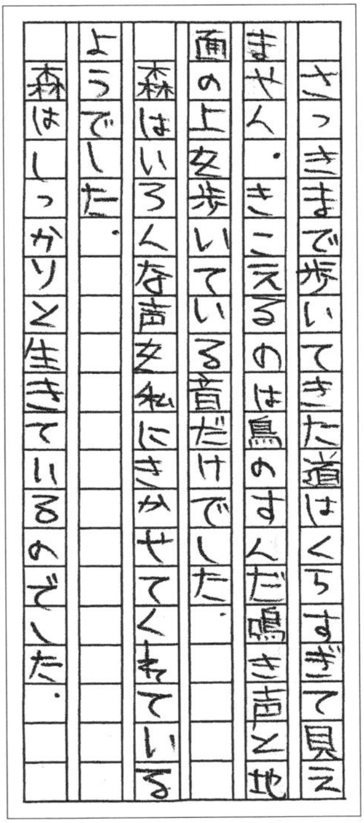
さっきまで歩いてきた道はくらすぎて見えません。きこえるのは鳥のすんだ鳴き声と地面の上を歩いている音だけでした。
森はいろんな声を私にきかせてくれているようでした。
森はしっかりと生きているのでした。

### (15) 図書室で作品を公開する

特別コーナーを設けて，子どもたちの創作作品を読んだ人がそこで１枚の画用紙に感想を書けるようにした。そこには，低学年，中学年，５年生，他の先生方からたくさんの評価をもらった。「作家になれるかも！」「さすが６年生」など，自分たちが取り組んできた学習が，自己満足ではなく他から認められ評価された達成感を感じることができた。これが表現する喜びである。この喜びが次への学習意欲となっていくはずである。

### (16) 自分の成長を認識し言語化する

本単元を通しての成長や学びを自己成長シート１枚にまとめた。一人ひとり自分で成長できたなと実感しているところは違う。そのなかから２人の子どもの成長を紹介する。

「いろんな事を考える力」をこの子どもはあげた。ここで表された言葉からわかるように，創作活動のなかでこそ思考し判断し表現するという連続の学びが生まれると言える。思考することと表現することは表裏一体であり，表現したいからこそ思考すると言える。このような読解から創作表現へ広がり，自己表現できる活用学習だから活用型学力を鍛えることができるのではないだろうか。

「言葉にする力」と書いた子どもにとってこの学習は，「言葉を生む」学習であったと言えるのではないか。言葉が生まれるときというのは，「表現したいという思い」があるときだけである。

これまで言葉にしてこなかったことを言葉にしたいと思えたこと，思考を重ねて言葉を自ら生んだこと，その言葉を創作作品に活かせたこと，これらは創作表現という単元のゴールがあったからこそである。表現する言葉の力，思考する言葉の力など，言葉の力とは自分を言葉で表現し，他者から認められていくなかで，その言葉によって自らを「自己形成する力」と言えるだろう。

ある子どもの自己成長シートの一部

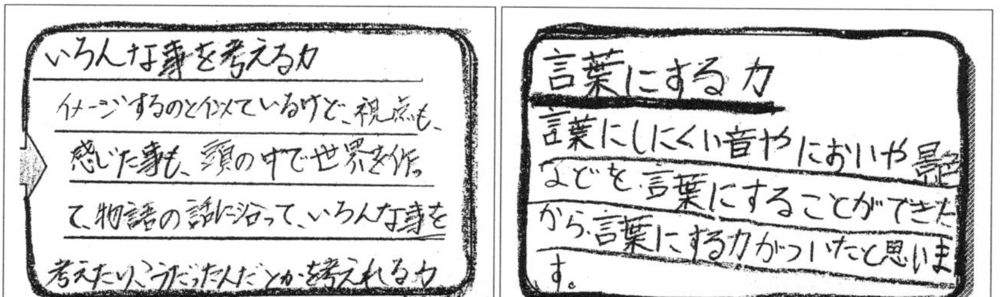

## 5　振り返りと今後の課題

最後に，今後の課題は，作品から型を取り出すときに，どのような型を取り出すことが，どのような国語科の基礎的・基本的な知識・技能を習得することにつながるのかを明確にすることである。20時間程度の中単元となったが，「あっというまやった！」と言った子どもの言葉が活用学習の魅力とその価値を表しているように感じた。もっともっと自分自身の授業力を高め，子どもの言葉の力を育める授業を実践していきたい。

（竹本晋也）

# 第5章

# 言葉の力を育てる算数科活用学習

この章では，第Ｉ部で提唱した活用学習の理論を具体化した算数科活用学習の実践事例を多数紹介する。本書では，算数科活用学習を，いわゆる「活用問題」（PISA調査の問題や文部科学省の全国学力・学習状況調査Ｂ問題に類似する問題）という高度な問題を取り扱う問題解決的な学習としてとらえている。

しかしながら，そのような高度な問題は，平成23年度からどの算数科の教科書にも数問掲載されている。そのため，難しいからといって敬遠するのではなく，それを楽しみながら解決できるような指導上の工夫が必要になってくる。そこで，筆者と長年にわたり算数科活用学習の実践研究を積み重ねてくださった３名の先生方の実践例にしぼって，理論との整合性を十分つけつつ，フィンランド・メソッドを活かして授業提案を行ったものである。

これらの実践研究からわかったことは，学習意欲と達成感を高める指導上の工夫を何重にも組み合わせれば，子どもたちは難しい活用問題から逃げることなく，知的好奇心をもち集中して取り組むようになることである。

どの実践においても，算数科で中心となる指導の工夫点は，「三段階思考法」である。活用問題の解決の見通しを，「まず」「次に」「最後に」という３ステップで構成していく力である。これは，まさに国語科で説明文を書いていくときのように，筋道のはっきりとした論理的な思考を支援するものであり，「言葉の力を育てる活用学習」を実践するうえで必要不可欠な指導法である。

子どもたちが言葉の力で活用問題を解決する算数科活用学習のあり方が，紹介した実践事例をもとにして普及していくことを願っている。　（田中博之）

# 1 単元名　情報を整理しよう<br>教材名　整理のしかた*<br>学　年　第4学年

## 1 この単元のねらいと特徴

3年生では，資料を1次元の表に整理することや，簡単な2次元の表の見方について学習しているが，2次元の表のつくり方や集団の特徴をとらえることは扱っていない。本単元では，2つの観点から整理した2次元の表を使って資料を整理する学習を行う。2次元の表の読み取りや作成は，社会科や理科での資料の読み取り，さらには，総合的な学習の時間でも表を活用したプレゼンテーションなどの基礎となる。また2次元の表は，時間割りの表や保健カード，新聞のテレビ欄など子どもたちの身の回りにあるものの，それをあまり表として意識はしていない。

ここでは，2つの観点をうまく表に表すことを考えたり，いくつかの観点から目的に応じて2つの観点を選び，分類整理をし，表に表したりすることで2次元の表のよさを実感させたい。また3年生までの1次元の表やグラフとくらべることを通して，2次元の表の理解を深めていく。

さらに，今回は，表から読み取った事柄からなぜそのような結果になったのか推測する態度も育てていきたい。

## 2 活用型学力をどうとらえたか

算数科のなかでも統計の領域は，直接，数学的リテラシーに関わる部分であ

* 『整理のしかた』は，大阪書籍『小学算数　4年（下）』。

る。3 年生の「表とグラフ」では，資料を 1 次元の表にすることや簡単な 2 次元の表の見方について学習している。また 4 年生の 1 学期には折れ線グラフも学習している。そしてこの単元でも，2 次元の表という資料から読み取ったり，表に表したりすることを学習する。これらの学習は，将来，何らかの目的のために資料を探し，読み取り，判断し，表現するという活用型の一連の作業と同じものである。

今回この単元では，単元の最後に活用問題を解く時間を取り入れた。そこでは，友だちに説明，説得する時に使える便利な言葉を「説明キラリ言葉」として集めた。また問題を解く見通しを三段階に分け，手順を追って解いていくという「三段階思考法」の型を教えて活用させた。

さらに，この単元では，もっと小さなサイズでの活用場面を 3 回設定することにした。

ひとつめは，表から問題作りをし，友だちどうし互いに解き合う活動を取り入れたことである。表を読み取る力はもちろん，「なぜそのような結果になっているのか？」を推測する力や友だちの問題の良さを感じる力をねらった。

問題作りをさせる際には，「○○は，△△よりも 10 多いです。なぜだと思いますか？」というように，答えを○×で求めたり，ただ数値や単語で求めたりするだけではない問題を作らせた。

2 つめは，2 つの表から集団の特徴や全体の傾向を読む活動を通して，なぜそのような結果になったのかという資料の裏側の事象まで推測するような機会を設けたことである。この時間では，表の全体をざっと見て特徴をつかむ力や表から推測する力をねらいたい。

3 つめとして，表から読み取れることに対してその正誤を判断し，言葉によって論証させるという活用問題を解く授業を単元の最後に設定したことである。この活用問題は，田中博之氏が提唱する「活用問題の 10 の条件」（第 1 章参照：p. 16）より，④言葉による論証が求められる，⑧三段階思考法や消去法等の思考の型が必要になる，などを参考に作問したものである。

# 3　単元構成の工夫と活動の流れ

【単元構成の工夫】

①言語活動の充実を図っていること

- 具体物を操作しながら友達と話し合う場面を設定したり，操作したことを言語化したりすること。
- 表から読み取ったことで問題作りをし，友達と解き合う場面を設定したこと。

②型の提示をしていること

- 子どもたちと見つけた読み取りの観点を型として提示し，いつでも使えるようにしたこと。
- 交流場面の話し合いの仕方を提示したこと。

③活用問題を解く授業を取り入れていること

- 単元の最後に活用問題を取り入れることで，この単元で習得したことを活用し，三段階思考法を取り入れ言葉による論証を求める。

【活動の流れ】

| 言語活動の充実と型の提示 | | 「整理のしかた」学習活動 | 活用の場面 |
| --- | --- | --- | --- |
| 具体物を使っての交流<br>話し合いの型<br><br>こんな言葉を使って話し合おう！<br>☆理由を必ず言う<br>☆まず…それから…そして……<br>☆話を進める人は必ず他の人に確認しながら進めよう！<br>「ここまでは，いいですか？」<br>☆分からなかったら必ず聞こう！<br>「それは，どういう意味ですか？」<br>「例えば？」<br><br>操作（カードの並べ方）の言語化<br>表の読み取りの型提示 | 1時 | ●カードを並べかえることで2次元の表の仕組みを考える。<br>●表の読み取り | 以前の既習事項を活用する場面<br>●3年生の時の表はどうだったかな？<br>●表題や合計は必ずいるね。 |

> 表を読む！（2次元バージョン）
> ☆表題を見よう（何についての表だろう？）
> ☆予想してみよう（もちろん理由もつけて）
> ☆合計が多いところや少ないところに注目
> 　そのマスのたてじくと横じくをたどっていこう
> ☆合計をくらべてみよう「○○は△△の2倍」など
> ☆2つの観点を関係づけてみよう
> ☆関係のあることで他に調べてみたいことはないかな？

| | | | |
|---|---|---|---|
| おみくじカードを使って読解 | 2時 | ●1次元の表とくらべて2次元の表のよさを考える。<br>●表の読み取り | 直近の既習事項を活用する場面<br>●2つの観点で整理していくんだね。<br>●表題や合計はいるね。 |
| おみくじカードを使って読解 | 3時 | ●資料を2つの観点から分類し，2次元の表を作る。（タイプⅡ）<br>●表の読み取り | 直近の既習事項を活用する場面<br>●2つの観点で整理していくんだね。<br>犬にも好ききらいがあってネコにも好ききらいがあるね。<br>●表題や合計はいるよ。 |
| 表から読み取れる問題づくり<br>問題の解き合い | 4・5時 | ●調べたいことをデータからぬきだして2次元の表を作成し，問題づくりをする。<br>●問題を解き合う。 | 単元で学習したことを活用する場面<br>●2つの観点で調べたデータから2次元の表づくり<br>●問題づくり |
| | | 活用問題に挑戦 | 単元で学習したことを活用する場面 |
| 表の読み取り（登場人物の読み取りに対しての判断） | 6時 | ●表の読み取り（間違い探しをする） | ↓ |
| | 7・8時 | ●2次元の表とベン図の関係を読み取る。<br>●2つの表をくらべて読み取り推測する。 | ↓ |

## 4　指導の実際と子どもの学び

### （1）具体物の操作による話し合いと言語化

導入では，クラスで将来の夢と好きな教科の2つのアンケートに答えたものをカードにし，一人ひとりの答えが書かれたカードをどう分けて並べていくかという操作をしながら，２次元の表の仕組みに気づくようにした。その際に３人組で操作し合いながら話し合い，２次元の表にしていく過程を言語化した。

**子どものワーク例，実際の子どものワーク**

まず，横はしょうらいのゆめ，たては教科で分けました。
次にしょうらいのゆめの１ばん上は食べ物，２番目はどうぶつ３番目はスポーツ４番目は先生，いちばん最後はいりょうでしました。
次にたては，左から算数，理科，いきいき，国語，図工，体育でそろえました。
それから，ちょっとすきまをあけてたてよこそろうようにならべました。
さいごに線をひきました。
これで終わりです。

まず，ぼくたちはぼうグラフのようにしました。やり方は，右のなりたいしょくぎょうと左のすきな教かがいっちしているカードをあつめました。体育とスポーツが１ばん多かったので紙の左の方におきました。次は図工と動物が多かったので体育とスポーツのよこにおいてそれから図工と動物の次に多かった，体育と食べものをおきました。そこからは，２こが４こあったので，ならべました。のこったカードはそのたのところにおいてできあがりました。

カードを動かしながら整理の仕方を考える

友だちとならべ方を相談

実際の子どものワーク

◎前回に考えた表し方で表を完成させましょう。

11月中におきたけが（12月1日調べ）

かんてん

（人）

| けが＼場所 | 中　庭 | | 体育館 | | 教　室 | | 運動場 | | ろうか | | 合　計 |
|---|---|---|---|---|---|---|---|---|---|---|---|
| すりきず | 下 | 3 | | 0 | | 0 | 正下 | 8 | 一 | 1 | 12 |
| ねんざ | | 0 | 下 | 3 | | 0 | 一 | 1 | | 0 | 4 |
| 切りきず | | 0 | | 0 | 正 | 4 | | 0 | | 0 | 4 |
| 打ぼく | | 0 | T | 2 | | 0 | 正 | 4 | 一 | 1 | 7 |
| つき指 | 一 | 1 | 一 | 1 | | 0 | 一 | 1 | | 0 | 3 |
| 合　計 | 4 | | 6 | | 4 | | 14 | | 2 | | 30 |

こう目

◎３年生の時の表とくらべて，上の表は何がちがうでしょう。また何が便利になったでしょう。

たてとよこにこうもくがならんでいるから分かりやすい。

2ついっしょに見れるから分かりやすい。

すりきずをした人よりだぼくをした人のほうが5人少なり

## （２）複数の資料と比べたことを言語化

今までに学習した１次元の表と比べて，どこがちがうのか，何が便利になっているのかも話し合い，文章で表した。「縦と横に項目がならんでいるので，２つのことを一緒に見れるからわかりやすい」「３年の時のグラフだと２つバラバラに見ないといけないけど，中庭ですりきずをした人が３人とか，横とたてをたどっていけば一発でわかる」など複数の表を比べてちがいや良い点を見つけることで，２次元の表の便利さに気づくことができた。

## （３）表から問題づくり

表から読み取れたことをもとに，子どもたちと「表題をみる」や「一番多い

おみくじに書かれた質問に答える

友達同士作った問題を解き合う

表の読み取りの型

| |
|---|
| 表を読む！（２次元バージョン）<br>☆表題を見よう（何についての表だろう？）<br>☆予想してみよう（もちろん理由もつけて）<br>☆合計が多いところや少ないところに注目<br>　　そのマスのたてじくと横じくをたどっていこう<br>☆合計をくらべてみよう「○○は△△の２倍」など<br>☆２つの観点を関係づけてみよう<br>☆関係のあることで他に調べてみたいことはないかな？ |

所や少ない所に注目してみる」など，読み取りの観点を型としてまとめた。またフィンランド・メソッドからヒントを得て，その観点をひとつずつラミネート加工してカードにしたものをおみくじのようにし，ひいたカードの質問に答える練習をした。そのことによって，表の読み取りや，質問の仕方（問題の作り方）にも慣れていくことができた。

そして，タイプの違う２つの表からひとつを選び，問題を作り友達と解き合った。問題を１人２つ作ることにし，ひとつは「朝ご飯も食べていて，姿勢もいい人は何人ですか？」など，表を見れば，数値などで答えられる問題。２つめは「朝ご飯を食べていて姿勢がいい人は姿勢が悪い人よりも30人も多いです。それはなぜでしょうか？」というように「なぜ」を問う問題にした。それが本当にそうなのか検証する段階は先に譲り，まずなぜそのような結果になっているのか，自分なりの仮説をたててみる経験をさせた。このことは，PISA

表の読みとりから問題を作る

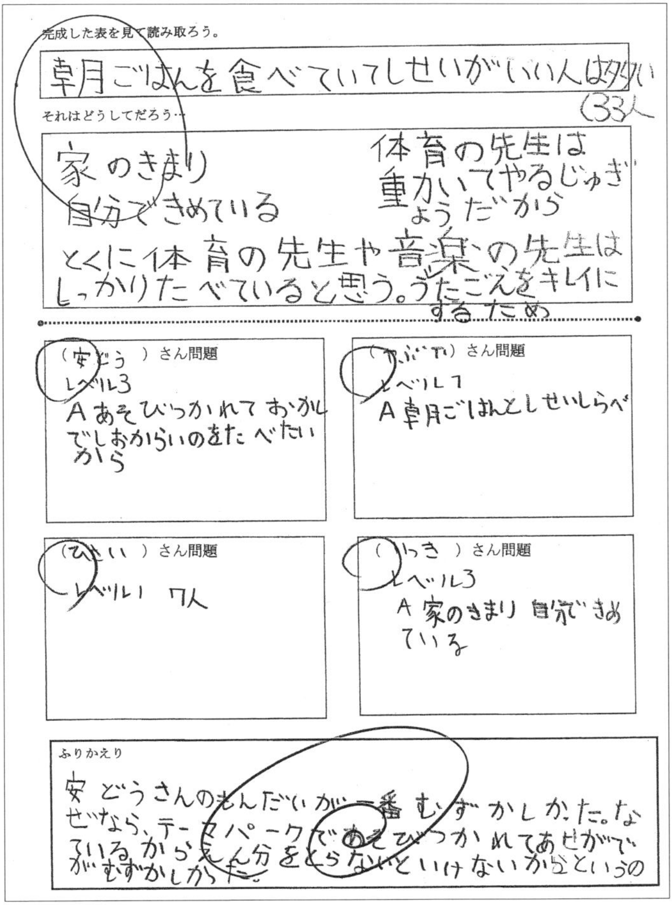
完成した表を見て読み取ろう。

朝ごはんを食べていてしせいがいい人は多い
（33人

それはどうしてだろう…

家のきまり
自分できめている

体育の先生は
重かいてやるじゅぎょうだから

とくに体育の先生や音楽の先生は
しっかりたべていると思う。うたごえをキレイにするため

（安どう）さん問題
レベル3
A あそびつかれておかしでしおからいのをたべたいから

（ふじた）さん問題
レベル1
A 朝ごはんとしせいしらべ

（ひさい）さん問題
レベル1　7人

（りっき）さん問題
レベル3
A 家のきまり 自分できめている

ふりかえり
安どうさんのもんだいが一番むずかしかった。なぜなら、テーマパークであそびつかれてあせがでているからえん分をとらないといけないからというのがむずかしかった。

型読解力のテキストから情報を取り出し，自らの視点や仮説によって，得られた情報を編集するという解釈の部分に当たるところでもある。

## （4）複数の表を比べて裏にある事象を推測する

「けがの種類と場所」で自分たちの学校とＡ小学校を比べ，２つの表の母集団の違いなど，資料の裏にある事象を推測する授業。

**2つの表をくらべて問いかける**

**表の読み取りの流れ**

浜小の表とくらべて読み取ってみよう。

- 浜小はろう下でだぼくしている人は６人
- Ａ小はろう下でだぼくした人は１人
- Ａ小は運動場ですりきずした人は18人
  浜小は９人　浜小の２倍
- 合計はＡ小は56人
  浜小は45人　11人も差がある
- 浜小は運動場でけがした人は15人
  Ａ小は運動場でけがした人は35人
  浜小とＡ小のさは20人

なぜ？　浜小の人たちは
ろう下をはしっているから

Ａ小はひろい
のかな

なぜ？　浜小より
Ａ小の方が多い

いっぱいうんどうじょうで
あそぶ人が多い
大きな石がＡ小はいっぱいある

まず，自分たちの学校の表を提示し，読み取れることを書き出す。もうこの段階になると，かなり表を読み取るときの観点が「型」として子どもたちに入っているので，たくさん読み取ることができる。

次に，Ａ小学校の表を提示すると，子どもたちから「わぁ，全然違う！」とすぐに反応が返ってくる。そしてその表から，自校と比べて特徴的な部分を読み取っていく。

最後に「A小学校はどんな学校なのか？　表から想像してみよう」と問いかけた。すると「浜小は，芝生があるから運動場のすりきずがA小学校にくらべて半分も少ないんじゃないか？」「A小学校は浜小よりも運動場が広いんじゃないか？」など，自分なりの予想を立てることができた。このような態度は将来，データや資料からリサーチし，プラン（仮説）をたて，行動し，振り返り，また改善して進めていくという R-PDCA サイクルを自分でまわしていける資質の基礎となるだろう。

### （5）表を見てキャラクターが言っていることの正誤を判断する

最後に表をみて，キャラクターが話していることが正しいかどうかを三段階思考法で考える授業を行った（次ページ参照）。「1週間の忘れ物」の表を見て，教科書君と下じきさんが話している。下じきさんが「1週間を通して見れば，私をわすれている人が1番多い日が2日もあるのよ！」と言っているのは，正しいかどうかを，ホップ・ステップ・ジャンプという三段階に分けて考えていく。当然1回の手順で答えがわかる問題ではなく，まずどこから考えていったらよいかという見通しをもつ。

子どもたちはこのように考えていくのが初めてだったので，表の注目すべき数値にまるじるしをつけたり，矢印をつけたりして問題の意図がわかりやすくなるように視覚化してから説明の記述にとりかかった。

ある子どもは，「私を忘れている日が1番多い日」と吹き出しにあるので，数値が1のところではないと見当をつけてから「まず，下じきの列を見て数が多い所を探します」と書いた。「横にも見て，下じきが1番多いか確かめます」と確かにそう言えるのかどうかを確認して「最後に下じきが1番多いところが2つあるので下じきの言っていることは正しいです」としめくくっている。

また先生が吹き出しで話していることの正誤を判断する問題では，ホップ「先生は，ある曜日と言っているので，曜日のところを見ます」，ステップ「宿題のところから順にやっていきます。宿題は4÷2＝2でここで1種類出

実際の子どものワーク

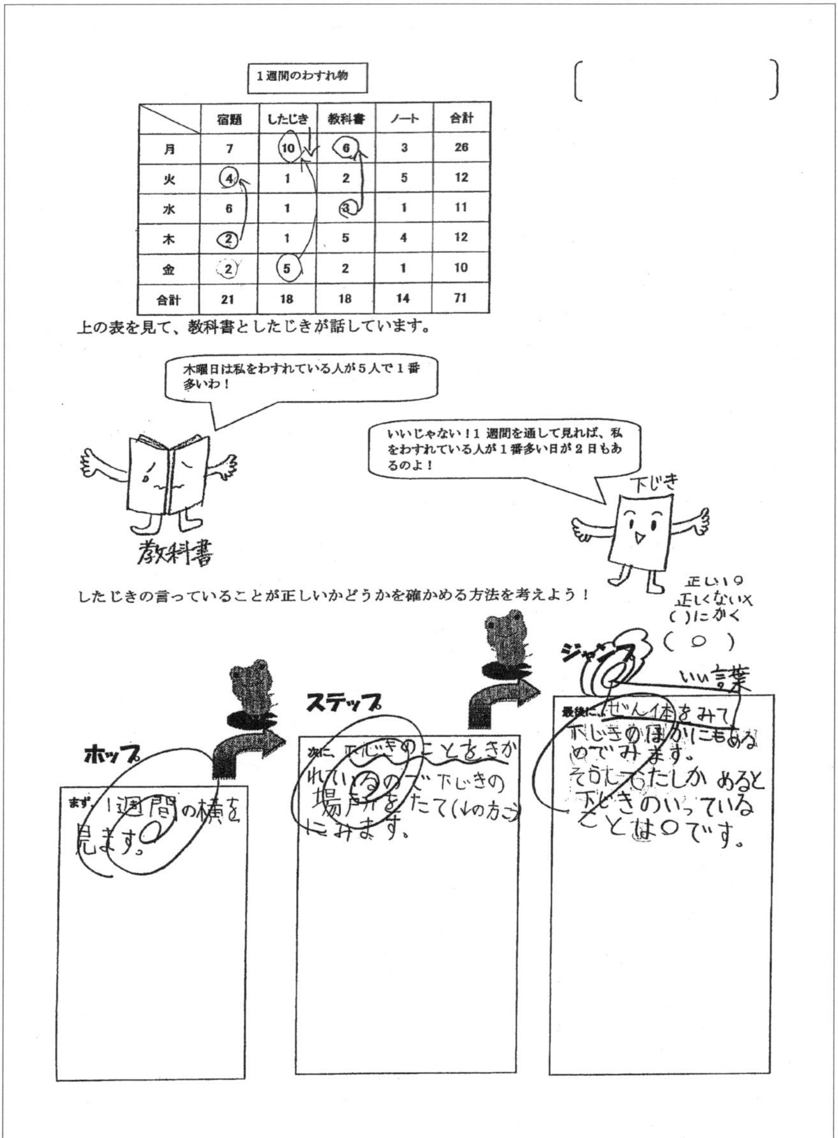

1週間のわすれ物

| | 宿題 | したじき | 教科書 | ノート | 合計 |
|---|---|---|---|---|---|
| 月 | 7 | 10 | 6 | 3 | 26 |
| 火 | 4 | 1 | 2 | 5 | 12 |
| 水 | 6 | 1 | 3 | 1 | 11 |
| 木 | 2 | 1 | 5 | 4 | 12 |
| 金 | 2 | 5 | 2 | 1 | 10 |
| 合計 | 21 | 18 | 18 | 14 | 71 |

上の表を見て、教科書としたじきが話しています。

木曜日は私をわすれている人が５人で１番多いわ！
教科書
いいじゃない！1 週間を通して見れば、私をわすれている人が１番多い日が２日もあるのよ！
下じき

したじきの言っていることが正しいかどうかを確かめる方法を考えよう！

正しい○
正しくない×
（）にかく
（○）
ホップ
まず、1週間の横を見ます。
ステップ
次に、下じきのことをきかれているので下じきの場所をたて（↓の方）にみます。
ジャンプ
いい言葉
最後に、ぜん体をみて下じきのほかにもあるのでみます。そうしてたしかめると下じきのいっていることは○です。

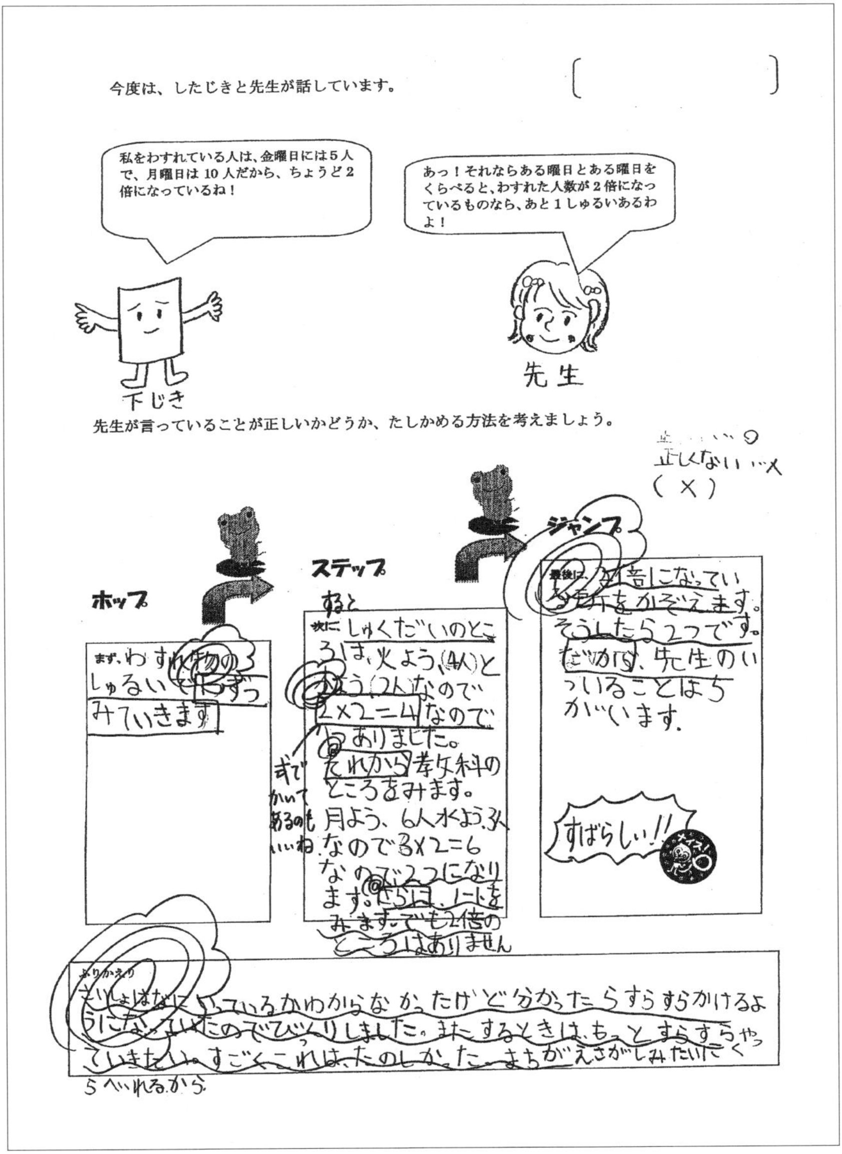

今度は、したじきと先生が話しています。

（×）

私をわすれている人は、金曜日には５人で、月曜日は10人だから、ちょうど２倍になっているね！

あっ！それならある曜日とある曜日をくらべると、わすれた人数が２倍になっているものなら、あと１しゅるいあるわよ！

下じき

先生

先生が言っていることが正しいかどうか、たしかめる方法を考えましょう。

正しい…○
正しくない…×
（×）

ホップ

まず、わすれ物のしゅるいでにずっみていきます

ステップ

すると
次に しゅくだいのところは、火よう（4人）と（金）よう（2人）なので2×2＝4なのでひとつありました。それから教科のところをみます。月よう、6人水よう3人なので3×2＝6なので2つになります。さらに、ノートをみます。でも2倍のところはありません

式でかいてあるのもいいね。

ジャンプ

最後に、2倍になっているのをかぞえます。そうしたら2つです。なので、先生のいっていることはちがいます。

すばらしい!!

ふりかえり

さいしょはなにをしているかわからなかったけど分かったらすらすらかけるようになっていたのでびっくりしました。またするときは、もっとすらすらやっていきたい。すごくこれは、たのしかった。まちがえさがしみたいにくらべれるから

ました。次に教科書を調べます。６÷３＝２なので２種類出ました」。

ステップ「ノートを調べようと思ったけど，先生はあと１種類と言っているので，もう２種類出たから調べません。だから先生の言っていることは間違っています」と三段階思考法で記述した。先生の言っていることの正誤を判断するので，矛盾をつけばよいという考えだ。

そして自分の説明に「○○作戦」と名前をつけて終わった。

### （６）友達の作戦のよさについて交流する

自力解決した後，友達の作戦のよさや，こんな言葉を使ったら説明がわかりやすくなったことなどを交流した。作戦のよさでは，キャラクターが言っていることの矛盾をつけばよいので，全部調べなくても大丈夫なんだという作戦や，ひとつずつ順番に調べていけば絶対に答えがわかる安心作戦，このあたりから調べていけばよさそうだという見当作戦などが出てきた。

また説明の際にわかりやすい言葉を「説明キラリ言葉」として，見つけ出した。例えば，自分が今から何をするのかを明記するために，「～を見ます」という言葉を使ったり，見当をつけてから考えるときには「～が多そうです」という言葉を使ったりすることである。

板書例

## 5　振り返りと今後の課題

今回初めて，単元の終わりに活用問題を設定して授業をしたことで，手応えと課題を得ることができた。最後にそのことをまとめ，振り返りとしたい。

手応えとしては，一読して少し難しそうな問題でも，順番に見通しをもって考えていくと解けるんだという気持ちを子どもがもてたこと。

「最初は（キャラクターが）何を言っているのかわからなかったけど，順番に考えていくとわかりやすくなってきました」と子どもの感想にも出てきている。

そして課題は２点ある。まず，２次元の表で多くの子どもがつまずくのは，表中の複数の空欄を埋めていくという問題である。どの空欄を埋めると次が解けるのかという見通しが立たない子どもが案外多い。そこで，今回は表の数値を順序よく見ていくという活用問題にしたが，「整理のしかた」というひとつの単元でしか構成できなかった。

今後は複数の単元の知識を組み合わせて活用しないと解けないような問題を開発していくことが課題である。

２点目は，自分に活用する力がどれだけついたかという評価をするところまでいけなかったことである。今後は，どんな力を使ってその問題を解けたのか，活用できた力の評価をする時間までとっていきたい。

（町中しのぶ）

# 2 単元名　分数と小数の世界を融合させよう
学　年　第4学年

## 1 この単元のねらいと特徴

本単元は教科書単元としては，分数を学ぶ「はしたの大きさのべつの表し方を考えよう」で習得した基本的，基礎的な知識・技能を活用して問題解決する力を子どもたちに育成することがねらいである。

本単元を構成する上で，「子どもは何を何のために活用するのか」という視点が重要だと考えた。それは，「子どもは『基礎的・基本的な知識・技能』を『問題を解決する』ために活用する」と考えられる。この時不可欠な要素は「どんな活動を通して」活用することを達成するのかということである。つまり，子どもがどんな学習活動をするのか，教師がどのような学習活動を仕組むのかということである。

本単元では，次のような3つの特徴をもった活動を構成する。

まず，「説得納得の関係で学び合う活動」である。難しい活用問題を全員が解決できることを目標にする。自分が解けることが目標ではなく，全員が納得することを目標にして学び合うのである。

次に，「思考の型を活用する活動」である。後の単元構成の工夫で詳しくは紹介するが，情報の整理のためのカルタ，問題解決の見通しをもつMy作戦，三段階で結論に至る三段階思考法など，思考の型を活用する。

最後に，「思考を評価し熟考する活動」である。自らの思考の軌跡を振り返り認識する活動によって次の学習へとつなげたい。

このような活動を通して，次に述べるような活用型学力を育てたい。

## 2　活用型学力をどうとらえたか

本単元では次の３つを活用型学力ととらえ，子どもたちに育てたいと考えた。「自ら納得したり他者を説得したりする学び合う力」「自ら思考を進展させる力」「思考をメタ認知する力」である。

まず，「自ら納得したり他者を説得したりする学び合う力」は，活用学習を下から支え土台となる力である。知識・技能を習得するだけではなく，習得した知識・技能を活用して自己表現する活用学習において，学級の全ての子どもが納得することを共通の目標とし全員で活用問題の解決に挑むことが重要である。自分だけできればよいのではなく，尋ね合い教え合って高まっていく学習集団になる力を育てたい。

次に，「自ら思考を進展させる力」である。あるひとつの問題が解けたからといって，その子どもに力がついているとは言い切れない。異なる問題解決の場面で活用できる力こそ「生きて働く力」であると言える。そこで，自分の思考を自分で進めていく，切り開いていく力が必要であると考える。つまり，どんな問題に出くわそうとも，自分なりの解決方法を見いだす思考を進展させるためには，カルタを活用したり，自分なりのストラテジーを活用したり，三段階思考法を活用することが助けとなる。その意味でこのような手立てを子どもにしっかりと習得していく必要があると言える。

最後に「思考をメタ認知する力」である。自分の考えていることや思っていることから距離をとって，客観的に思考を評価する力である。この力を育てることで，自分のなかにもう一人の自分を創ることができ，思考しながら，一方で，その思考のファシリテーター的な役割を果たすことができる。また思考をメタ認知することで，その思考のよさやまちがいに気づくことができる。その気づきが，また新たな問題に出会ったときに，知識として活用できるようになるのである。

このような３つの力を本単元で育てたい活用型学力ととらえ，単元に次のような工夫をする。

## 3　単元構成の工夫と活動の流れ

| 学　習　内　容 | 活動の工夫点 |
| --- | --- |
| 〈1時間目——自力解決 Time〉<br>問題解決ワークシートに沿って自力解決を目指す。<br>● カルタで情報の整理をする<br>● My 作戦をたてる<br>● My 作戦の交流をする<br>● 作戦を練り直す<br>● My 作戦に沿って解答する | **説得—納得の関係性で学び合う**<br>自分の思考を語ったり，友だちの思考を代弁したり，わからないことを尋ねたり，互いのわかったことやできたことを語り合って学び合い，学級全員で学習している意識をいつも共有する。<br><br>**情報整理のためにカルタを活用する**<br>カルタで場面，条件，数，問いなどテキストの言葉に込められた思いを正確にイメージ化し読み解く力を習得する。 |
| 〈2時間目——学び合い解決 Time〉<br>自力解決をもとにわからないことを出し合い，説得—納得の関係性を作りながら全員納得を目指す。<br>● 自力解決の結果を交流する<br>● わからないことを出し合う<br>● 学び合いで解決する<br>● 全員が納得する<br>● 自己評価する | **ストラテジーを活用する**<br>自分の思考の方向性や思考の足跡を意識化（メタ認知）し，三段階思考法をより正確にし，間違った場合の思考の再検討もしやすくなる。<br><br>**三段階思考法を活用する**<br>自力で問題に立ち向かえる思考型のひとつとして三段階思考法を活用する。「問い」から「答え」へ一足飛びに行く解決方法の他に，思考を段階的に積み上げていく解決方法を習得する。 |
| 〈3時間目——評価・熟考 Time〉<br>学び合い解決の思考の流れを自分たちで振り返り，何をどのように活用できたのかメタ認知を目指す。<br>● 解法の良し悪しを認知する<br>● 解法をネーミングする<br>● 活用した知識・技能を言語化する<br>● 自己評価する | **○○カエルを活用する**<br>ハテナガエル，フリカエル，カンガエル，ヒラメキガエル，ヒントガエルのカードを作成し，板書に活用する。 |

# 4　指導の実際と子どもの学び

## （1）自力解決 Time

**今日の課題：使えることを活用してみんなで問題を解決しよう**

　ある日の午後、ひでおさんのお家に３人の友だちがやってきています。おやつの時間に、ひでおさんのお母さんが順番にジュースを入れようとしたときのお話です。
　お母さんが持ってきたジュースびんにはちょうど１ℓ入っていました。それに、お母さんは、いつもすり切れいっぱいになるように、コップにジュースを入れます。

　まず、ひでおさんの $\frac{2}{10}$ ℓの大きさのコップに１杯入れました。

「ありがとう！」

　次に、けいこさんの 0.4ℓ の大きさのコップに１杯入れました。

「わぁあい！」

　さらに、しんやさんの 0.2ℓ の大きさのコップに１杯入れました。

「いただきます」

　最後、よしこさんの $\frac{1}{10}$ ℓの大きさのコップに入れ終わった時、

よしこさんのコップにすり切れもう１杯入れると、ちょうど１ℓのジュースが全部なくなるわ！よしこさん、もう１杯どうぞ！

　さて、お母さんが言っていることは正しいでしょうか？まちがっているでしょうか？

**問題のポイント**

①問題のなかに小数と分数が混合されていること
　→そのため，小数と分数のつながりを理解する必要がある。
②お母さんの言っている内容を理解することがカギとなること
　→理解するためには，「もう１杯」「ちょうどなくなる」といった言葉に着目する必要がある。

STEP 1―カルタ・作戦までのステップを自力で取り組む
STEP 2―自分の作戦を相談し合い，問題解決の道筋を検討する
STEP 3―自力で思考の流れを記述する

## （2）学び合い解決 Time

STEP 4―自力解決の結果を簡単に知らせ合う

自分の解決方法に自信満々の子ども，解決できたけれど不安げな子ども，途中でわからなくなり解決に至っていない子ども，みんな自力解決の結果が違う。その結果の違いを理解し認め合いながら，「全員納得」というゴールへ向かって学びをスタートさせるのである。

自力解決の結果を交流し合う子どもの様子

STEP 5―カルタで情報を整理する

ワークシートに書いたカルタは，「わかっていないこと」「わかっていること」「知っていることで使えそうなもの」「問い」という4つの視点を設けたカルタである。このことにより，情報を問題解決のために整理しやすくなる。このカルタを頼りに，クラス全員でカルタを作りながら，問題文に書かれた情報

みんなで問題の情報を整理したカルタ

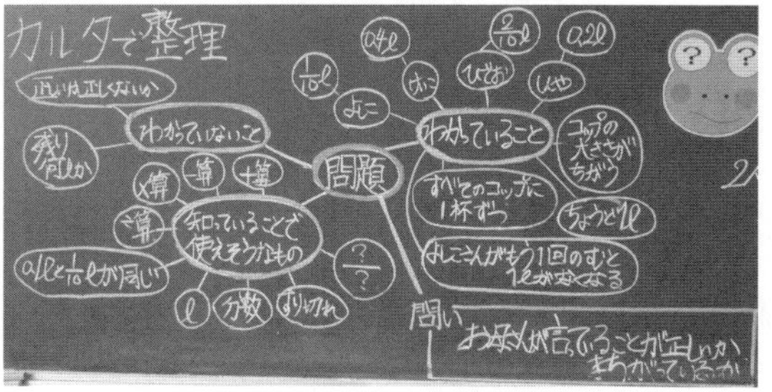

を整理する。このような整理の仕方を身につけることができれば，文章問題でも自分なりに必要な情報と不必要な情報，またカギとなる情報を整理することができるようになっていくだろう。

STEP 6―自分のたてた作戦を出し合う

みんなが出し合った解くための作戦

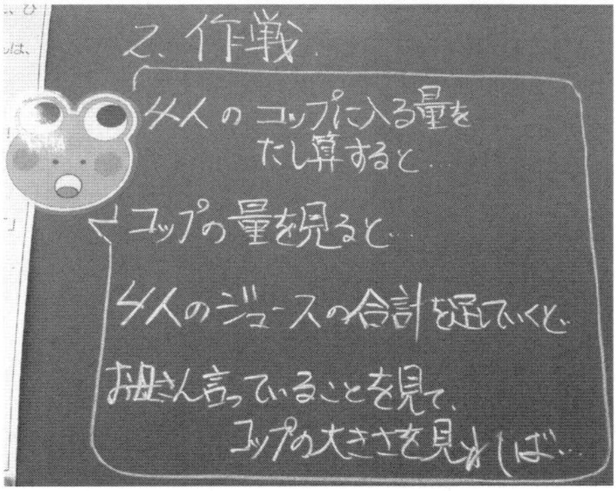

2. 作戦
4人のコップに入る量をたし算すると…
コップの量を見ると…
4人のジュースの合計を足していくと
お母さん言っていることを見て、コップの大きさを見れば…


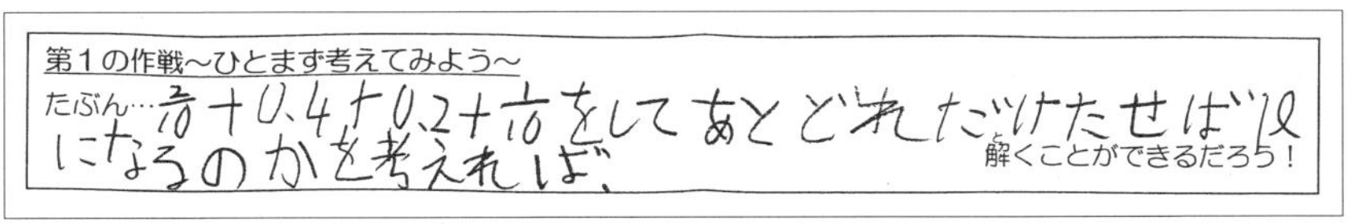

第１の作戦～ひとまず考えてみよう～
たぶん…2/10+0.4+0.2+1/10をしてあとどれだけたせば1ℓになるのかを考えれば、
解くことができるだろう！


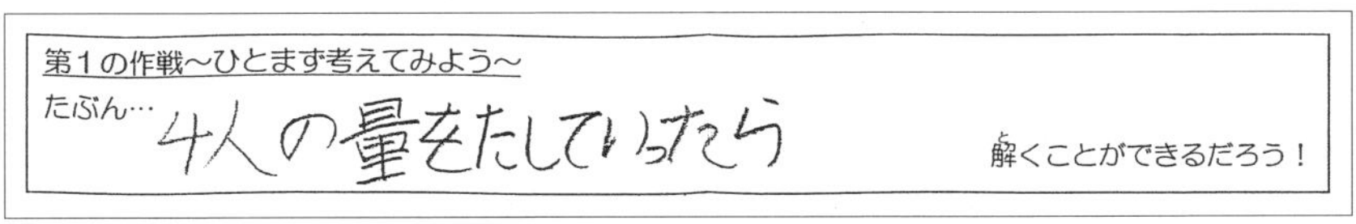

第１の作戦～ひとまず考えてみよう～
たぶん…4人の量をたしていったら
解くことができるだろう！


ワークシートの一部を抜粋してみる。上の子どもは解答する前から立式ができているが，下の子どもは解答の方向性を書いている。このように一人ひとり思考している段階に違いが出てくるのである。子どもは自分なりの言葉で，このように大きな解答の方向性や見通しをもつことが，自分の思考の展開をモニタリングしながら解答することにつながっていくのだと考える。

STEP 7―自分で考えてみたけれどわからないことをみんなで共有する

活用学習は，みんなで学習を進めていくことがとても重要になってくる。理

納得できないことを共有する

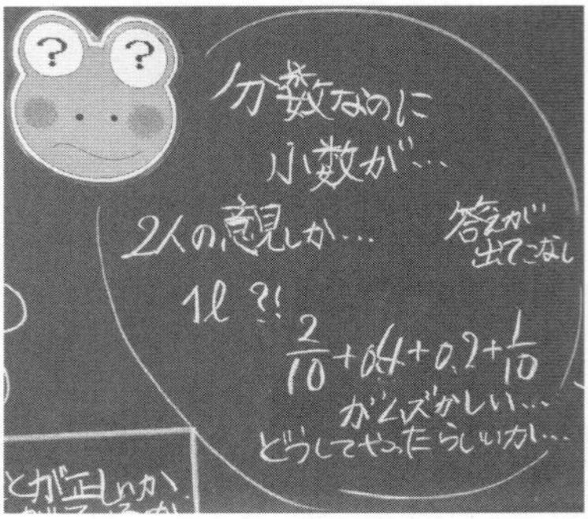


解が早い子どもだけで進めていくのでは，何の意味もない。まずは，問題に対峙した時に困ったことや悩んだことをお互いに出し合うことで，わからないこと・むずかしいことを全員で共有することが大切である。このステップがなければ，学び合うことができない。また，ここで自分の苦労や悩みを語ることができなければ，安心して学習できる学級とは言えない。自分の正直な思いが語れる学級であることも活用学習を支える重要なポイントである。

STEP 8―自分なりに納得している考え方をみんなに伝える

この活用問題では大きく分けて，2つの解答方法が出てきた。ひとつは，数をすべての分数へ変換して計算していく方法である。もうひとつは，分数を小数に変換して計算する方法である。

子どもは自分の言葉で学級のみんなを説得しにかかる。その時には，子どもの世界ならではの言葉が生まれてくる。また，三段階思考法を使うことで，論に論理性や客観性が生まれ，わからないことも明確にしやすくなる。子ども自身も説明するときに順序を意識して説明することができると言える。そして，それが視覚的に情報として取り入れられるように「まず」「次に」「最後に」カードを使って板書を整理する。音声言語だけのやりとりでは理解しにくいことも，板書を頼りにして全員参加での学び合い解決を進めることができるのである。

STEP 9―示された考え方でわからないことを出し説得し合う

出された考え方に納得できない子どもが必ず出てくる。また，なんとなくでしかわかっていない子どもがいることも確かである。どこがどのようにわからないのか，わからないことはわからないと伝えようとする姿勢を教師がしっかりと支えることが大切である。「わからない」が「納得への第一歩」であり，

三段階思考法を活用したある子どもの解答

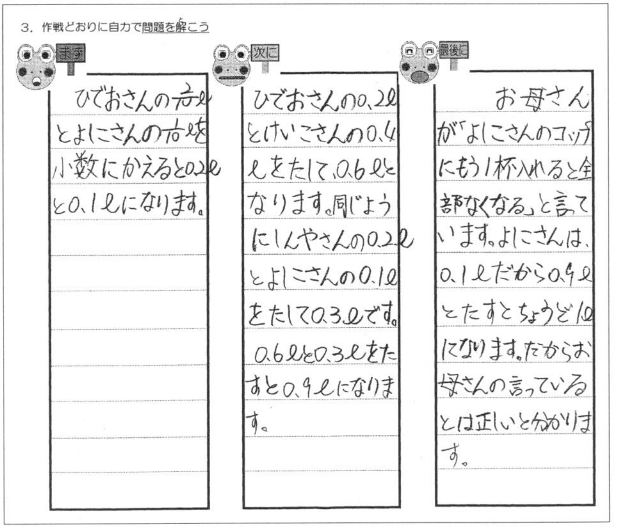


分数にそろえる考え方

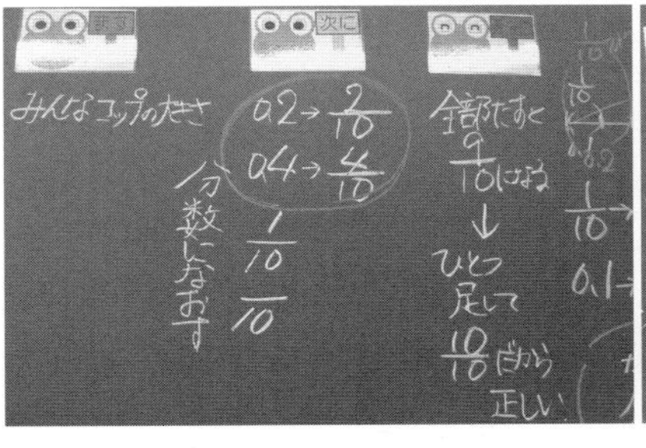


小数にそろえる考え方

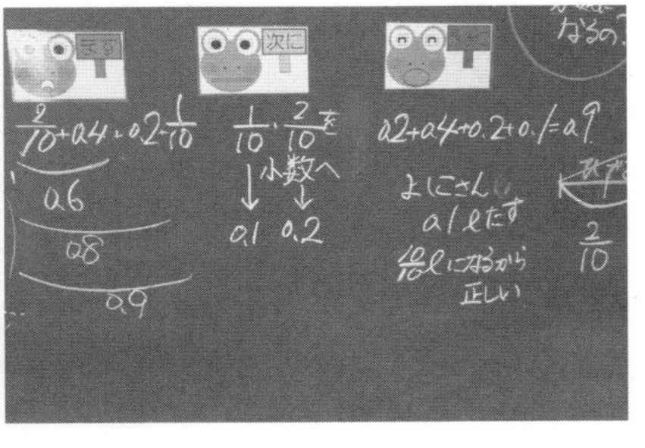


大切なポイントであることを子どもに伝え，そんな自分を表現できる子どもを称賛したい。

ここで，なんとか納得しようと思考する子ども，わからないことを受けて入れ替わり立ち替わり自分の言葉で説得しようとする子どもがお互いに言いたくなる状況が生まれる。わからないことを基盤に学び合いを進めていくのである。

出された考え方について考えを語り合う様子　自分の納得できたことをみんなに説明する様子

STEP 10―出された考え方について自分の考えを語り合う

わからないことをわからないと尋ねる時間，わからないと困っている子どもに説得しに行く時間として，語り合う時間を設定する。全体で進めていくのではなく，個々に自分を表現できるようにする。

その後，再び全体で語り合う時間へと移っていく。「自分が納得できたこと」「まだよくわからないこと」を出し合い全員納得へ向けてみんなで前進していくようにする。

「自分たちで解決し全員納得すること」が最終ゴールであるため，最後の納得ができるかどうかを確認しながら学び合う。

考え方で納得できないことを大切にする

STEP 11―友だちを説得するために根拠を出し理解を深める

全員納得というところへ辿りついたところで，学び合ってきたことを整理する活動へ移る。

今回の学習で示されたのは２つの思考方法である。それぞれがどのように正しいのか，線分図を使いながら，子どもとのやり取りを通して黒板に整理し，納得したことをさらにこれから活用できる知識や技能とするために，ポイントを押さえていく。

考え方の根拠を黒板で確認していく様子

分数と小数のつながり

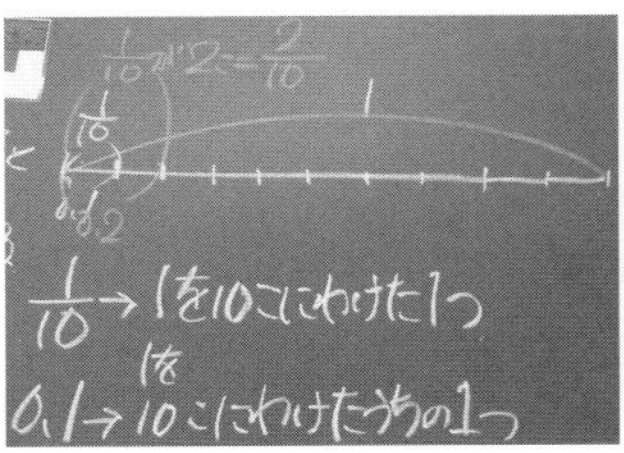


問題内容を順番に確認しながら線分図にまとめる

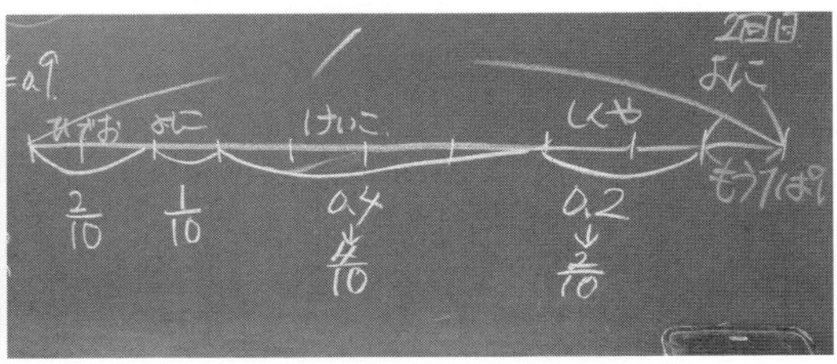


STEP 12―学び合い解決 Time の自己評価をする

この学び合い解決 Time を通して，自分の力は成長できたのかどうかを自分で理解し，学習への参加態度などを振り返る。このことはとても重要で，自分の成長や学びを言語化することで，もう一度自分自身に焼き付けることができると言える。

ふりかえり（自己評価）

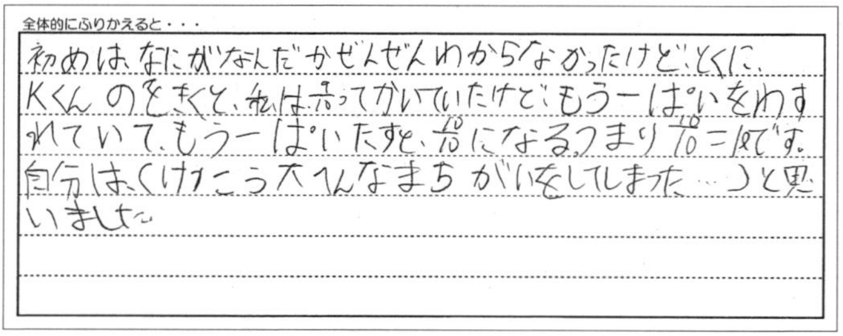

全体的にふりかえると・・・
初めは、なにがなんだかぜんぜんわからなかったけど、とくに、
Kくんのをきくと、私は9/10ってかいていたけど、もう一ぱいをわす
れていて、もう一ぱいたすと、10/10になる。つまり10/10＝1です。
自分はくけっこう大へんなまちがいをしてしまった…」と思
いました。


**（3）思考の評価・熟考 Time**

STEP 13―考え方（思考）を評価し合う

自分たちが学んできた思考の足跡を振り返りながら，「この考えはどこがよかったのか？」「この考え方の難しいところは？」という視点で評価する。評価活動を通して，これから活用できる知識へと進化させるのである。

STEP 14―考え方（思考）の評価を踏まえ，思考に名前を付ける

各々の考え方の特徴が表れているネーミングを考えて，名づけることにした。名前をつけることは，その考え方を自分のなかに位置づけることにつながると言える。

この問題では「A：小数を分数にそろえる考え方」と「B：分数を小数にそろえる考え方」の２つが出てきた。Aの良さとして子どもがあげたのは分子にある数だけを見れば良いので「計算しやすい」という評価だった。Bの方が良い考え方だと述べたある子どもの理由は「分数に直してしまうと分母の数まで一緒に足してしまいそうになって困るから」というものだった。まだ同分母の足し算を学習していない子どもではあるが，分数の足し算でまちがってしまう点をついていると言える。

しかし，思考の多様性という点ではまだ思考方法があったのではないだろうか。例えばC「分数は分数で足して，小数は小数で足して，それぞれの答えをどちらかにそろえて足す」という考え方もあったはずである。また思考の評価検討というには少し不十分であったと考えている。例えば，「Aの分数にそろ

出された考え方を評価したり，名前をつけたりした板書

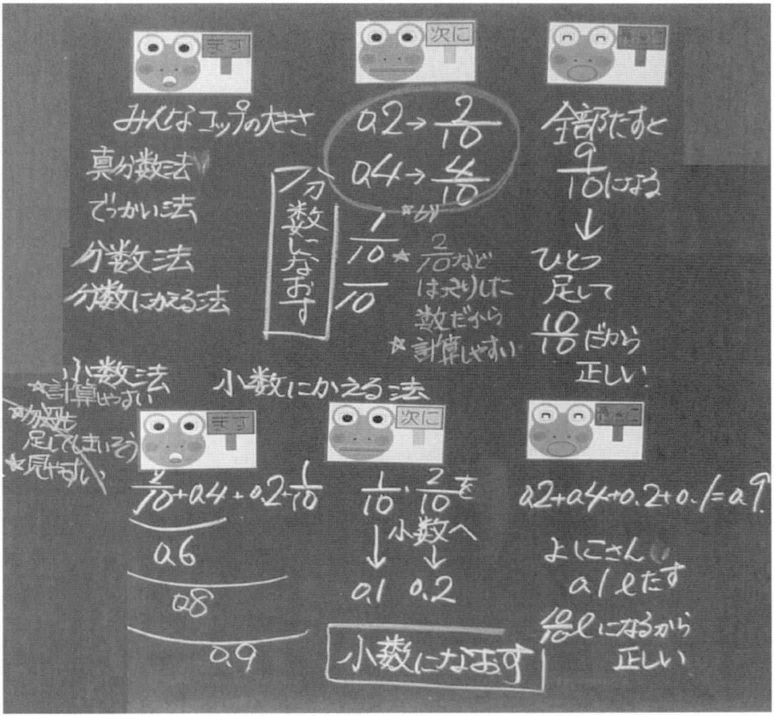


えた場合は『10分の 10』を『１』に直すステップがなければ解くことができない。一方，Ｂは小数にそろえるので 0.1 が 10 こ集まれば１となるので，１つステップが少ない」。このような事実から思考するステップが少ない方がまちがう可能性が低いと評価することもできた。また，Ｃの思考が出てきていれば，分数か小数かという二者択一ではない判断を子どもに迫ることができたと考えられる。この問題解決では不十分なところもあるが，このようにひとつの思考で終わってしまうのではなく，思考の多様性を導くこと，また多様性を認めることで，子どもの思考の幅は広がると言える。また，次の問題解決の場面で活用できる思考パターンが増えるだろう。そして，思考を比べ，評価し合うことで，思考の型を習得すると同時に，思考の型の特徴を踏まえた活用ができ

ることにもつながるであろう。

STEP 15―活用問題で活用した知識・技能をメタ認知する

この学習の最後に，この問題を「自分たちは何を使って解決したのか？」という確認を行う。そこで解くカギとなった知識や技能をメタ認知する。今回意識があるなしにかかわらず活用した知識・技能が，次の問題解決の場面においては，意識的に活用できる知識・技能となるのである。

問題解決で何を活用したのかまとめる

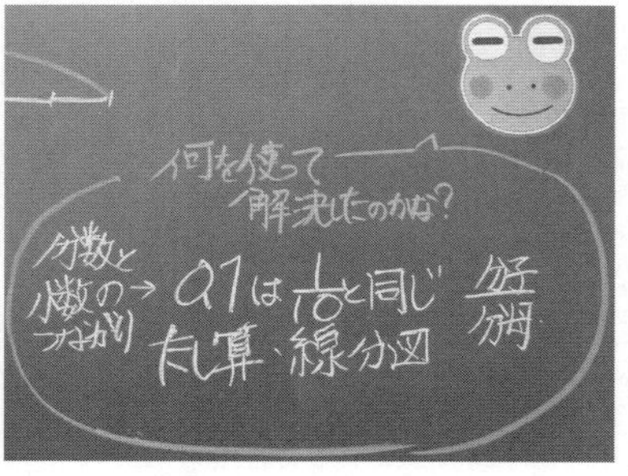


この問題で子どもたちが一番重要だと考えたのは「0.1と10分の1が同じ大きさである」という知識である。教科書のなかでも「10分の1は0.1と同じ大きさ」であることはふれられているが，構成上1コマ全ての時間をそこに割くことは不可能に近い。別々の単元で学習している「小数」と「分数」の「つながり」に出会うことは子どもたちにとって，算数を学ぶ楽しさおもしろさであると言える。このような活用問題のなかで学習し直すことで，これから活用できる知識となっただろう。このように子ども自身が自分は何を活用して解決できたのか認識できる力を育てることが活用型学力を育てていくことにつながっていくのである。

STEP 16―活用学習での学びを自己評価する

自己評価①のふりかえりを書いた子どもは最後に「問いにあわせてみたらいい」と述べている。この学習を通して，この子どもなりに問いを意識し，問われていることについて思考していく重要性に気づいたのではないだろうか。

問題を見てただ数字を足したり引いたりかけたり割ったりしてなんとなく答えを出してくるのではなく，問われていることに対しての意識をしっかりもつことが問題を解く上でも重要であるし，論理的に思考するときにもとても大切なことである。

自己評価②のふりかえりを書いた子どもは文章問題に対してこれからどのように対応していけばいいのかということを自分の実感として書いている。「いっぱいの文字」を「大事なところだけをカルタで整理する」という思考の型をこの子どもなりに習得したことを表していると言える。また，「まず」から「最後に」へジャンプする思考をすると難しくなるので，段階を追って思考するとわかりやすいということも，この学習を通して体験的に理解できたことである。このように学びを言語化し認識することは次の活用につながるとても重要なステップであると考える。

自己評価①

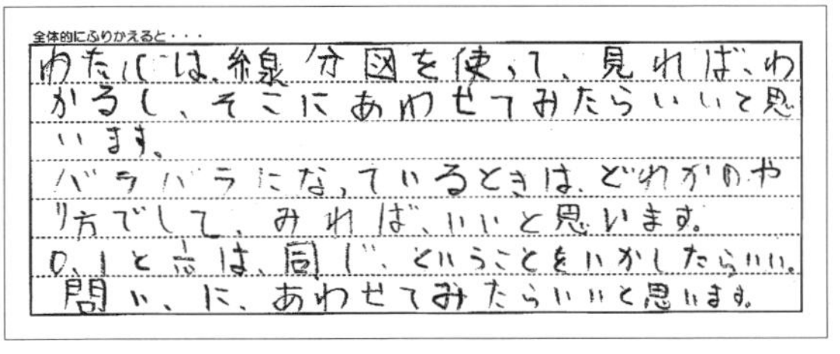
全体的にふりかえると・・・
わたしは、線分図を使って、見れば、わかるし、そこにあわせてみたらいいと思います。
バラバラになっているときは、どれかのやり方でして、みれば、いいと思います。
0.1と$\frac{1}{10}$は、同じ、ということをいかしたらいい。
問い、に、あわせてみたらいいと思います。

自己評価②

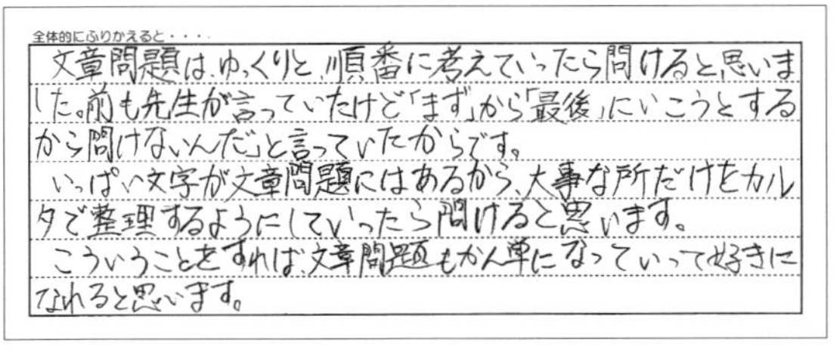
全体的にふりかえると・・・
文章問題は、ゆっくりと、順番に考えていったら問けると思いました。前も先生が言っていたけど「まず」から「最後」にいこうとするから問けないんだと言っていたからです。
いっぱい文字が文章問題にはあるから、大事な所だけをカルタで整理するようにしていったら問けると思います。
こういうことをすれば、文章問題もかん単になっていって好きになれると思います。

単元後の自己評価

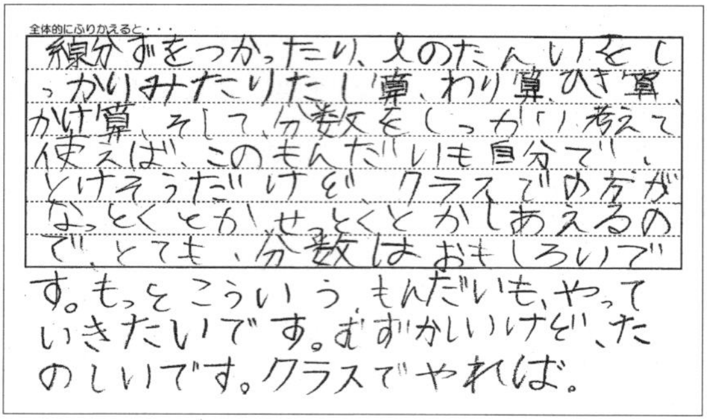
全体的にふりかえると・・・
線分ずをつかったり、1のたんいをしっかりみたりたし算、わり算、ひき算、かけ算、そして、分数をしっかり考えて使えば、このもんだいも自分で、とけそうだけど、クラスでめ方がなっとくとか、せっとくとかしあえるので、とても、分数はおもしろいです。もっとこういうもんだいも、やっていきたいです。むずかしいけど、たのしいです。クラスでやれば。

## 5　振り返りと今後の課題

実践を終えて振り返るとたくさんの課題が見えてくる。例えば，思考の多様性を導くための手立てや，思考を評価し熟考する手立てを考えていく必要がある。

この単元をしたから力がついたというわけではない。しかしこのような単元を積み重ねていかないと力はついていかないと言える。

単元後に上のような自己評価をした子どもがいた。「むずかしいけどたのしいです。クラスでやれば」。この言葉が活用学習の姿であると考えている。自分がいるから友だちが成長でき，友だちがいるから自分も成長できる。そんな学び合う関係性のなかでこそ，子どもの言葉の力は育つのではないか。できる子を伸ばす学習ではなく，全員でできるようになる学習が，子どもに「生きて働く力」を育てていくことになり，活用型学力を高めることになるのだろう。

（竹本晋也）

# 3 単元名　分数と表の整理で活用問題に挑戦しよう
学　年　第4学年

## 1 この単元のねらいと特徴

本単元のねらいは，子どもが言葉の力を駆使して自分の論理的思考を表現する力を育てること，算数科における活用型単元構成を提案することの２つである。

このねらいを達成するために本単元には２つの特徴をもたせた。

まず，１つめは「言葉＋$\alpha$」で論理的に表現する学びの場を設定することである。そもそも思考，それ自体は言葉を駆使して行われているものである。では，それらをどのように表現することができるのであろうか。算数科における表現するツールを考えてみると，式，図，絵，半具体物などいくつかの表現方法が思いつく。それぞれの表現方法はそれ自身のみで完璧に思考を表現できるかと言えばそうではない。ツールには必ず「言葉」がプラスされるはずである。言葉と式，言葉と図，言葉と絵と線分図，といった表現方法が自然に生まれてくる学びの場を設ける。２つめに，２つの異なる単元で別々に習得した知識・技能を組み合わせて活用し解決する問題だということである。算数科はいい意味でも悪い意味でも単元どうしが独立している。しかし，本当の意味で生きて働く力を育てるなら，単元に分けられたままの知識・技能を習得するだけでは不十分である。問題解決のために，自分の蓄えているあらゆる知識・技能を引き出してこられるようにするための一歩として，このような活用問題を設定する。

## 2 活用型学力をどうとらえたか

前述したねらいや特徴をふまえ，本単元で育てたい活用型学力を以下の３つに定める。

まずは，「言葉＋α」を活用して論理的に表現する力である。中学年であることを考えると，具体と抽象の往復により徐々に抽象的な世界へと進んでいくと言える。４年生なりに言葉だけで論理を組み立てることもできるが，そこに絵や半具体物などの＋αを活用できれば，さらに思考を展開させやすいと言える。また，論理的に表現するためには，思考の順序が大切である。＋αを操作しながら説明することで，思考の順序が明確になると言える。このような力を育てるためには，そのような活動の場が必要である。自分の考えに納得してもらいたいという目的意識や，この子にわかってほしいという相手意識をもち，説得—納得の学び合いの場を仕組みたい。

次に，２つの異なる単元で別々に習得した知識・技能を問題解決のために組み合わせて活用する力である。本単元は，表の整理を学習する単元「記録を整理して表に表そう」と分数を学習する単元「はしたの大きさのべつの表し方を考えよう」の２つの異なる単元で習得した複数の知識・技能を活用する活用問題を作成した。あるひとつの単元を学習した後にその単元で学んだ知識・技能を活用する問題があってもよいが，異なる２つの単元を対象とした。学んだ時期や場面が違う複数の知識・技能を組み合わせて活用する思考を求め，このような活用の積み重ねが本物の「生きて働く力」へとつながっていくはずである。

最後に，活用した知識・技能をメタ認知する力である。問題解決過程を振り返る，つまり評価することが活用学習においては欠かせないと考える。なぜなら，自分自身で何をどこで活用したのかを理解することが，活用できる知識・技能として自分のなかに蓄えるということに他ならないからである。「解けた」だけでは次も解けるかどうかわからない。「こうしたから解けた」という理解が必要であると考える。

## 3　単元構成の工夫と活動の流れ

| 学習内容 | 活動の工夫点 |
|---|---|
| 〈1時間目――自力解決 Time〉<br>ワークシートに沿って自力解決する。<br>●カルタで情報の整理をする<br>●Ｍｙ作戦をたて，交流をする<br>●作戦を練り直し，解答する | **「言葉＋α」を仕組む**<br>＋αとして，半具体物を操作しながら思考する場面や，ワークシートに絵や図を描くためのスペースを作り＋αを促す。 |
| 〈2時間目――学び合い解決 Time〉<br>説得―納得の関係で全員納得する。<br>●グループで学び合う<br>●全員で学び合い解決する<br>●全員納得を達成する | **グループで思考を深める**<br>グループでの学び合いの場を設定し，発表という形式ではなく自分の意見を率直に言い合える思考の場を設定する。 |
| 〈3時間目――評価・熟考 Time〉<br>問題解決プロセスを見直し評価する。<br>●思考を評価する<br>●活用した知識・技能を言語化する | **言葉の習得を定着する**<br>今回の問題解決で習得させたい言葉や言い回しをピックアップし，４時間目のレベルアップ解決のワークシートに穴埋め形式で提示し，定着を図る。 |
| 〈4時間目――レベルアップ解決 Time〉<br>より論理的で正確な言葉を習得する。<br>●活用したい言葉を習得する<br>●活用したい言葉を活用して再度，問題に解答する | **問題を解き直す**<br>言葉の習得を受けて，再度同じ問題を解き直すことで，言葉の活用を意識させ，解答をレベルアップさせる。 |
| 〈5時間目――活用の習得 Test Time〉<br>活用した内容が習得できているかチェックする。<br>●類似の活用問題をテストする<br>●解答例で答え合わせをする | **類似問題で定着を促す**<br>本単元のまとめとして，解答のステップをなくした類似問題にチャレンジする。 |

# 4　指導の実際と子どもの学び

## （1）自力解決 Time

ひでおさんの学校では、毎日給食があり、月曜日と水曜日と金曜日はご飯の日、火曜日と木曜日がパンの日になっています。４年生ではどれくらいのパンを残しているか調べてみることにしました。

１組も２組もパンは、$\frac{1}{3}$ だけ残してもよいという約束をしています。また、どのパンの大きさも同じ大きさなので、残すパンの大きさは $\frac{1}{3}$ でみんな同じ大きさです。

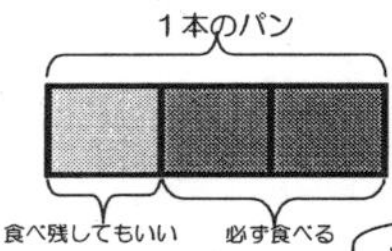


調べた結果は下の表のようにまとめることができました。
表を見ながら、ひでおさんとよしこさんはお話をしています。

1週間のパン食べ残し調べ(人)

| | 1組 | 2組 | 合計 |
|---|---|---|---|
| 火曜日 | 6 | 6 | (ア) |
| 木曜日 | 3 | (エ) | 15 |
| 合計 | 9 | (ウ) | (イ) |

火曜日の２組は、パンを２本分残しているね。

４年生全体では、１週間に９本も食べ残しているということになるね。

さて、よしこさんの言っていることは正しいでしょうか？まちがっているでしょうか？
そのわけを文章と式を組み合わせて書きましょう。

**問題のポイント**

①表は４つのセルに数字が入っていない
　→表の仕組みを理解してまずは表の情報を補完する必要がある。

②ひでおさんのお話では「パンを２本分残している」
　よしこさんのお話では「１週間で９本も食べ残している」
　→分数を整数へ変換することが必要になる。

③残すパンの大きさは分数で表され，その単位は（本）
　表の方は食べ残した人数で表され，その単位は（人）
　→単位を明確にしてその数が何を表しているのかはっきりとさせて思考する必要がある。

④イラストを載せてイメージ化しやすくしている

　→絵を描いたり図で表したりする時にとりかかりやすくする。

⑤問題設定の場面を「給食」という日常生活の場面にしている

　→生活のなかの問題解決場面で算数的能力を活用する姿勢を促す。

STEP 1―カルタ・作戦までのステップに自力で取り組む

自分なりに問題にある情報を整理したカルタ

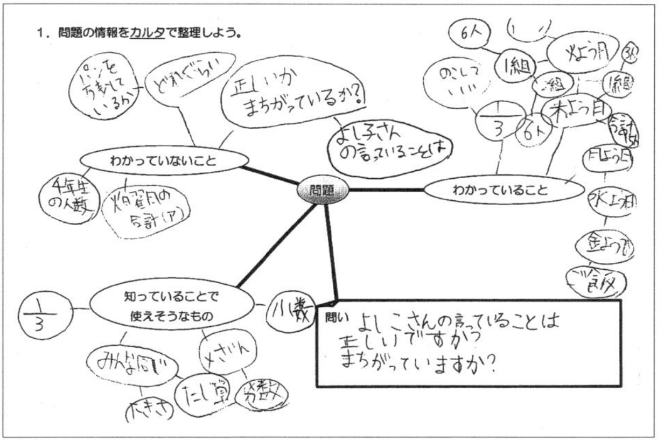


STEP 2―自分の作戦を相談し合い，問題解決の道筋を検討する

STEP 3―自力で思考の流れを記述する

STEP 4―自力解決 Time を自己評価する

ある子どもの自力解決を終えての自己評価

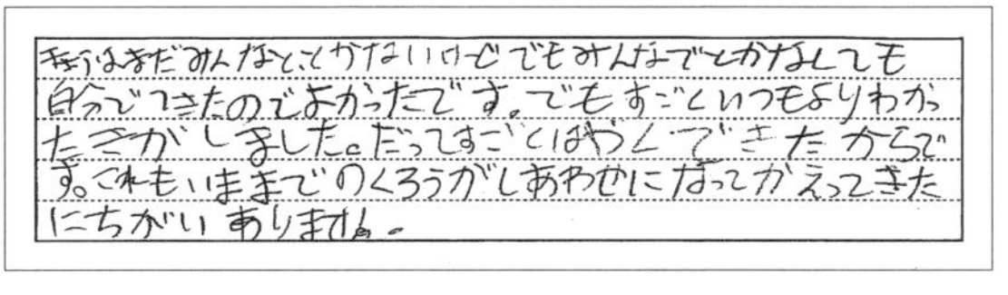


この子どもは今回の自力解決に自分なりの達成感をもっている。これまでの学習があってこそ，解決に至ったという実感をもてている。

### （2）学び合い解決 Time

STEP 5―自分の自力解決を交流する

自分のワークシートをもって自由に友だちと意見を交流し合う。自分の導き出した結論が正しいのかどうかわからない状況で，自分と同じような考え方の子がいることを知ったり，違う考え方に出あったりして，学び合う下準備をする。

自力解決の結果を交流する様子

STEP 6―カルタで問題の情報を整理する

一人ひとりワークシートに自分のカルタを作る。この作業を通して，問題の構造をとらえ，どこをゴールにして思考を始めればいいのかということを意識し始める。言葉を細分化していくことで，情報が整理しやすくなると言える。

意見を出し合って作ったカルタ

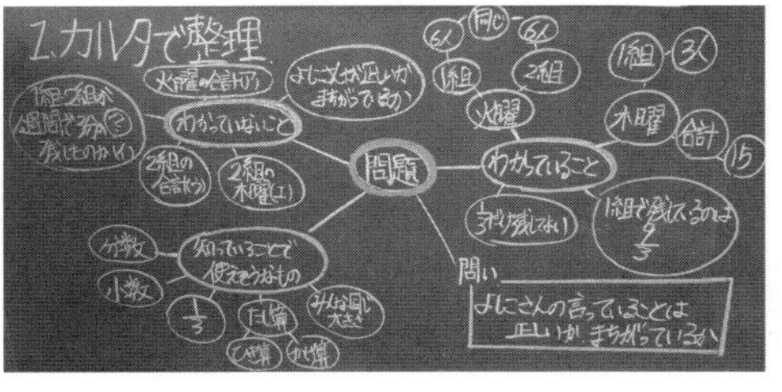


STEP 7―My 作戦を伝え合う

カルタで情報を整理したのち，解決の見通しをもつために作戦を考える。子どもはこれまでの知識を使いながら，「こうしたら解けるかな」というレベルで作戦をたてることになる。次のページの子どものワークシートを見ると，2回目の作戦をたてる

意見として出てきた My 作戦

> 2. 作戦
> たぶん
> 　合計以外をたし算すると
> 　分数を考えてたし算すると，
> 　表に書いてある数をたしたりひいたりすると，
> 　表のあいているところをうめていくと，
> 　解くことができるだろう

ある子どもがワークシートに書いた My 作戦

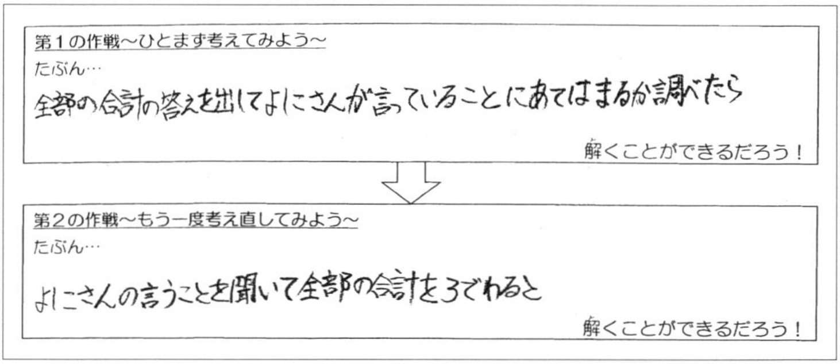
第1の作戦～ひとまず考えてみよう～
たぶん…
全部の合計の答えを出してよにさんが言っていることにあてはまるか調べたら
解くことができるだろう！
第2の作戦～もう一度考え直してみよう～
たぶん…
よにさんの言うことを聞いて全部の合計を3でわると
解くことができるだろう！

時に，「÷ 3」を導き出している。このほかにも「表をうめると……」という作戦をたてた子どもなど，一人ひとり作戦が違う。

STEP 8―自分では納得できなかったことを共有し合う

どの子どもたちもすんなりと表を完成させるところまでは進んだ。前の単元「表の整理」で習得した技能が活用できたことになる。しかし，表はうまったが，「合計 27」をどのように扱っていいのか戸惑った。この 27 という数の意味するところが難しかったようである。ここでわからないふりをするのではなく，みんなの前で納得できなかったことを出し合い，これをスタートとしてみんなでの学び合いを始めるのである。

ハテナカエルで納得できないことを整理

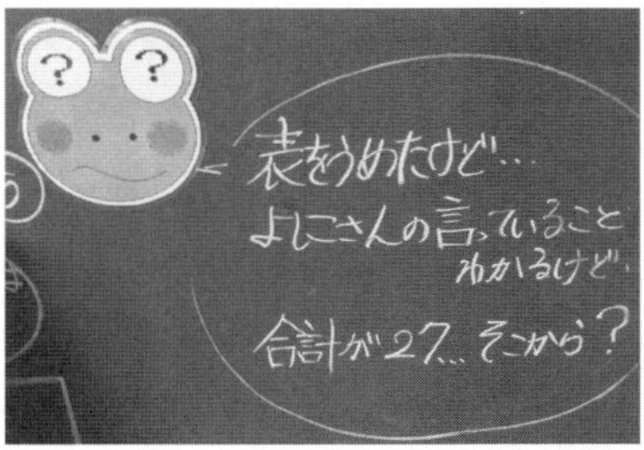


STEP 9―自分なりの自力解決を発表し合う

ワークシートの自分の解答を見ながら全員の前で自分なりの考え方を述べる。子ども一人ひとり思考の道筋が違っているところや，言葉の使い方が違っているところを理解し合うのが学び合うおもしろさである。次のページでは 4 人の子どもの自力解決で導き出した解答を紹介する。

## 一人ひとりが自力解決したワークシート

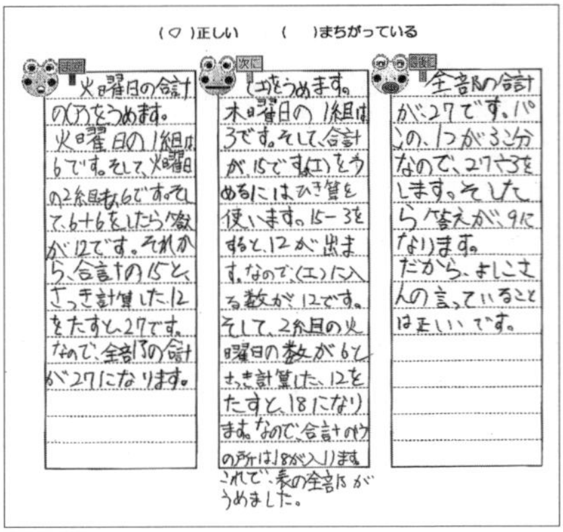

(〇)正しい　(　)まちがっている

まず：火曜日の合計の(ア)をうめます。火曜日の1組は6です。そして、火曜日の2組も6です。それで、6＋6をしたら答えが12です。それから、合計の15と、さっき計算した12をたすと27です。なので、全部の合計が27になります。

次に：(エ)をうめます。木曜日の1組は3です。そして、合計が15です。(エ)をうめるにはひき算を使います。15－3をすると、12が出ます。なので、(エ)に入る数が12です。そして、2組の火曜日の数が6と、さっき計算した12をたすと、18になります。なので、合計の(ウ)の所は18が入ります。これで、表の全部がうめました。

最後に：全部の合計が27です。1この、1つが3こ分なので、27÷3をします。そしたら答えが、9になります。だから、よしこさんの言っていることは正しいです。

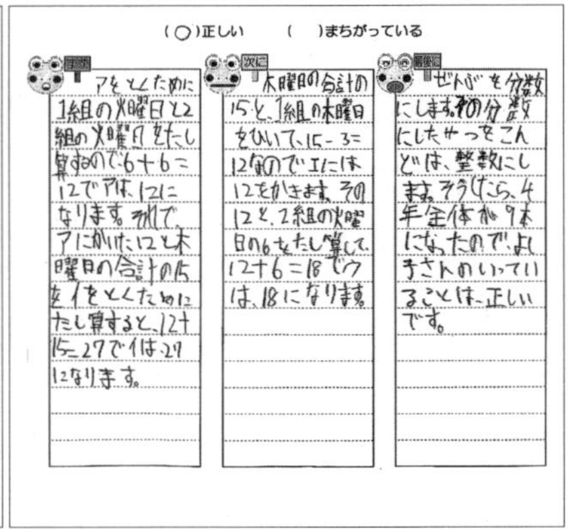

(〇)正しい　(　)まちがっている

まず：アをとくために1組の火曜日と2組の火曜日をたし算するので6＋6＝12でアは、12になります。それで、アにかいた12と木曜日の合計の15でイをとくためにたし算すると、12＋15＝27でイは27になります。

次に：木曜日の合計の15と、1組の木曜日をひいて、15－3＝12なのでエには12をかきます。その12と、2組の火曜日の6をたし算して、12＋6＝18でウは、18になります。

最後に：ぜんぶを分数にします。その分数にしたやつをこんどは、整数にします。そうしたら、4年全体が9本になったので、よしこさんのいっていることは、正しいです。

この子どもは「27 ÷ 3 ＝ 9」の式を使った。この9がよしこさんの9であるかどうかについて言及はされていないが，「正しい」という答えを出した。

この子どもは「全部を分数にします」「分数にしたやつを整数にします」という言葉で9本を導いた。この言葉の意味を説明しないと他の子どもには難しい。

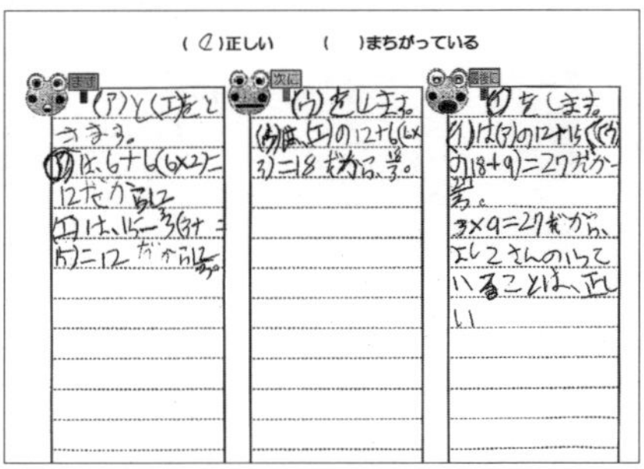

(〇)正しい　(　)まちがっている

まず：(ア)と(エ)をときます。(ア)は、6＋6(6×2)＝12だから12 (エ)は、15－3(3＋ ＝15)＝12 だから12

次に：(ウ)をときます。(ウ)は、(エ)の12＋6(6× )＝18だから、18。

最後に：(イ)をときます。(イ)は(ア)の12＋15(ウ)の18＋9)＝27だから、27。3×9＝27だから、よしこさんの言っていることは、正しい

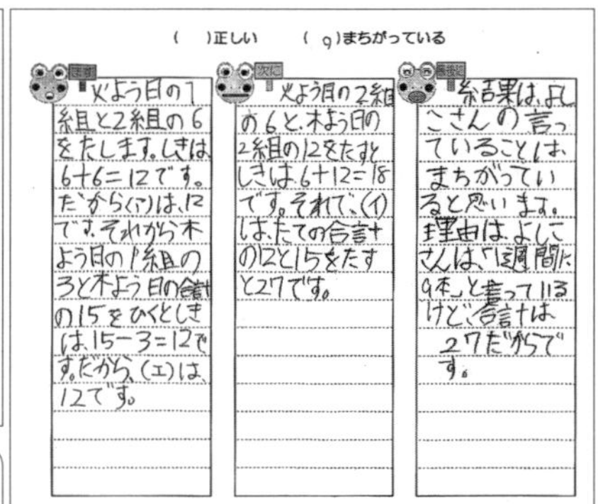

(　)正しい　(〇)まちがっている

まず：火よう日の1組と2組の6をたします。しきは、6＋6＝12です。だから(ア)は、12です。それから木よう日の1組の3と木よう日の合計の15をひくとしきは、15－3＝12です。だから、(エ)は、12です。

次に：火よう日の2組の6と、木よう日の2組の12をたすとしきは、6＋12＝18です。それで、(イ)は、たての合計の12と15をたすと27です。

最後に：結果は、よしこさんの言っていることはまちがっていると思います。理由は、よしこさんは「1週間に9本」と言っているけど、合計は27だからです。

この子どもはクラスで唯一違う解答をした。「最後に」で「3 × 9 ＝ 27 だから」と説明している。これは「もしもよしこさんが正しければ…」という仮定をして計算したようだ。言葉足らずではあるが魅力的な思考をしている。

この子どもは「27」を「27本」と理解し，よしこさんは間違っていると解答した。このように 27 の扱いに困った子どもは他にも多数いた。

STEP 10―納得できないところについてグループで解決し合う

一通り意見が出たところでは，「納得できない」というのが大半であった。ここで，グループ活動を取り入れた。子どもたちが半具体物を操作しながら，「27」の本当の意味に気づくことができるようにグループで学び合うのである。

初めはブロックを並べたり，表をうめたりして進み始めたが，徐々に27の意味を探り始めていく。

「どうして27と出ているのに，9本と言っているよしこさんが正しいのか？」ブロックを3つずつ並べて，その意味を説得していった。

すると，ブロックでの操作を終えたグループが，絵のような図のような簡単な表現方法を使ってまとめ始めた。思考が徐々にクリアになり，その意味を数式で表すように変化していった。このような学びのプロセスを共有していくことはとても大切である。

ブロックを操作しながら学び合う様子

グループで考えをまとめている様子

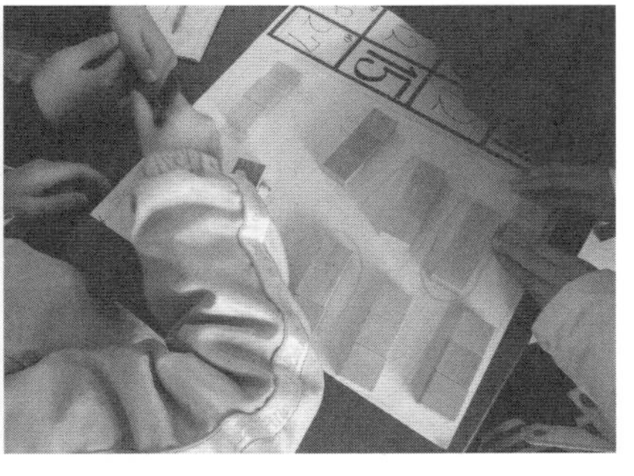

ブロックではなく図で示し始めた様子

操作しながら前で説明している様子

全員での学び合いを終えてできあがった板書

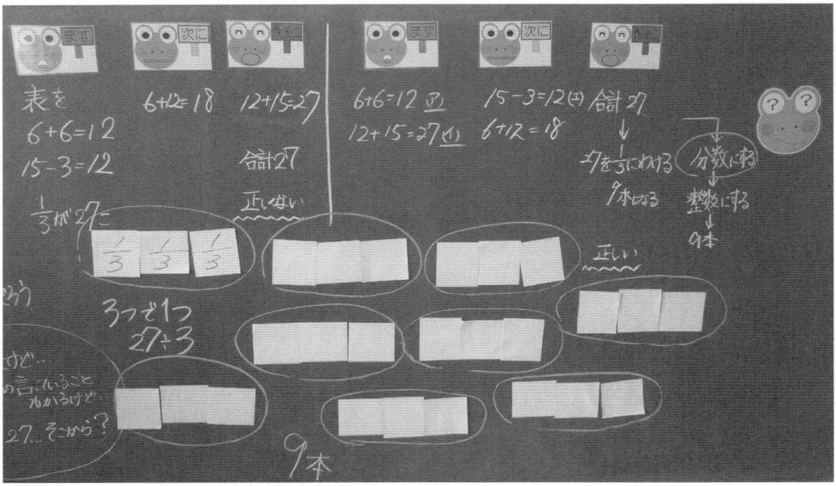


STEP 11―全員で全員納得を目指して解決し合う

グループ活動の後に，全体での学び合いの場を設ける。グループ活動での気づきや学びを自分の言葉で説明するのである。自分のなかに生まれ言葉にして表現することを繰り返していく過程で，思考がとぎすまされていく。自分のなかで納得しているだけでなく，友だちへ表現して理解してもらうのである。人前で自分の考えを述べるのは緊張もするし，恥ずかしさもあるので，説得しやすいようにブロックを大きく黒板用にしたものを用意し，子どもが説得する際の＋αとした。

たとえ同じ内容であっても，みんなに対して自分の言葉で説得することが大切であるので，入れ替わりながら何人かの子どもが発言した。

STEP 12―学び合い解決 Time を自己評価する

ふりかえり①の子どもの言葉には学びがたくさんつまっている。自分の考え方のどこがちがっていたのか，学習を通してはっきりと認識することができている。このような学びの言語化をして，もう一度自分のなかに言葉を刻むことで次の成長へとつながっていく。

学び合い解決後のふりかえり①

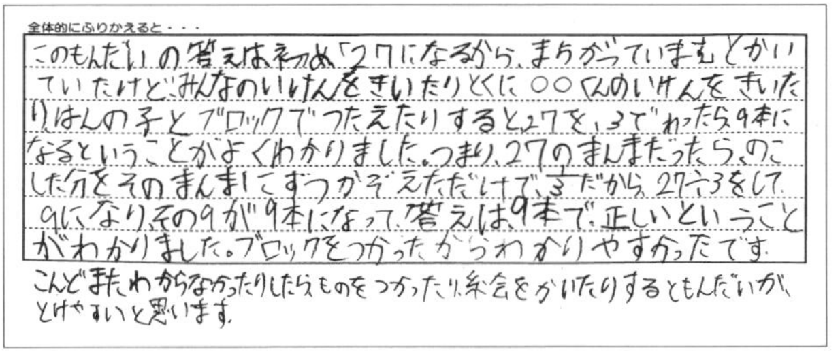
全体的にふりかえると・・・
このもんだいの答えはそつめ「27になるから、まちがっていますとかいていたけど、みんなのいけんをきいたりとくに○○くんのいけんをきいたりはんの子とブロックでつたえたりすると27を、3でわったら9本になるということがよくわかりました。つまり、27のまんまだったら、のこした分をそのまんまにずつかぞえただけで、$\frac{1}{3}$だから、27÷3をして9になり、その9が9本になって、答えは9本で、正しいということがわかりました。ブロックをつかったからわかりやすかったです。
こんどまたわからなかったりしたらものをつかったり絵をかいたりするともんだいが、とけやすいと思います。

ふりかえり②の子どもは「分数ってこういう使い方ができるのだな」と納得したことを書いている。また，「全体」という言葉にこだわることが問題を解くカギであったと振り返っているのである。分数の世界を広げること，言葉の意味にこだわること，どちらもとても大切な学びである。

学び合い解決後のふりかえり②

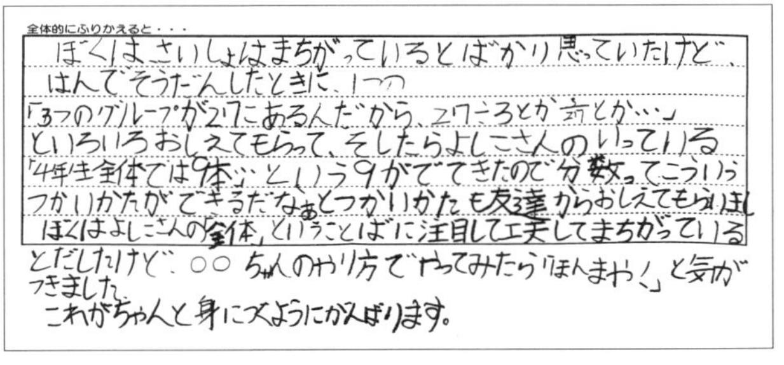
全体的にふりかえると・・・
ぼくはさいしょはまちがっているとばかり思っていたけど、はんでそうだんしたときに、1つの
「3つのグループが27にあるんだから、27÷3とか$\frac{1}{3}$とか…」
といろいろおしえてもらって、そしたらよしこさんのいっている
「4年生全体では9本」という9がでてきたので分数ってこういうつかいかたができるだなぁとつかいかたも友達からおしえてもらいました
ぼくはよしこさんの「全体」ということばに注目して工夫してまちがっているとだしたけど、○○ちゃんのやり方でやってみたら「ほんまや！」と気がつきました。
これがちゃんと身につくようにがんばります。

## （3）評価・熟考 Time

STEP 13―問題解決のために活用したことを考える

ここまで学習してきたことを振り返り，自分たちはどうやって問題を解決したのかということを認識する活動をする。しかし，次のページの板書にあるように，「27 ÷ 9」を使ったと言い出した子どもがいた。この子どもはすべてのことに納得し友だちを説得していた。この子どもは「27 ÷ 3」と「27 ÷ 9」を同じ意味としてまちがってとらえていたようだ。ここで，その意味のちがいに気づきができたことはとてもよかった。活用したことを確かめるという過程で自分の思考の流れを再検討できるということである。自分の思考を評価し認

知することの重要性を示してくれる出来事であった。そして，この評価をふまえ自分の言葉で自己を振り返る次の STEP へと続くのである。

問題解決のために活用した内容

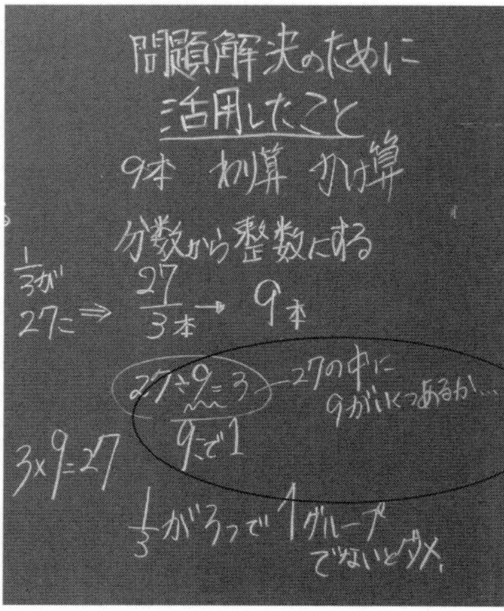

問題解決のために
活用したこと
9本　わり算　かけ算
分数から整数にする
1/3が 27に ⇒ 27/3本 → 9本
27÷9＝3
9で1
27の中に 9がいくつあるか…
3×9＝27
1/3が3つで1グループ でないとダメ。


STEP 14―評価・熟考 Time を自己評価する

次の 2 人の子どもは，「自分がどうしてこの問題を解けたのか？」という視点で，自分の学習を評価している。つまり「なぜ」解くことができたのかということを考えているのである。このように自分についての「なぜ」を考えるこ

なぜ解くことができたのかのふりかえり

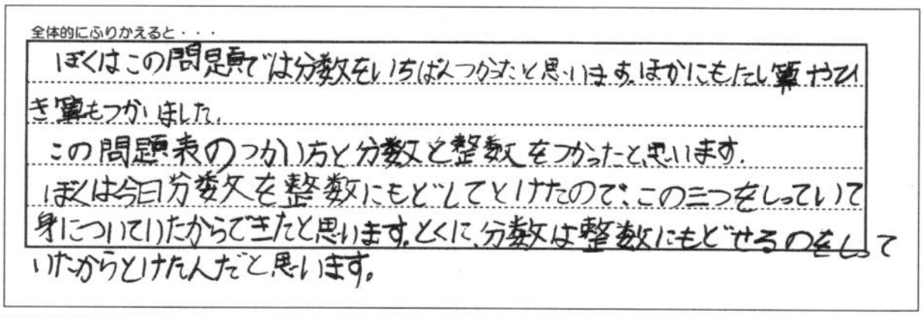
全体的にふりかえると・・・
ぼくはこの問題では分数をいちばんつかったと思います。ほかにもたし算やひき算もつかいました。
この問題表のつかい方と分数と整数をつかったと思います。
ぼくは今日分数を整数にもどしてとけたので，この三つをしっていて身についていたからできたと思います。とくに，分数は整数にもどせるのをしっていたからとけたんだと思います。

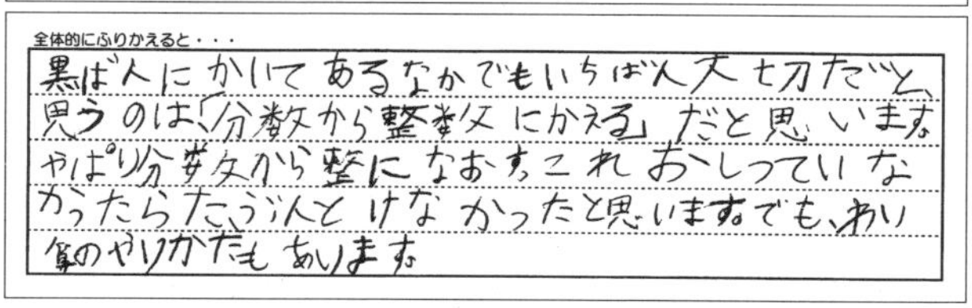
全体的にふりかえると・・・
黒ばんにかいてあるなかでもいちばん大切だと，思うのは「分数から整数にかえる」だと思います。やぱり分数から整になおす，これをしっていなかったらたぶんとけなかったと思います。でも，わり算のやりかたもあります

とは，論理的思考の土台となるはずである。

### （4）レベルアップ解決 Time

STEP 15―活用したい言葉を習得する

ここで一応の学習を終えてもおかしくはない。しかし，くどいようであるが，言葉の力を伸ばすというねらいに立ち戻って，子どもの学びを深めたい。

そこで，この問題を解答する際に必要だと思われる単位や言い回しなど習得させたい言葉を，「$\frac{1}{3}$本のパンが（　）個集まって（　）『　』分のパンになる」「27『　』が残したパンの切れはしは，1 週間に全部で 27『　』になる」などといった穴埋め形式で問うことにした（『　』は単位，（　）は言葉が入る）。なんとなくわかっていても，話し言葉でなんとか伝わっても，書き言葉として論理的に表現する力を求めたい。この STEP によって，言葉の使い方を改めて知り，次の STEP で活用することを目指す。

STEP 16―習得した言葉を活用して再度解答する

同じ問題を解き直すことになるので，正答は知っている。ただ，その正答をどのように自分の言葉を駆使して論理的に表現するのかということが問われる。子どもの解答に単位や接続語がよく使われるようになった。また，「3 分の 1 本のパンが 3 つ集まって 1 本分のパンになるから……」「パン 1 本分は切れはしが 3 つ分です」というように，数が何を表しているのか意識した言葉が使われるようになっている。

そして，記述解答とあわせて，自分の思考をイメージ化するスペースを与えた。自分なりにイメージを書き表すことで，自分の思考の展開を明確にできる。絵を描いたり，簡略化して丸で描いたり，矢印を描いたり，言葉で補足したり，それぞれに自分のイメージを書き表していた。

このように言葉とイメージを往復するような思考の場が子どもたちには必要であるような気がした。言葉から数式へ高く遠くジャンプするのではなく，スモールステップで思考していく思考の仕方を習得する必要があるのではないだろうか。

言葉を活用して再度解答する

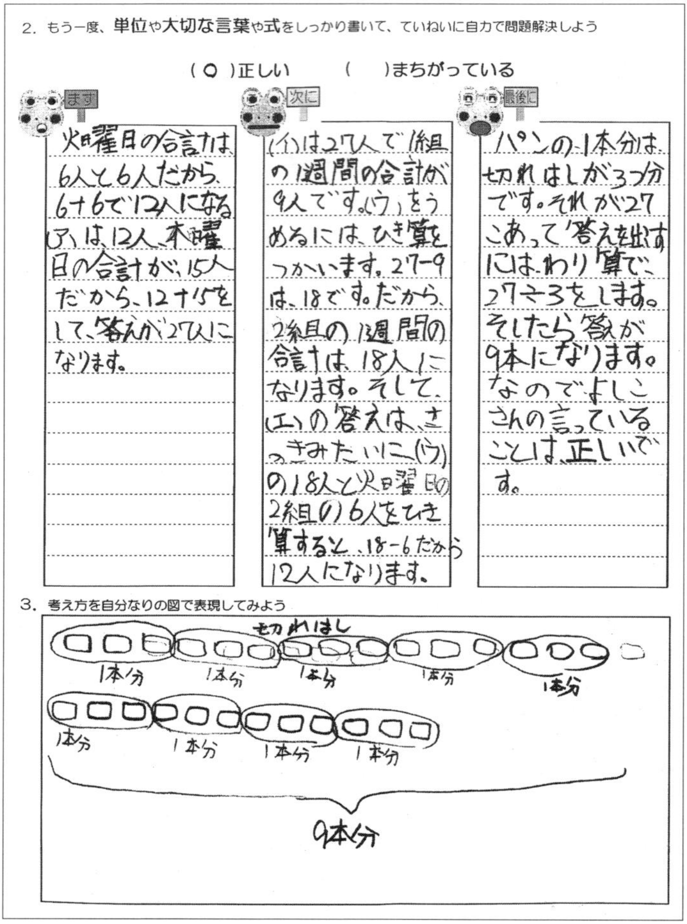
2. もう一度、単位や大切な言葉や式をしっかり書いて、ていねいに自力で問題解決しよう

( ○ )正しい　　( 　)まちがっている

まず

火曜日の合計は、6人と6人だから、6+6で12人になる。(ア)は12人、木曜日の合計が、15人だから、12+15をして、答えが27人になります。

次に

(イ)は27人で1組の1週間の合計が9人です。(ウ)をうめるには、ひき算をつかいます。27−9は、18です。だから、2組の1週間の合計は18人になります。そして、(エ)の答えは、さっきみたいに(ウ)の18人と火曜日の2組の6人をひき算すると、18−6だから12人になります。

最後に

パンの1本分は、切れはしが3つ分です。それが27こあって答えを出すにはわり算で、27÷3をします。そしたら答えが9本になります。なのでよしこさんの言っていることは正しいです。

3. 考え方を自分なりの図で表現してみよう



## （5）活用の習得 Test Time

STEP 17―類似問題を自力解決する

次のページのワークシートを見てもらえばわかるように，問題と解答欄しか書かれていない。最後の類似問題はテスト形式で取り組んだ。問題文の下にスペースを設け，ここに解答までの思考の試行錯誤を書くように指示した。ただし，必

テスト形式で類似問題に挑んでいる様子

類似問題の解答用紙

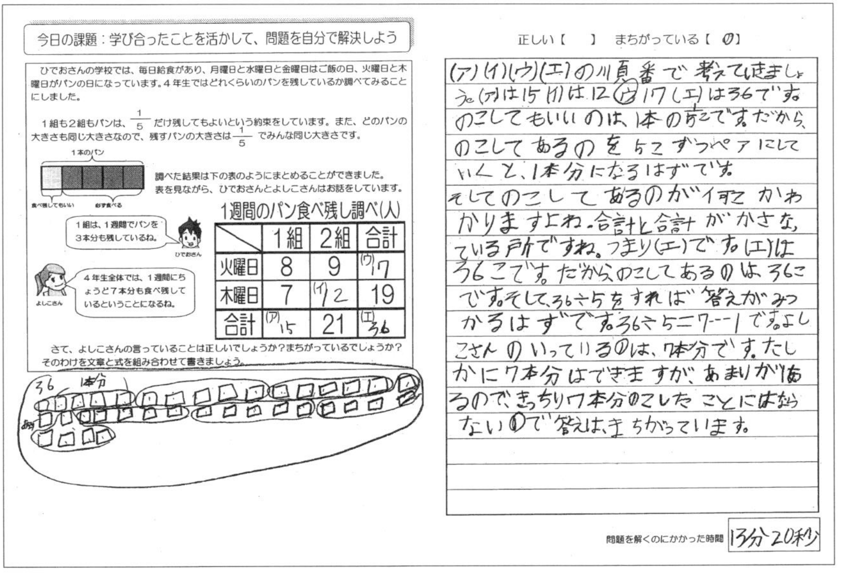

今日の課題：学び合ったことを活かして、問題を自分で解決しよう

ひでおさんの学校では、毎日給食があり、月曜日と水曜日と金曜日はご飯の日、火曜日と木曜日がパンの日になっています。4年生ではどれくらいのパンを残しているか調べてみることにしました。

1組も2組もパンは、$\frac{1}{5}$ だけ残してもよいという約束をしています。また、どのパンの大きさも同じ大きさなので、残すパンの大きさは $\frac{1}{5}$ でみんな同じ大きさです。



調べた結果は下の表のようにまとめることができました。
表を見ながら、ひでおさんとよしこさんはお話をしています。

1週間のパン食べ残し調べ(人)

| | 1組 | 2組 | 合計 |
|---|---|---|---|
| 火曜日 | 8 | 9 | (ウ)17 |
| 木曜日 | 7 | (イ)12 | 19 |
| 合計 | (ア)15 | 21 | (エ)36 |

1組は、1週間でパンを3本分も残しているね。
ひでおさん
4年生全体では、1週間にちょうど7本分も食べ残しているということになるね。
よしこさん



さて、よしこさんの言っていることは正しいでしょうか？まちがっているでしょうか？そのわけを文章と式を組み合わせて書きましょう。

正しい【　】　まちがっている【〇】

(ア)(イ)(ウ)(エ)の川頁番で考えていきましょう。(ア)は15(イ)は12(ウ)17(エ)は36です。のこしてもいいのは、1本の5こです。だから、のこしてあるのを5こずつペアにしていくと、1本分になるはずです。そしてのこしてあるのが何こかわかりますよね。合計と合計がかさなっている所ですね。つまり(エ)です。(エ)は36こです。だからのこしてあるのは36こです。そして、36÷5をすれば答えがみつかるはずです。36÷5=7…1です。よしこさんのいっているのは、7本分です。たしかに7本分はできますが、あまりがあるので、きっちり7本分のこしたことにはならないので答えはまちがっています。

問題を解くのにかかった時間　13分20秒

要がなければ書かなくてもよいとした。この子どもは自分で図を書いてから記述欄へ進んでいた。このように図を描いた子どもは他にも多く，また，カルタを自分で作って情報を整理する子どももいた。思考の型が少し習得できてきたように感じた。

STEP 18―答え合わせをする

STEP 19―単元全体を自己評価する

## 5　振り返りと今後の課題

最後となる STEP 19 の自己評価を 2 つ紹介しながら本単元を振り返ることにする。

「一番初め習った時は，ぜんぜんわからなかったけど，人に教えてもらったりしてると，だんだんわかってきて図で書いてあるととても分かりやすかったです。とてもむずかしいものもあればかんたんなものも，友だちと学び合ったから分かってこれたと思います。一番むずかしかったのが表の問題を一人で考える時です。答えはでても，書きかたや，考え方をどうするか，まよったりしていました。そして，休み時間をつかったりして最後まで分からなかったけど，自分の分からないという考えを，みんなの前で発表してりかいすることが多かったからよかったです。分からなくても，分からないという考えをみんなに伝えて，りかいする方がいいと思いました。分からなくてもはずかしがらずに，みんなの前で発表してもだれも笑ったりしないから，ちゃんと自分のいけんをみんなの前で初めて発表できてじぶんもとてもうれしいです。みんなもじぶんのいけんをいっているから，これからもじぶんのいけんをいったらいいと思いました。」

「ぼくは分数でこのごろは頭がいっぱいでした。

さいしょやったときはすこししか自信がなかったけど，みんなで高め合ったり学び合ったりしていたら，わかってきたし楽しくなってきました。

ぼくが社会人になったときや大人になったときに活用できるようにもっと算数をがんばっていきたいです。

とくに表がまざった分数や小数がまざったりした問題もあったけど，むずかしいからおもしろいんだと思います。」

活用学習は習得学習に比べて高度な学習である。そのためどうしても「わからない」ということがどの子どもにも起こってくる。

この「わからない」を教師が活用することができなければ，子どもたちにとって活用学習は「ただの苦痛の時間」になってしまう。

しかし，「わからない」を活用できれば，上の自己評価を書いた子どものように「むずかしいからおもしろいんだ」という“学ぶおもしろさ”を感じることができる。

このような実感がもてる活用学習にするために，全員が学び合えるための Small Step で，多様な思考を深め合える教師の授業力が必要である。これからの私自身の大きな課題である。

（竹本晋也）

# 4 単元名　グラフを関連づけて考えよう
教材名　身長の変化と身長の伸び*
学　年　第5学年

## 1 この単元のねらいと特徴

これまでの算数科における活用学習のイメージは，単元の学習終了後に，身近な題材を用いて既習事項を適用する応用的な学習ではなかっただろうか。単元学習で培った文脈の範囲で，既習事項を適用して問題解決できればよいと指導者も判断していたのではないだろうか。本単元では，第5学年までの数量関係の統計領域の学習を終えた段階で，新しい文脈による問題提示を行い，新たな数学的な見方・考え方や表現の型を獲得するとともに，既習事項の概念理解の深まりをめざすこととした。

本単元の特徴は，次の2点である。

ひとつめは，この単元で扱った問題は，2008年4月に行われた全国学力・学習状況調査問題の〈B問題5〉に出題された問題をそのまま扱っていることである（次ページ参照）。身長の変化を表す折れ線グラフと身長の伸びを表す棒グラフの相違点を，グラフの特徴をもとに言葉や数を用いて記述することが求められている。その際，折れ線グラフの傾きと変化の依存関係に着目し，その規則性を根拠として，正しい理由や正しくない理由を明確に説明する必要がある。

2つめは，テストなら10分程度で解かなければならない問題であるが，これを全4時間の単元として扱い，算数科における活用学習の実践モデル（田中博之氏）に基づき，思考力・判断力・表現力を十分に身につけようとするものである。活用問題においても，友だちと協働しながら自力解決学習を進め，自ら

＊『身長の変化と身長の伸び』は，「2008年　全国学力・学習状況調査問題」B問題5を基本とした筆者オリジナル教材。

## 「2008年 全国学力・学習状況調査問題」B問題5

**5**

洋平さんの学校では，毎年４月に身長を測っています。
保健の学習で，学年ごとの身長を次のように表にまとめました。

**洋平さんの学年ごとの身長**

| 学年（年） | 1 | 2 | 3 | 4 | 5 | 6 |
|---|---|---|---|---|---|---|
| 身長（cm） | 110 | 114 | 121 | 129 | 138 | 144 |

そして，上の表を見て，身長を下の折れ線グラフに表しました。

**洋平さんの学年ごとの身長**

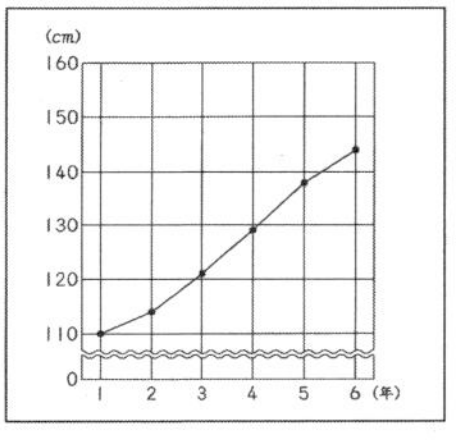


(1)　洋平さんは，身長が学年ごとにどのくらいのびたのかを表で調べ，身長ののびを棒グラフに表しています。

５年生から６年生までの身長ののびは，何cmですか。答えを書きましょう。

また，**解答用紙**に棒（▨）をかいて，棒グラフを完成させましょう。他の棒と同じように，棒の中にななめの線を入れてかきましょう。

**洋平さんの学年ごとの身長**

| 学年（年） | 1 | 2 | 3 | 4 | 5 | 6 |
|---|---|---|---|---|---|---|
| 身長（cm） | 110 | 114 | 121 | 129 | 138 | 144 |

のび（cm）　4　7　8　9　□

**洋平さんの学年ごとの身長ののび**

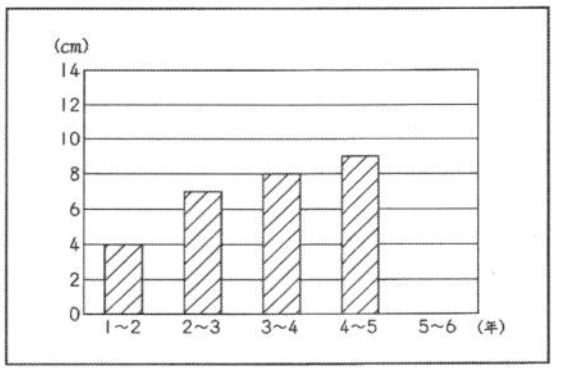


棒グラフの「１～２」は，「１年生から２年生まで」を表しています。

右の折れ線グラフは，洋平さんと同じ学級の京子さん，幸二さん，直美さん，健太さんの４人のうち，ある１人の身長を表しています。

**□さんの学年ごとの身長**

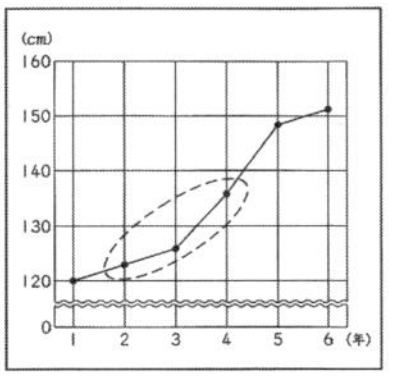


下の棒グラフは，４人の学年ごとの身長ののびを表しています。

**1　京子さんの身長ののび**

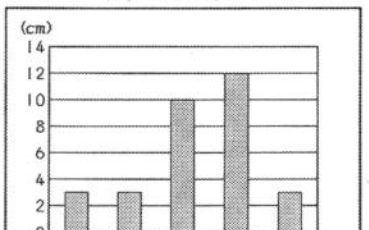


**2　幸二さんの身長ののび**

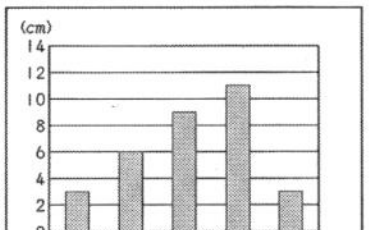


**3　直美さんの身長ののび**

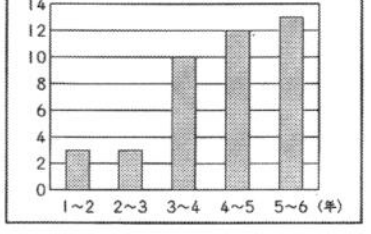


**4　健太さんの身長ののび**

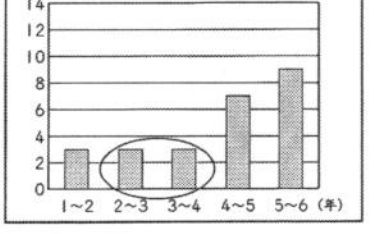


左のページの折れ線グラフが，だれの身長を表したものかを考えます。

(2)　洋平さんは，折れ線グラフの◌の部分と，棒グラフ**4**の◯の部分を見て，次のように言いました。

折れ線グラフの◌の部分と，
棒グラフ**4**の◯の部分を見ると，
折れ線グラフは，健太さんの身長を
表したものではないことがわかります。

洋平さんが，「健太さんの身長を表したものではない」とわかったのは，折れ線グラフの◌の部分の変わり方と，棒グラフ**4**の◯の部分の身長ののびを比べて，どのようなちがいがあるからですか。それぞれのグラフを見て，そのちがいを，言葉や数を使って書きましょう。

(3)　左のページの折れ線グラフは，健太さんの身長を表したものではないことが，(2)でわかりました。

左のページの折れ線グラフは，京子さん，幸二さん，直美さんの３人のうち，だれの身長を表したものですか。左のページの **1** から **3** までの中から，あてはまる人の身長ののびを表している棒グラフを１つ選んで，その番号を書きましょう。

納得したり他者を説得したりする指導を充実することが大切である。そのためには，既習事項を自ら振り返り，結果や解決方法について見通しをもち，個人または学級全体として，多様な考え方で問題を解決することが望ましい。さらに，事実の説明あるいは理由や手順の説明の仕方を身につけることで，話し合いが活性化され，よりよい考え方に練り上げていくことができる。このようにして，子どもの考え方や表現の仕方のよさを他の子どもも感得できるような単元構成とした。

## 2　活用型学力をどうとらえたか

活用型学力について，田中氏は，「活用型学力とは，基本的には，思考力・判断力・表現力である。どのような既有知識・技能を活用すれば問題が解決しそうか活用の見通しを立てる力や，自分にはどのような活用力がついたかといった自己の活用力を自己評価する力が大切になる」と述べている。

そこで，田中氏の「活用問題の 10 の条件」（本書 p. 16）を参考に，算数科活用学習の単元モデル（図）を作成し，それに沿って単元を展開することとする。モデルでも示すように，問題を「よみかた」のサイクルで解く。まずは，問題を読み（よ），解決への見通しを立てる（み）。自力で解決し（か），どのように解いたかクラスで解き方を交流する。これらの学習を振り返り，活用する力がついたかどうか確かめる（た）。

簡単にこのモデルの特徴について説明する。

ひとつめは，「問題解決型学習」を行うこと。問題に出会い，どんな既習知識が活用できるのか，どのような順序で解決すればよいかを考え，自力解決することである。絶えず，今もっている自己の力を振り返り，もっている力を生かして何ができるか考えることを習慣化できると考えるからである。

２つめとして，できるだけ多様な考え方，答えへの迫り方があるような問題を設定し，「友だちとの交流場面」を大切にする。それによって数学的な見方・考え方の広がりや深まりが期待できる。出された解決方法を「わかりやすく，簡単で，いつでも使える」という見方で判断し，練り上げをすることで，よりよい考え方を生み出していくことがきると考えている。

３つめとして，「思考や解法の型」を用いて自力で問題解決することである。今回は「三段階思考法」という思考の型と「消去法」という解法の型を用いる。これは，決してテストを解くための方策を教えているのではない。思考や解法の型を身につけていることで，解決困難な場面でも自力で解決しようとする力につながると考えているのである。

４つめとして，「言葉での論証」である。自分の考えを数式だけで書くのではなく，解決した道筋を文章や式を用いて書くように指導する。どんな言葉を用いてどのように表現すれば人を説得できるのかを考え，数学的な表現を用いて的確に自分の解決方法を表現する力を育てたいと考える。

５つめとして「自己の成長の振り返り」をすることである。自分の学習の過程を振り返り，活用型学力が身についたかどうか振り返るとともに自己満足感や自己肯定感を高めていきたいと考える。

では，活用型学力を育てるためには，どのような問題設定をすればよいのだろうか。算数科の学習における活用型学力の育ちは，どのような問題を提示するかに大いに依存しているといってよいだろう。なぜなら，問題の提示そのもので，どのような活用型学力の育ちをめざしているのかがわかるからである。

そこで，田中氏の活用問題の10の条件を元にしながら，活用型学力を育てる算数科の学習における活用問題の要素を６つ設定した（p. 234 の表参照）。

この６つの要素を元に，何をどう活用しているのか，そして活用問題の特徴について考えることで活用型学力をとらえる。

まず，活用問題は，「２つ以上の既習知識・技能を組み合わせて解決する問題」であるといえる。今回の場合は，折れ線グラフ（４年生）と棒グラフ（３年生）で習得した学びを活用している。折れ線グラフと棒グラフそれぞれのデータを読み取る学習は，十分に習得されているべきことであろう。しかし，この活用問題の場合，折れ線グラフによる身長の変化と棒グラフによる身長の伸びが関係づけられている。折れ線グラフの傾きと棒グラフの高さの一致に気

## 算数科における活用学

### 1．ねらい

活用問題の学習は，基本的に単元の終末に位置づける。そのねらいは，単元の数学的な見方・考え方や知識について定着を図るとともに，他領域や実生活との関連についての新たな見方・考え方を得るためである。

子どもが元の問題の条件を変化させることで新たな問題設定を想定することができ，問題解決能力を一層伸ばすことをめざす。

**活用問題の条件**

①日常生活や調査研究の場面での問題解決の状況に位置づけられている問題
②２つ以上の既習の知識・技能を組み合わせないと解けない問題
③複数の資料を比較して考えることが必要になる問題
④三段階思考法など思考や解法の型を用いる必要のある問題
⑤多様な考え方で問題解決ができる問題
⑥論証の結果を言葉と式を組み合わせて書くとよくわかる問題
（問題解決にとって不必要な情報や誤情報が含まれることがある。）

### 2．活用問題の学習過程モデル

| （段階） | （学習過程） | （評価と指導） |
| --- | --- | --- |
| | ⓪活用問題に必要な数学的な見方・考え方の確認をする。<br>（単元末に設定） | ＊必要に応じて１時間とって，既習事項を整理する。（パソコンなど情報機器の利用が効果的な場合も！） |
| よ<br>読み取り | ①問題の内容を読み取る。 | ＊分かっていること，問われていることを整理する。 |
| み<br>見通し | ②見通しをもつ。 | ＊既習事項を想起させ，どんなアイテム（数学的な見方・考え方，知識，表現方法など）を活用し，どんな解決過程をふむか考える。<br>＊見通しをもてている児童が８割から９割以上の場合，見通しのもてない児童への個別指導を行い自力解決へ。逆に，見通しをもてない児童が多い場合は，見通しにつながるような助言を行うか，見通しの交流を全体で行う。 |
| か<br>解決 | ③三段階思考シートを用いて自力解決を行う。<br>（三段階に考え方をまとめる） | ＊「まず」「次に」など，順序を表す接続詞や「最終的に」「ありえない」など論証につながる言葉や，式，図も使い根拠を示しながら説明するよう指導する。不十分な場合は，実際の言葉や図の例を示し，説明の仕方への見通しをもてるようにする。 |
| | ④友だちと解決方法について交流する。（グループ交流３人）<br>（友だちってすごいな！を大切に） | ＊司会を立てて自分の考えを伝える。<br>＊わかりにくいところも含めて伝えるよう指導する。<br>＊不十分な場合は，司会カードの対話のモデル（型）を示しながら，交流が進むようにする。 |

## 習の実践ガイドライン

（授業のポイント）
このあたりで，１時間の区切れがあると思われる。指導者は，この間に，児童がどんな考えをもっているのか十分把握するよう努める。次に，誰のどの考えをどの順番に取り上げるかあらかじめ考えておく。
できれば，簡単な考え方から，より数学的に価値の高い考え方の順に取り上げ，それぞれのよさが十分感じられるように話し合いの構成を考える。
時間が必要となるかもしれないが，普段以上に子どもの思考の流れにそって，つまずき，とまどい等も大切に授業を構成する。

た
確かめ

⑤それぞれの考え方を全体交流する。

きらり論証言葉！

＊ホップ，ステップ，ジャンプで，区切りながら，友だちの考えをしっかりキャッチできるようにする。（提示装置があればなおよい。）不十分な場合は，確認してていねいに進める。
＊友だちの考えをシートにまとめる。
＊きらっと光る論証言葉を取り上げ，カルタにまとめ常時掲示する。

⑥それぞれの考え方のよさを「わかいまま」で考える。

作戦のよさ

＊司会を立て，それぞれの考えのよさを「わかいまま」で考え，それぞれのよさを記入する。
＊「どれがいいか」の欄に自分にあったやり方はどれか，なぜそれを選んだのか理由を書く。
＊どのやり方のどんな点がよいのかがはっきりするようポイントを板書する。不十分な場合は例を挙げて説明する。

⑦―１
類似問題を解く。

⑦―２
問題を作る。
算数物語にする。

⑧成長の振り返り
どんな力がついたか振り返り確かめる。

ついた力を認識

＊⑦―１
類似問題を解くときには，自分が行った解決方法とは違う解決方法で解くこととする。
＊⑦―２
問題を作るときは，問題作りの型を提示する。
「もしその数値（場面）でなければ……。」
1）問題場面は同じにして，数値だけを変える。
2）数値は同じで，問題場面を変える。
3）問題場面，数値ともに変える。
自分で作った問題に模範解答を200字以内でつける。

＊⑧成長を振り返る。

算数科における活用型学力の育ち（数学的な思考力，判断力，表現力）
（算数科の力だけでなく，普段活躍しにくい児童の柔軟な発想を認めることもできるので，学級力を育てる上でも有効である。）

**活用問題の要素**

| |
|---|
| （生活場面の活用）<br>①日常生活や調査研究の場面での問題解決の状況に位置づけられている問題<br>（思考や解法の型を用いる）<br>②２つ以上の既習の知識・技能を組み合わせないと解けない問題<br>③複数の資料を比較して考えることが必要になる問題<br>④三段階思考法など思考や解法の型を用いる必要のある問題<br>（判断に関わる）<br>⑤多様な考え方で問題解決ができる問題<br>（表現の型を用いる）<br>⑥論証の結果を言葉と式を組み合わせて書くとよくわかる問題<br>＊問題解決にとって不必要な情報や誤情報が含まれることがある。 |

づくことが大切な数学的見方・考え方である。

次に，「思考や解法の型が必要となる問題」であるといえる。前述した２つの既習知識・技能の活用があり，さらに資料が複数あることで，段階を踏んで，解答を導かなければならない問題構成となっている。考え方や解法に型があると子どもたちはより主体的に問題解決ができる。

さらに，思考や方法の違いで解決方法が複数導かれる問題である。「どの方法が，簡単で，わかりやすく，いつでも使える方法なのか」という視点で解決方法のよさについて判断し，根拠にした考え方や，解答に導く順序などについて話し合うことで，数学的な見方・考え方に広がりや深まりを求めることができる。

## 3　単元構成の工夫と活動の流れ

【単元構成の工夫】

①単元を展開するにあたり必要となる見方・考え方を単元の初めに体験的に確認しておくこと

・身長の変化を表す折れ線グラフの傾きが，身長の伸びを表していることをデジタルコンテンツ（パソコン）で確かめることで，見通しをもって問題解決することができる。

②三段階思考法で考え，言葉による論証を行うこと

- この場合，三段階思考法を用いて，棒グラフか折れ線グラフどちらのグラフのどの部分を見てどう判断したのかを全員が「ホップ・ステップ・ジャンプ」の3つのステップで考えを積み上げていく三段階思考シートを用いて問題を解決する。あえて三段階に書かせることにより，次の段取りを考えながら問題解決を進められると考えたからである。一気にやろうとして悩んでしまう子どもたちも，段階をふむことで，自力解決を進めやすくなると考えた。

③友だちの解決方法を整理しながらよさを考えること

- 様々な解決方法について，どの方法がどのようによいのか「簡単」「わかりやすい」「いつでも使える方法」の視点で考えることができる。

④論証のための言葉を用いて，自分の考えを的確に表現すること

- 解決の過程やなぜその方法を使ったのかなど，道筋や理由を論証するとき使った効果的な言葉をまとめる。

【活動の流れ】（次のページを参照）

## 4　指導の実際と子どもの学び

### （1）既習知識・技能を確認する

身長の変化を表す折れ線グラフと身長の伸びを表す棒グラフの関係をよりわかりやすく理解するために，学年ごとの身長の数値を入力すると，のびの棒グラフが変化するようなデジタルコンテンツを作成し，自由に操作をしながらその関係について学んだ。

たまたま同じ数値を入力した子どもがいた。すると棒グラフが0となった。「そうか，伸びがないと，棒グラフは0だ。それに，傾きもないのか」と驚いた。このように，伸びの量が大きい（小さい）と傾きは急（ゆるやか）になること，傾きが同じということは，伸びが同じなので，棒グラフは同じ高さになることなどを見出した（ワークシート1）。

【活動の流れ】

学習過程

習得

**第1次　1時間**

〈活用する既習知識・技能の確認〉
- デジタルコンテンツを操作し，身長の変化を表す折れ線グラフと伸びを表す棒グラフの対応関係を理解する。

デジタルコンテンツ利用

活用の過程

**第2次　2時間**

〈問題を解く〉
- 問題を読み，問われていることを理解する。
- 問題を解くための見通しを立てる。
- 自力で解決する。

〈解決方法を小グループで交流〉
- 自分の解決方法を説明する。
- 友だちの解決方法を知る。
- わからないことを質問する。

〈解決方法をクラスで交流する〉
- いくつかの方法を伝え合う。

対　話　力

**第2次　1時間**

〈単元のまとめ〉
- 解決方法のよさを考える。
- 論証キラリ言葉を探す。
- もう一度解決方法をまとめなおす。
- 活動を振り返り，ついた力を確かめる。

作戦のよさカルタ

論証キラリ言葉カルタ

## （2）問題との出会い

問題(3)を読む。その瞬間，「解いていい？」と子どもたち。この問題を解くにあたっての基礎的な考え方を確認できているため，答えにたどりつくまでの見通しをもつことができた子どもが多かった。しかし，提示されている資料が複数あり，どのように解けばよいか迷っている子どももいるため，見通しの交

パソコンで折れ線グラフと棒グラフの関係を学ぶ

ワークシート1

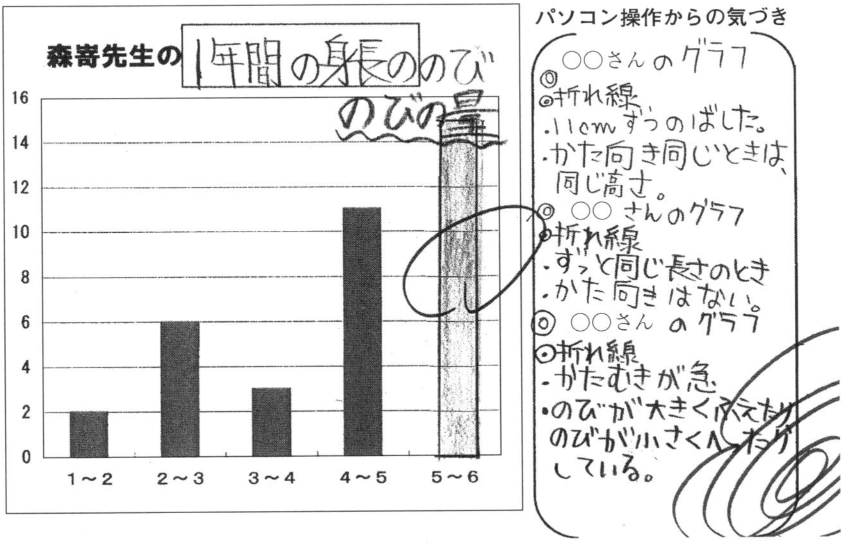

森寄先生の 1年間の身長ののび
のびの量
16
14
12
10
8
6
4
2
0
1～2
2～3
3～4
4～5
5～6
パソコン操作からの気づき
○○さんのグラフ
◎折れ線
・11cmずつのばした。
・かた向き同じときは、同じ高さ。
◎○○さんのグラフ
◎折れ線
・ずっと同じ長さのとき
・かた向きはない。
◎○○さんのグラフ
◎折れ線
・かたむきが急
・のびが大きくふえたりのびが小さくへったりしている。


流を行う（ワークシート2）。そうすることで，全くどうしていいかわからない子どもも，真似てみるところからはじめられる。

### （3）自力解決

5～6年，1～2年，3～4年の順や，1～2年，3～4年，5～6年の順な

見通しの交流（ワークシート2）

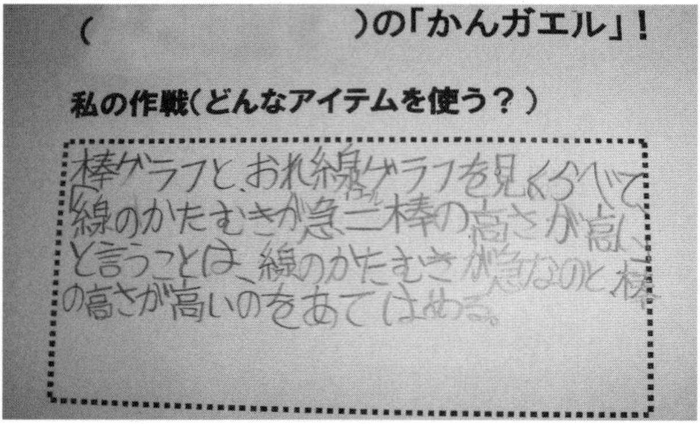

（　　　　　　）の「かんガエル」！
私の作戦（どんなアイテムを使う？）
棒グラフと、おれ線グラフを見くらべて
線のかたむきが急＝棒の高さが高い
と言うことは、線のかたむきが急なのと棒
の高さが高いのをあてはめる。

自力解決　合致法（ワークシート3）

ぞうきんしぼり

⇒のびが同じはず

一直線…のびが同じ
かくにんをする

かたむきが小さいとゆるやか。
かたむきが大きいと急
と言う関係を使った。
どれがいいかな？それは、なぜ？
私がいいと思ったのは、○○さんのしぼり法です。実は私もその方法です。私も5－6年の所からやったし、さいごに1㎝と2があって、ほぼ同じで、それにはやくできるから、しぼり法がいいと思いました。

板書例

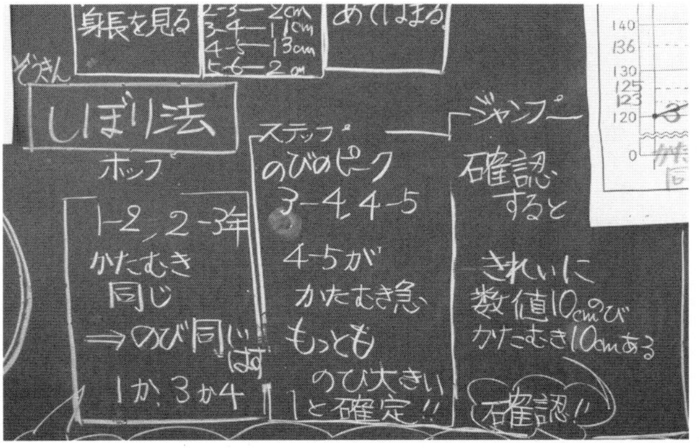

身長を見る
3-4—11cm
4-5—13cm
あてはまる
しぼり法
ホップ
1-2，2-3年
かたむき
同じ
⇒のび同じはず
1か，3か4
ステップ
のびのピーク
3-4，4-5
4-5が
かたむき急
もっとも
のび大きい
と確定!!
ジャンプ
確認すると
きれいに
数値10cmのび
かたむき10cmある
確認!!


ど自分がわかりやすいと思う所から順番に合致するものを考えていく子どもや，「まず，これはありえない！」と消去法を思いつき，絶対に解答にならないものを消しながら，答えを探す子どもなど様々であった。

三段階思考ワークシートに書かせ，解決の順序を意識させた。「まず，次に」という順序を表す言葉も駆使し，三段階になるように考え方を組み立てていく。そこに順序があることが，子どもたちの大きな思考の手がかりになる。

### （4）小グループやクラスでの交流

自力解決後は，小グループでの交流を入れる。相手意識をもって自分の考えを伝えることにより，自分のはっきりとわかっているところと理解が不十分なところがわかる。また，友だちから質問されることで，自分の考えをより確かなものにできるだろう。友だちが考えた方法をこうして小グループで交流することで，その考えに感動したり，質問して友だちの考えをより深く理解することができる。何となく不安だった子どもも自分の解決が友だちと同じであると，安心感もある。

その後，「○○くん・さんのかんガエル」として，クラスの主だった意見を発表させた。

三段階思考ワークシート

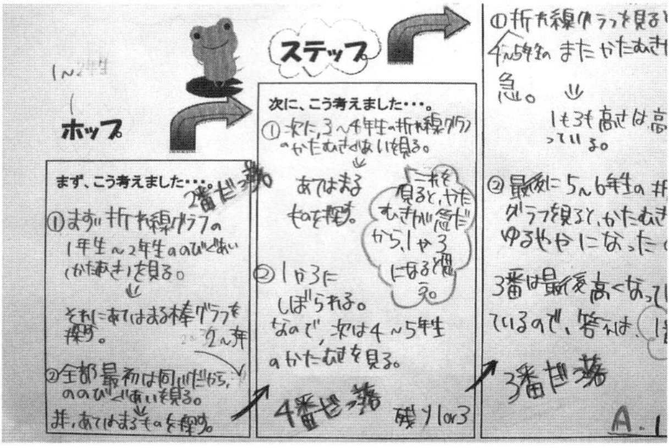
ホップ
ステップ
まず、こう考えました・・・。
次に、こう考えました・・・。

## （5）友だちの考えのよさを発見する

友だちの考えを板書でカルタに整理する。それぞれの方法について「わかいまま」で考える。「わ」はわかりやすい方法,「か」は簡単な方法,「い」はいつでも使える方法,「ま」は前に習った方法,「ま」はまとめると同じ方法である。その「わかいまま」の判断基準でどれがどのようによい方法かについて判断させる。折れ線グラフにあてはまる棒グラフをのびと合致させて考える「ぴったり法」, 明らかにちがうところを探し消していく「消去法」が解決のほとんどをしめた。

今回の解決方法のなかで，みんながとても驚いた考え方は，折れ線グラフから伸びの合計を出し，棒グラフの伸びの合計と合致するものを選び出す「合計法」という方法だった。この問題の場合，のびの合計が折れ線グラフと棒グラフで一致するものは１つだけだったのでとてもよい考え方だったと言える。しかし，合計の一致は身長の変化と必ずしも一致しないので「いつでも使える方法」とは言えないところまで吟味されるとよりよかったと感じた。

## （6）言葉と文章で論証する

三段階思考ワークシートを用いて，言葉と文章で説明するようにした。必然

友だちの解決カルタ

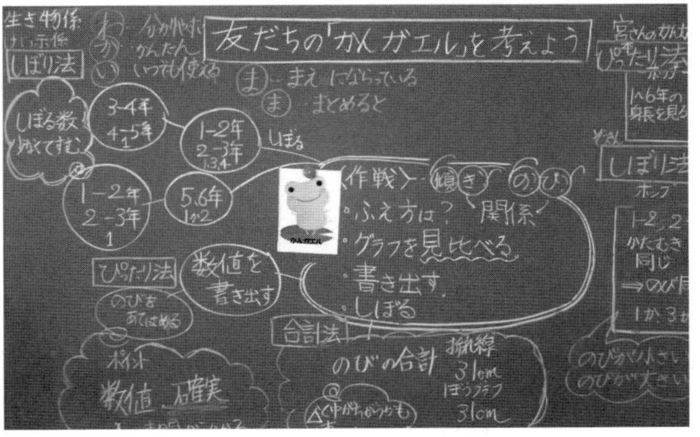


的に順序を表す言葉を子どもたちは使っていた。また，消去法をやる子どもは，「……はまずない」や「……はありえない」などの言葉を使って，根拠に基づき，自分の考えを書いていた。このように論証のときに使うと相手によく伝わるだろうという言葉を「論証キラリ言葉」とし，カルタにまとめる。

それらの言葉にも着目させ，単元のまとめの段階で，この問題の解答を自分なりに書かせる。意識的に論証キラリ言葉を使って書くことが大切である。

## 5　振り返りと今後の課題

子どもたちは，この活用学習で初めて三段階思考ワークシートを使った学習に取り組んだ。自分の解決方法を本当に３つに分けて書けるのだろうかと心配したが，子どもたちは日ごろから問題解決型の学習を行っているので，特に戸惑いを感じることなくシートを埋めることができ，自分で解けた達成感も味わうことができた。その根底で国語科の学習と密接に関わっていることが明らかになった。なぜなら，学習を終えた振り返りでは，ある子が「国語の勉強をしているみたいでした。はじめに，次にと順番に解いていく途中を説明していくと，解けちゃった」という感想を述べているからである。「どうして国語の勉強をしているみたいなの？」と尋ねると，「1学期に説明文を読んで，その後に同じように説明文を自分で書く勉強があった。そのとき習ったことを使ったらよかったから」と答えた。つまり，自分の考えを伝えるにあたり，国語科で人を説得するための技術を並行して学んでいることが土台となっているのである。

同時に，課題も見えてきた。

### （1）活用学習スタイルの定着

問題1問にかける時間である。問題に入る前に既習知識・技能の確認，自力解決，交流，解答をもう一度書くところまでで，4時間を要した。同じ問題を4時間扱うと，「まだするの？」というような反応もあった。活用学習は，解き方，論証の仕方，どのような力が身についたかを考えることまでが必要な力であると考えており，この学習のよさを子どもたちと共に実感し，学習スタイルを作り上げ，定着させるための単元構成の工夫が大きな課題である。

### （2）問題を終えた後の課題設定

今回は，身長と伸びの問題について，友だちの考えのよさを考えた後，自分の解決方法をもう一度論証キラリ言葉を使って書く活動を設定した。1題に対し時間をかけて学習を進めているので，問題に飽きがくるころでもあるが，問題を終えた後には，学んだことを類題で生かしたり，学んだことで問題づくりを行ったりするなど，多様な学習活動が考えられる。学習内容や身につけさせたい力によって違いはあると思われるが，活用学習の終末がどのようなスタイルで行われることが子どもたちにとってふさわしいかについてさらに研究を進め，活用型学力をさらにつけていきたいと考えている。

次の実践5と6で，自作の活用問題を用いた授業の事例もあるので参考にしていただきたい。

（森嵜章代）

# 5 単元名　棒グラフと円グラフの活用
教材名　農業生産額*
学　年　第5学年

## 1 この単元のねらいと特徴

本単元の活用問題の主なねらいは以下の３点である。

まず，本単元の活用問題は，2008年度全国学力・学習状況調査の算数Ｂ問題をもとにした問題であり，ひろしさんの言っていることに対する自分の考えが求められる内容である。言語活動の充実の観点からいっても，意見の正誤の判断やその理由を筋道立てて説明することは，今後さらに求められる学習であるといえる。

今回も複数の資料を比較して考える問題である。子どもは一つひとつの資料を考察することには慣れているが，複数の資料を比較したり関係づけたりして考えることに課題がある。本問題では，農業生産額の部分量を求めることを通して，棒グラフと円グラフの関係，全体量・部分量・割合の関係について理解を深めるねらいがある。

さらに，全体量を表す棒グラフと部分量を表す円グラフの関係をより深く考察する問題を追加した。具体的には，誤った解答が正答になる場合を考える内容であり，全体量を変化させながら，何が変わり何が変わらないかに着目し，正答になる全体量の範囲を考える必要がある。誤答訂正の問題に対する子どもたちのアプローチの仕方として，反例をあげる場合がほとんどであるが，「もし～だったら正解なのに」と考えることがある。本問題でも，その考えを意図的に取り上げる。誤答訂正の仕方として「○○の場合なら，△△が成り立つ」

---

＊『農業生産額』は，筆者オリジナル教材。

問題

2008年度全国学力調査算数Ｂ 2 の農業生産額の問題の棒グラフ，円グラフをしめす。

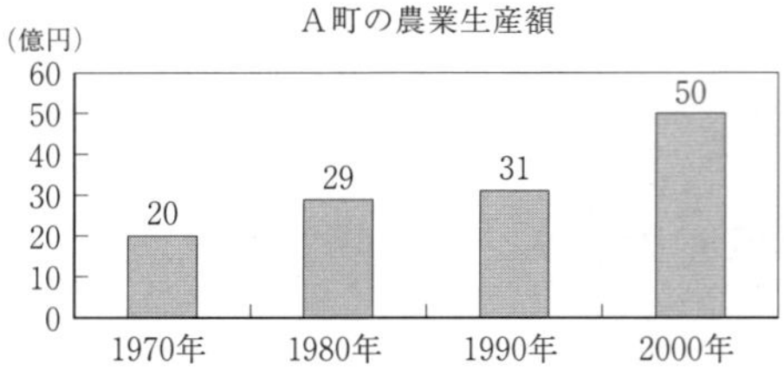


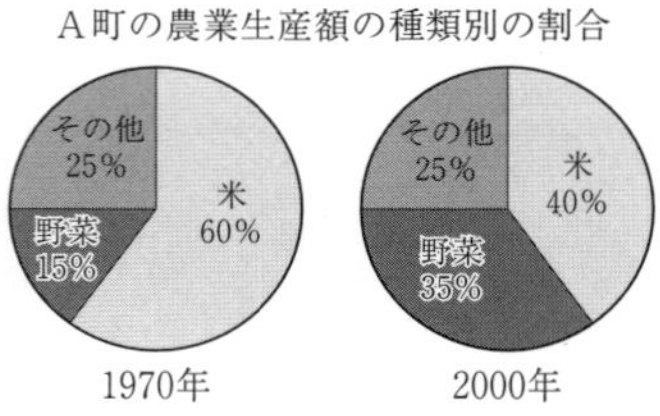


**2.　米について考えます。A町の1970年と2000年の米の生産額について、ひろしさんは、次のように言いました。**

**米の割合が、６０％から４０％に減っているから、米の生産額は、減っています。**

**ひろしさんがいっていることは、正しいですか。「正しい」か「正しくない」かのどちらかを○で囲みましょう。また、そのわけを言葉や式を使って書きましょう。**

問題

**3. ひろしさんの考えは、どんな場合に正しくなるでしょう。また、どんな場合に正しくないのでしょう。言葉や式、表などを使って説明しましょう。ただし、米の割合は変えません。**

**米の割合が、６０％から４０％に減っているから、米の生産額は、減っています。**

のようにモデルのひとつとして身につけることができるようにするとともに，問題の条件を変更することで，問題の構造がより明らかになることを感じられるようにしたい。

## 2 活用型学力をどうとらえたか

活用型学力は「思考力・判断力・表現力」であるといえる。

そこで，本単元で活用型学力を伸ばすための指導法として以下の３点を工夫した。

### （1）三段階思考法

三段階思考法は，資料（A，B）等を比較して結論を出す場合に有効な思考のモデルである。全体の文脈を把握した上で，Aの資料からはａということがいえる。Bの資料からはｂということがいえる。だから，ａとｂからｃという結論がいえる，といった筋道立てた思考の展開ができる。

### （2）誤答訂正

前述したように，誤答訂正の場面を設定した。普段の算数科の学習では，誤答訂正は正答を示すか，なぜ誤答になったかを考えることが多い。しかし，ひろしさんの言っていることに対する自分の考えを述べる場面では，反例を示せば一般性がないこと，それが算数科の誤答訂正においては有効であることが理解できるよう指導したい。

### （3）関数的な見方・考え方

誤答が正答になる場合を考える問題では，２つの棒グラフの一方の全体量を変化させながら，その部分量が等しくなる場合を見出すことがポイントとなる。そのためには，２量を変量としてとらえ，一方を固定化し，もう一方を順序良く変化させるといった関数的な見方・考え方を活用することが必要となる。数量を変化させると，様々なことが新たに見えてくる。そのよさに気づくことができるようにしたい。

## 3　単元構成の工夫と活動の流れ

【単元構成の工夫】

この単元も活用型単元の流れ「よ・み・か・た」に対応して学習を進めた。

### （1）問題を読む（よ）

活用問題では，誤答訂正の問題と正答になる場合を考える問題の２題を順番に取り上げた。特に問われていることに焦点をあて，「何が問われているのか」「何をするように求められているのか」について読み取ることを大切にした。子どもの表現内容から，問題の意図がとらえられているか評価することに努めた。

### （2）解決への見通しを立てる（み）

誤答訂正の問題では，２つの年度の部分量を順序良く求めて比較すればよく，見通しも立てやすい。

正答になる場合を考える問題の解決方法への見通しをもつ際には，農業生産額を表す２つの棒グラフの内部に米，野菜，その他の部分量がわかるような目盛りを入れた。そして，２つの棒グラフの一方の全体量がデジタルコンテンツ上で変化する様子を見せた。全体量が変化するとそれに伴って部分量も変化すること，全体量が変化しても部分量の全体量に対する割合は変化しないことが直観的にとらえることができ，答えや解決方法への見通しにつなげることができると考えた。

### （3）解決方法を考える（か）

三段階思考法を用いる。誤答訂正の問題では，２つの年度の部分量を順序良く求めて比較すればよい。ともすれば，割合の変化だけで量も同様に変化したと子どもはとらえがちであるが，この問題の解決を通して，割合が減少するからといって生産額も減少するわけではないという認識を得ることができる。

正答になる場合を考える問題では，一方の棒グラフの全体量を順序良く変化させながら，それに伴って部分量を比較する方法や一方の部分量の数値を計算し，その数値になるようなもう一方の全体量を計算で求める方法などを交流し，それぞれのよさについて明らかにした。

### （4）振り返り確かめる（た）

どのような答えになったのか，自分の解決を簡潔にまとめ，確かめる。その際，理由を説明する際に用いた言葉のなかの優れた表現を「論証キラリ言葉」とし，いつも使えるように掲示している「論証キラリ法・言葉」の模造紙に追加し，この先も積極的に活用できるようにする。

【活動の流れ】（次のページを参照）

## 4　指導の実際と子どもの学び

はじめに，この単元で大切にしたい既習の知識・技能の確認を行い，部分量は，全体量の積で求められることを復習する。その際，棒グラフと円グラフを関連づけ，2000年の農業生産額の全体量がどこに表されていて，そのうち野菜の割合はどこであるかということなど，グラフの見方を確認し，必要事項を読み取れるように指導した。

### （1）誤答訂正

次に，誤答訂正問題に取り組む。割合の変化（割合が小さくなる）が部分量の変化（部分量は大きくなる）と同じにならないという問題である。

①問題を読む（よ）

読む場面では，以前の経験も生かされ，それぞれ1970年と2000年の米の生産額を順番に求めれば，言っていることが正しいかどうかわかるという内容である。問題を読むとは，問われていることがわかり何をすればよいのかが明確に

【活動の流れ】

学習過程

第１次　３時間

習得

〈活用する既習の知識・技能の確認〉
- 全体量と割合から部分量を求める。

活用の過程

〈誤答訂正問題を解く〉

問題を読む
- 問われていることを理解する。

解決への見通しをもつ
- 問題を解くための見通しを立てる。

解決方法を考える
- 自力解決をする。
- クラス全体で交流する。

三段階思考法

作戦のよさ

論証キラリ言葉

〈正答になる場合〉

問題を読む
- 問題を読み，問われていることを理解する。

見通しをもつ
- 問題を解くための見通しを立てる。
- デジタルコンテンツを利用して変化の様子を見る。

解決方法を考える
- 自力解決する。
- 友だちと解決方法を交流する。
- 解決方法をクラスで交流する。

三段階思考法

作戦のよさ

論証キラリ言葉

〈単元のまとめ〉
- 解決方法のよさを考える。
- 論証キラリ言葉を探す。
- 類似問題をする。

活動を振り返り，ついた力を確かめる

ならなくてはならない。活用型学力を育てる学習では，問題が２領域以上にわたるため内容が複雑であったり，文章が長くなったりするので，自分に与えられている使命をはっきりとさせておくことが大切だと考える。

問題の提示と習得型学習内容の確認

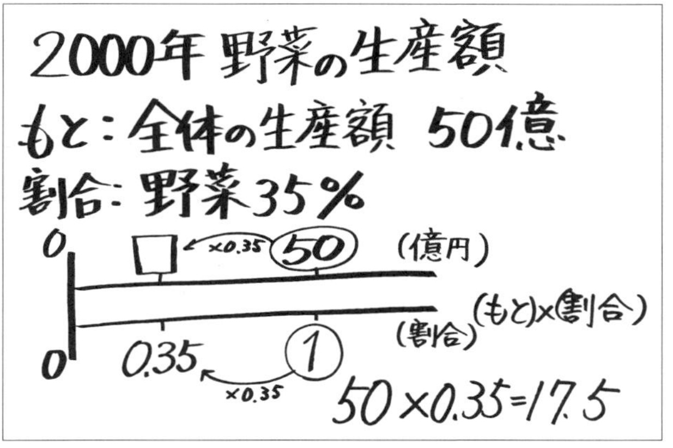


板書例

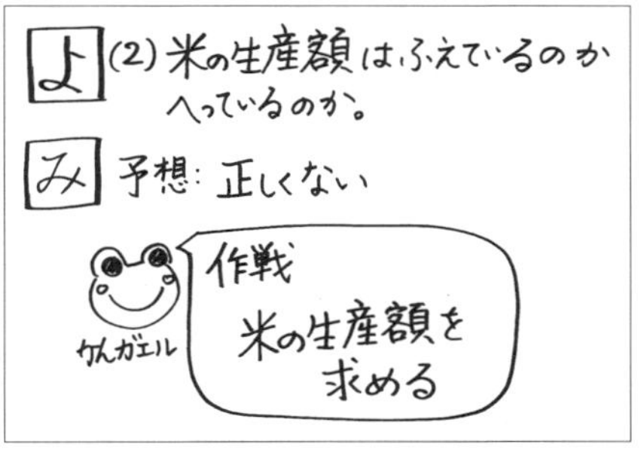

よ (2) 米の生産額はふえているのか へっているのか。
み 予想：正しくない
作戦
米の生産額を求める
ケンガエル


②見通し（み）

今までの算数科の習得学習のなかで，「割合が変化したからといって，部分量が同じように変化するかどうかは，全体量を見なければ単純に判断できない！」と学んできた。それぞれの年度の米の生産額を出せば，正しいかどうか言えるという全員の見通しが確認できたので，すぐに自力解決に移った。

③考える（か）

1970年か2000年かどちらから計算するかは別として，それぞれを計算することで，米の生産額の割合が低くなっても生産額が少なくなっているわけではないことを全員が証明することはできた。

割合の大切な考え方も文章で記述

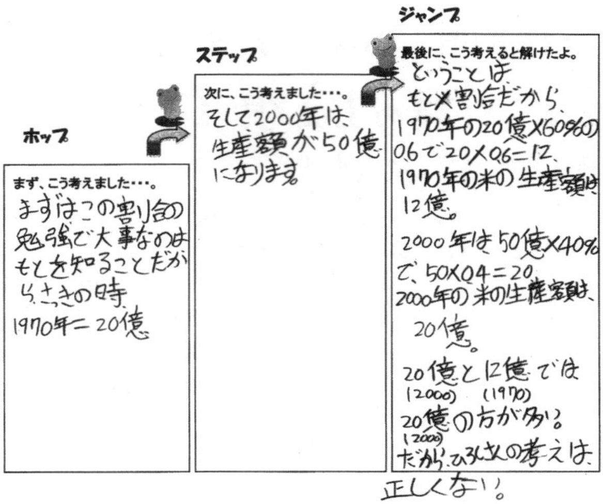

ホップ
まず、こう考えました・・・。
ステップ
次に、こう考えました・・・。
そして2000年は生産額が50億になります。
ジャンプ
最後に、こう考えると解けたよ。
1970年の20億×60％の0.6で20×0.6＝12、
2000年は50億×40％で、50×0.4＝20、
20億。

「いくら割合が多くても，もとが違うので○○とは限らない」「全体の値段が違うので，△△と比べることはできません」というように，割合の大切な考え方を三段階思考シートに書けていた。

なかに三段階思考シートに入らないという子どもがいた。その子は，たまたま間違えて2000年の米の生産額の次に1970年を計算していた。そこでハッとしたようだ。1970年の農業生産額全体が20億円ならば，もちろん米の生産額が20億円を超えることはありえないから，ひろしくんは間違いであると判断できた。

三段階思考シートはどの子も順に考えを整理して書くことができるので，使いやすい感想をもっている。しかし，ホップからいきなりジャンプにいけた上記のような場合は，子どもにとってはホントに「ジャンプ！」した感じがあるようで，満足感いっぱいだった。

### （2）正答になる場合

ひろしくんが言ったことは確かに誤答である。では，どんなときなら，ひろしくんが言ったことは正答となるのか。

三段階思考シートにはまらない場合もある

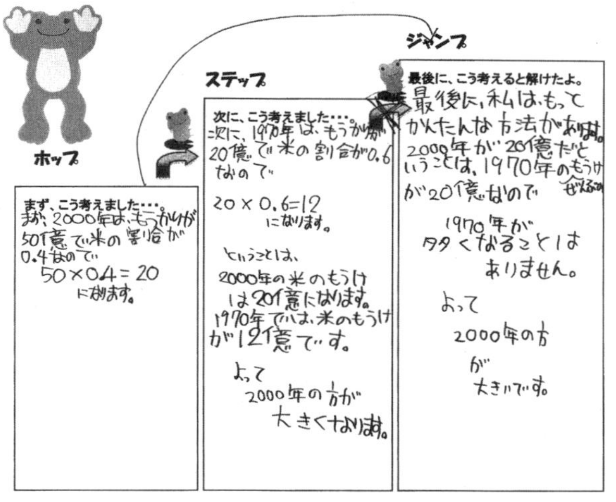
ホップ
まず、こう考えました・・・。
まず，2000年は，もうかりが50億で米の割合が0.4なので
50×0.4＝20
になります。
ステップ
次に、こう考えました・・・。
次に，1970年は，もうかりが20億で米の割合が0.6なので
20×0.6＝12
になります。
ということは，
2000年の米のもうけは20億になります。
1970年では，米のもうけが12億です。
よって
2000年の方が
大きくなります。
ジャンプ
最後に、こう考えると解けたよ。
最後に，私は，もってかんたんな方法があります。
2000年が20億だということは，1970年のもうけが20億なので
1970年が
多くなることは
ありません。
よって
2000年の方
が
大きいです。

みんなを納得させることができた喜び

> ふり返り
> 　私は，まちがえて2000年から計算してしまったけど，そのおかげでちがう方法を考えれてよかったです。でも，一応もうひとつの方法もかきました。
> 　私のいったことでみんながなっとくしてくれてうれしかったです。

①問題を読む（よ）

米の割合は変えずに，正しい場合と正しくない場合を分けて考えるということは理解できた。

②見通し（み）

しかし，見通しとなると，何をどうすれば答えにたどりつくのかわからない子どもが多かった。デジタルコンテンツを用いて，農業生産額を表す２つの棒グラフの内部に，米，野菜，その他の部分量がわかるように％も入れた。そし

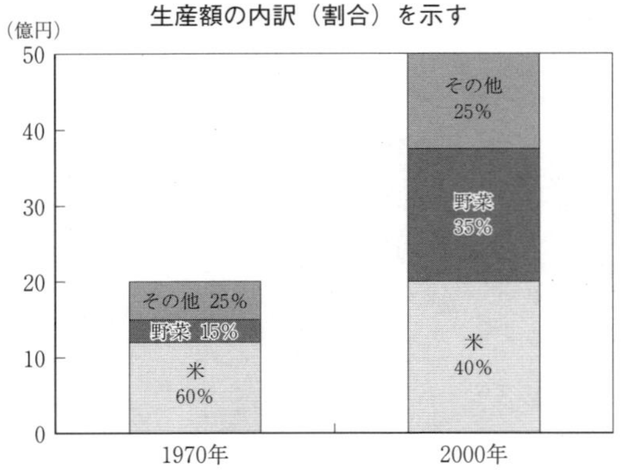


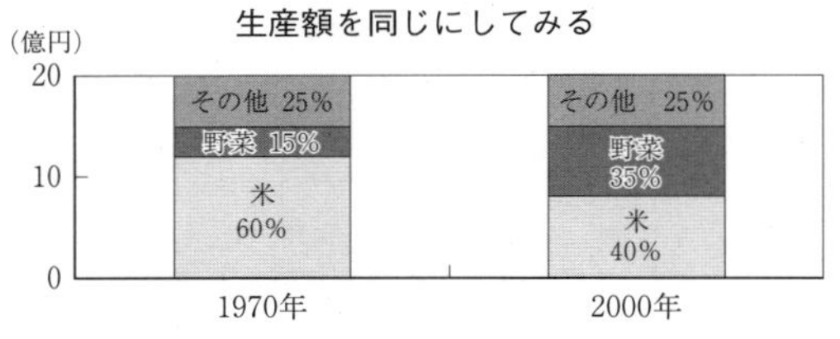


て２つの棒グラフのうち1970年のグラフを固定し，2000年の全体量が変化する様子をコンピュータで見せた。全体量をだんだんと下げている途中，ある子どもは，「全体量をそろえてみてほしい」という。そこで，どちらとも20億円の全体量にそろえてみる。すると，2000年の米の生産額は，1970年を下回っていることに気づいた。そこで，どうも，20億円より多く，50億円より少ない全体量が答えとなり，順番に20億円から数値を上げていったり，50億円から下げていけばよさそうであるという見通しが立った。

③考える（か）

2000年の生産額を50億円から減らしていく子，20億円から増やしていく子，５億円や10億円ずつ変化させる子など思い思いに解いていった。

なかには，同点のときを考えたらどうかと発想できる子どももいた。

1970年の米の生産額を求め12億円とわかったところで，2000年の米の生産額徐々に生産額を減らす方法「順番に場合を考える」

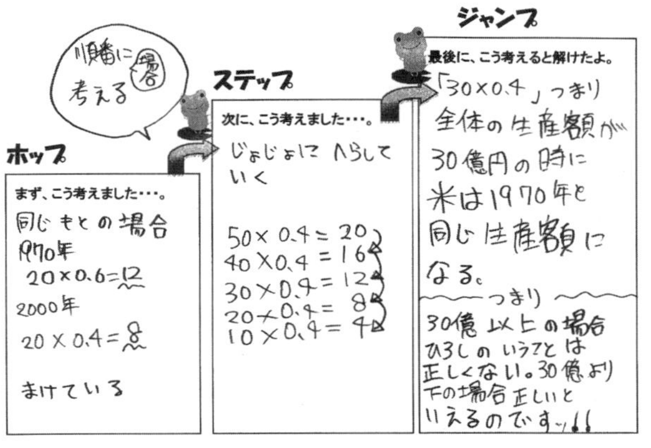

順番に場合考える
ホップ
まず、こう考えました・・・。
同じもとの場合
1970年
20×0.6=12
2000年
20×0.4=8
まけている
ステップ
次に、こう考えました・・・。
じょじょにへらしていく
50×0.4=20
40×0.4=16
30×0.4=12
20×0.4=8
10×0.4=4
ジャンプ
最後に、こう考えると解けたよ。
「30×0.4」つまり全体の生産額が30億円の時に米は1970年と同じ生産額になる。
つまり
30億以上の場合ひろしのいうことは正しくない。30億より下の場合正しいといえるのです!!


米の生産額が同じになる農業生産額を求める

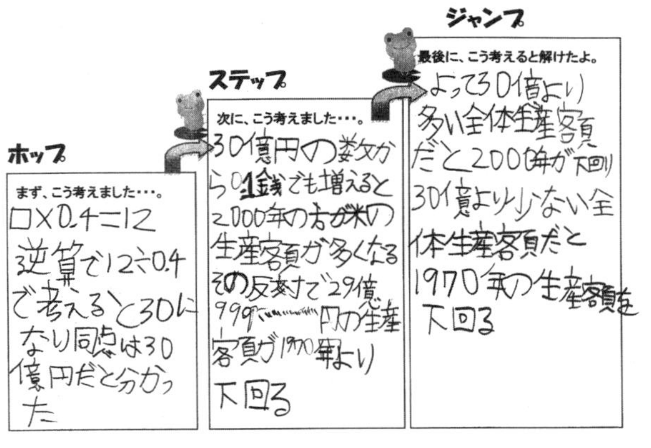

ホップ
まず、こう考えました・・・。
□×0.4=12
逆算で12÷0.4で考えると30になり同点は30億円だと分かった
ステップ
次に、こう考えました・・・。
30億円の数から1銭でも増えると2000年の方が米の生産額が多くなる
その反対で29億999……円の生産額が1970年より下回る
ジャンプ
最後に、こう考えると解けたよ。
よって30億より多い全体生産額だと2000年が下回り
30億より少ない全体生産額だと1970年の生産額を下回る


が12億円になるときの全体の農業生産額を求めるという発想である。

子どもたちにとっては，全体量を変化させたときそれに伴う部分量や割合の変化について，紙面のみで考えさせることはかなり高度であった。しかし，デジタルコンテンツを用いてその変化を視覚的にとらえさせることで，割合の意味理解を深めることができた。

米の生産額が12億円でそろうとき

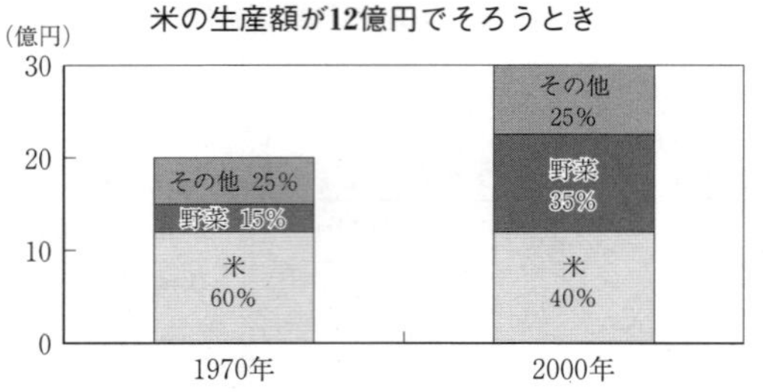


振り返り

ふり返り

ひろしくんの考えは，もとが30未満なら正しくて，30以上だと正しくなくなってしまいます。

なぜなら，30以上だと，1970年の米の生産額をこしてしまうからです。

その30以上がだめというもとめかたも，1つを同じにして，1つをうごかす法と，計算で同じものをいっきにもとめる方法があるのが分かりました。

こんどからは同じものをさがす方法をつかっていこうと思いました。

〔分かったこと〕

私は，今日，2つの方法を知りました。1つ目は，10や5ずつあげさげする方法と，もう1つは，同じ数をすぐに出す方法です。私が思ういい所は，まず，1つ目は，すっごく正かくにできることで，2つ目は，すっごくはやくできるということです。

④確かめる（た）

最後に，答えをもう一度まとめなおす。解決には十分時間を取っているので，簡潔明瞭にまとめることができる。

これらの学習を通して，方法のよさを感じたり，違う方法でやってみたいと次への意欲をもったりすることができた。

論証キラリ言葉

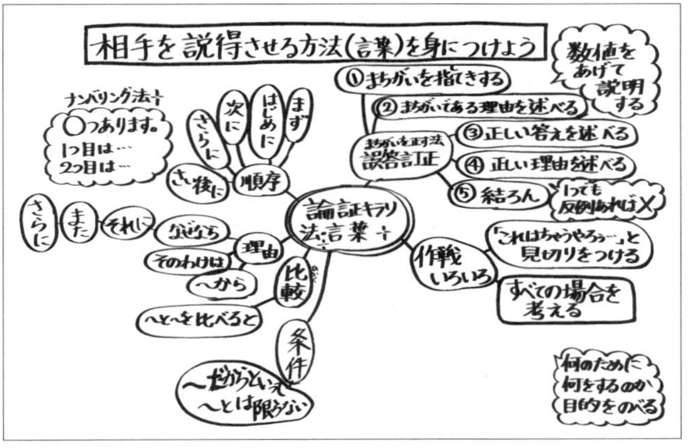


また，条件を表す「～だからといって，○○とは限らない」を取り上げ「キラリ言葉」に付け足した。人を説得するために使える言葉をできるだけ多くためていく。

## 5　振り返りと今後の課題

割合は難しい学習だが，デジタルコンテンツを使うことで体験的に意味理解を深められた。誤答訂正は，三段階思考シートを用いることで，相手意識をもって数式，論証キラリ言葉などを駆使し，まとめることができた。正答を求める問題は，5年生児童にとっては場合を想定することの難易度が高く，理解するところでとどまった。問題の難易度設定に工夫が必要であった。

（森嵜章代）

# 6 単元名　割合としての分数の活用
教材名　遊園地の料金*
学　年　第6学年

## 1 この単元のねらいと特徴

本単元の活用問題は主に2つのねらいをもって自作したものである。

> 家族4人（おじいちゃん，お父さん，お母さん，私）で，遊園地に遊びに行くことにしました。ジェットコースターと回転コーヒーカップにみんなで乗ると，料金はいくらかかるでしょう。
>
> ただし，シニア料金は，大人の料金の4分の1，子ども料金は，大人の料金の2分の1です。また，ジェットコースターの料金は，回転コーヒーカップの $1\frac{1}{2}$ 倍です。
>
> 回転コーヒーカップの子ども料金は400円です。
>
> 

まず，多様な考え方が子どもたちから出てくる問題である。考え方や解法の多様性は，認知の多様性につながる重要な要因である。例えば，子どもは，稚拙な考え方と高度な考え方との関連でわかるのであり，式と図との関連でわかるのである。また，現在の学習内容と既習学習との関連でわかるのである。問題では，入場料の計算をとりあげている。入場者の種類による料金の関係と乗り物の種類による料金の関係を示し，料金をひとつだけ示している。このことにより，割合を表す分数の使い方や入場者別か乗り物別に考える，式や表で考えるなどの多様性が出てくる。

---

＊『遊園地の料金』は，筆者オリジナル教材。

次に，この単元を3時間扱いとし，自分や友だちの考えのよさに気づいたり味わったりすることを重視する。考え方や解法の多様性は，個性の伸長を図ることにもつながる。面倒だけれども順序よく考えることが得意な子どももいれば，できるだけ簡単な方法で解決したい子どももいる。式で処理することが得意な子どももいれば，図でイメージしてから問題の構造を見抜くのがよいと考える子どももいる。また，既習事項の何を活用するかも，子どもの個性に関わる。いずれにせよ，子どもたちの多様な考え方を話し合い活動において分類整理しながら，それぞれの考え方のよさを見出すことが肝要である。また，そのよさに気づくだけでなく，実際に使い味わうためにも，「論証キラリ言葉」や「解法の型」をカルタにまとめたり，類題を解決したりする活動を設定する。少しむずかしい問題でもみんなで考えることで，よりよい考えが生み出されたり，個性的な考えのよさが認められたりできると考える。

## 2　活用型学力をどうとらえたか

活用型学力は「思考力・判断力・表現力」であるといえる。

そこで，本単元で活用型学力を伸ばすための指導法の工夫として以下の3点をあげる。

### （1）三段階思考法

従来の算数科で扱う問題は，思考過程が1段階のものが多い。本単元の問題は，2つ以上の既習の知識や技能が求められ，段階を踏んで考える必要のあるものである。これまでは，このような問題は小学校段階では難しいとされ，積極的に扱ってはこなかった。しかし，三段階思考法を用いて「まずこれを考える」「次にこれを考える」「その両方の考えをあわせて考えるとこうなる」など，見通しをもって段階を踏んで問題解決することで，算数科の学習内容の理解の深化を図るとともに，結果や解決方法への見通しをもつ力，段取りを考える力，問題の構造を見抜く力，既習の数学的な知識や見方・考え方を活かす力などの思考力を伸ばすことができる。

### （2）よさの感得

本単元の活用問題では，多様な考え方や解法が子どもから出てくる。多様な考えを発表するだけでなく，子どもが観点にそって分類・整理し関連性を見出したり，簡潔・明瞭・的確といった視点でそれぞれのよさを明らかにしたりすることが重要である。よさは情意的なものであり，子どもによってその感じ方は異なる。したがって，多様な考えの交流において「よさに気づき」，自分なりにもう一度解決方法を言語化してまとめたり，類題を解決したりすることを通して「よさがわかる」という学習過程を経験することが大切である。自分の考えと友だちの考えを比較検討し，それぞれのよさを見出し，問題解決に活用することで，さらによさを味わうことになり，そのことが数学的な態度の育成につながる。

### （3）論証キラリ言葉

自分の考えを説明する際に式と答えだけでなく，式と言葉による論証を求める。論証といっても，中学校で行うような論証ではなく，「まず，こう考えました」「次にこう考えました」「最後にこう考えると解けました」といった筋道立てて表現することを大切にしている。さらに，正解である理由や誤答である理由を説明する際に用いた言葉のなかから，優れた表現を見出し「論証キラリ言葉」としてカルタにまとめて積極的に活用できるようにしている。

## 3　単元構成の工夫と活動の流れ

【単元構成の工夫】

この単元も活用型単元の流れ「よ・み・か・た」に対応して学習を進めた。

### （1）問題を読む（よ）

活用問題では，小問題を設定し，大問題に必要な数学的な見方・考え方を想起することができるようにするが，本問題では「わかっていること」「わからないこと」などを確認するにとどめた。これは，問題の難易度がそれほど高くないこと，多様な見通しが出てきた場合は，一応問題を理解できたと判断できると考えたからである。

### （2）解決への見通しを立てる（み）

解決方法への見通しを考える。活用問題では，数学的な考え方への見通しと解法への見通しが求められる。割合としての分数を基準量と比較量を明らかにしながら活用するための見通しをもったり，まず回転コーヒーカップの代金，次にジェットコースターの代金を求めるなどの解法への見通しをもったりする。子どもたちのワークシートへの記述の状況を評価し，見通しを個人レベルにとどめるか，小集団や全体での話し合いにするかを判断する。

### （3）解決方法を考える（か）

三段階思考法を用いる。一つひとつの料金を順序よく求める。まず回転コーヒーカップの代金を求めて，次にそれを分数倍してジェットコースターの代金を求める。子ども料金を基準量にして，分数倍して全体量を求めるなどの考え方を，「ホップ」「ステップ」「ジャンプ」の三段階思考法で思考過程を整理して表現する。そのことによって，難しい問題でも段階を踏んで考えれば，自力で解決することができるというよさを感じることができる。

多様な考え方は，その関連を考えながら，「○○さんの考え，□□法」という題名をつけるように促す。単元内の算数科の学習では，明瞭・簡潔・的確といった観点で多様な考えを練り上げる場合が多いが，活用問題では出てくる考えが等価値である場合も多い。できるだけ，それぞれの考え方のよさやユニークさを評価することを大切にしたい。

### （4）振り返り確かめる（た）

類題を解決する。その際，理由を説明する際に用いた言葉のなかの優れた表現を「論証キラリ言葉」とし，カルタにまとめたりワークシートに掲載したりして，積極的に活用できるようにする。また，できるだけ複数の考え方で解決するよう助言し，自分の考え方をひろげるとともに問題の構造をより明確に見抜くことができるようにする。

【活動の流れ】

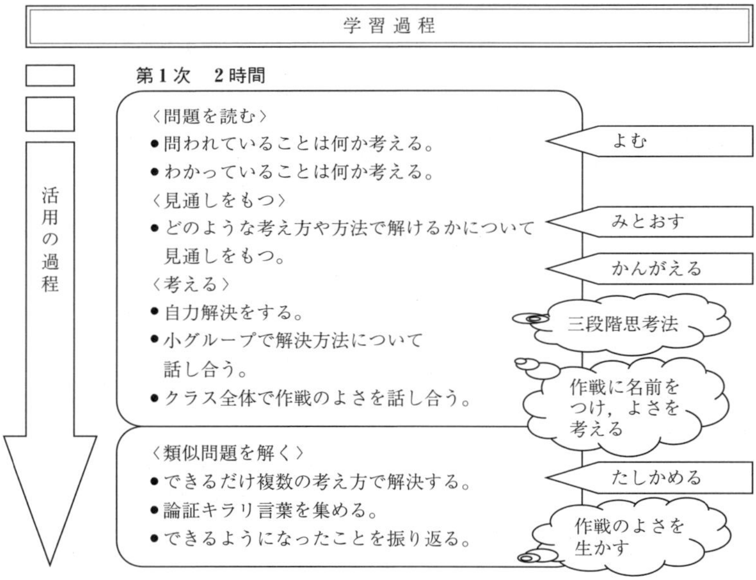

学習過程
第1次　2時間
活用の過程
〈問題を読む〉
●問われていることは何か考える。
●わかっていることは何か考える。
〈見通しをもつ〉
●どのような考え方や方法で解けるかについて見通しをもつ。
〈考える〉
●自力解決をする。
●小グループで解決方法について話し合う。
●クラス全体で作戦のよさを話し合う。
〈類似問題を解く〉
●できるだけ複数の考え方で解決する。
●論証キラリ言葉を集める。
●できるようになったことを振り返る。
よむ
みとおす
かんがえる
三段階思考法
作戦に名前をつけ，よさを考える
たしかめる
作戦のよさを生かす


## 4　指導の実際と子どもの学び

### （1）問題を読む（よ）

問題を読み，わかっていることとわからないことを確認した。家族と遊園地に行った話を問題としているため，自分の家族を想定して，おじいちゃん，お父さん，お母さん，私の4人で行ったという仮定で問題を解いた子どももいた。

求められていることを読み取る

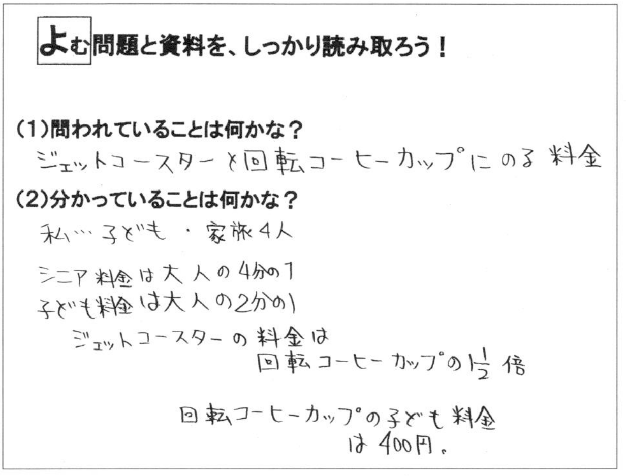

よむ 問題と資料を、しっかり読み取ろう！
(1)問われていることは何かな？
ジェットコースターと回転コーヒーカップにのる料金
(2)分かっていることは何かな？
私…子ども・家族4人
シニア料金は大人の4分の1
子ども料金は大人の2分の1
ジェットコースターの料金は
回転コーヒーカップの1½倍
回転コーヒーカップの子ども料金
は400円。


見通しを立てる

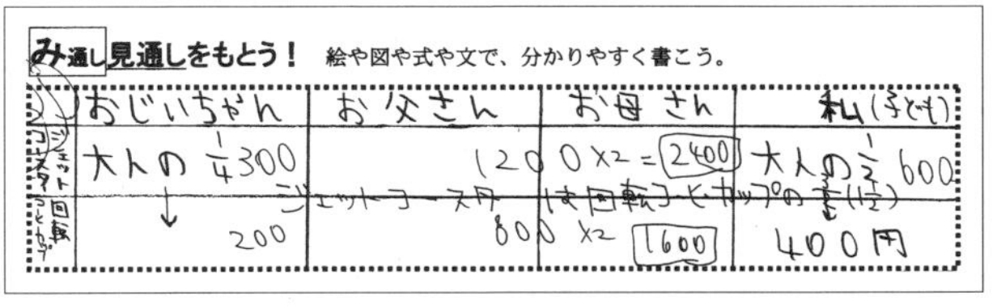

み通し 見通しをもとう！ 絵や図や式や文で、分かりやすく書こう。
おじいちゃん
お父さん
お母さん
私(子ども)
ジェットコースター
回転コーヒーカップ
大人の¼ 300
1200×2=2400
大人の½ 600
ジェットコースターは回転コーヒーカップの1½(1½)
200
800×2 1600
400円


問題の場面をイメージすることが容易だったので，どのようなことが求められているのかすぐに理解できた。

（**2**）見通し（み）

ひとつずつ求めていくと必然的に答えまでたどり着く問題である。回転コーヒーカップの子ども料金を元にして一つひとつコツコツと解いていけば，答えが見つかるだろうという見通しはほとんどの子どもがもてた。また，この時点で，すでに表に整理すればわかりやすいと考える子どもも多かった。よって，見通しの交流は，簡単に行った。

### （3）考える（か）

①三段階思考ワークシートの活用

一つひとつ解けば，必ず答えにたどり着くとはいえ，段取りよく解決していかなければならない複雑さもあるので，三段階思考法を用いた。子どもたちは，このシートを利用するのが初めてだったが，自分なりの解決方法を自分の手順に沿って３つの段階に分けて整理して書けばよいことがわかると，すらすらと書き始めた。どこから手をつけたらよいのかわからない子どもにとっては，この三段階思考法は，手続きがとても明確になる。方法的に三段階思考法にしてもよいし，思考の階段で三段階思考法にしてもよい。子どもたちにとって，順々に段取りよく解くというのは大人が思うほど簡単ではないため，このようなワークシートはとてもわかりやすい。

三段階思考ワークシート

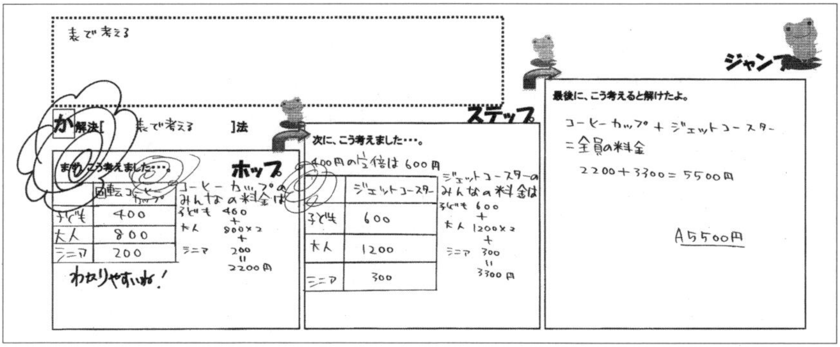


②解法のバリエーション

大きく分けると，この問題の解決方法は２種類ある。ひとつめは，回転コーヒーカップの料金から，次々と料金を求めながら解決することである。２つめは，何かひとつの値段を基準量とし，比較量を明らかにして解決する方法である。割合としての分数を活用することができる。

③解決方法にネーミングをする

〈解法パターンA〉
　回転コーヒーカップ（子ども→大人→シニア）の料金を出す。
⇒ジェットコースターの大人の料金を出す。
　（祖父，父，母，私の料金をそれぞれの $\frac{3}{2}$ 倍）
⇒全部の料金をたす。

自分の方法にネーミングをする（解法パターンA）

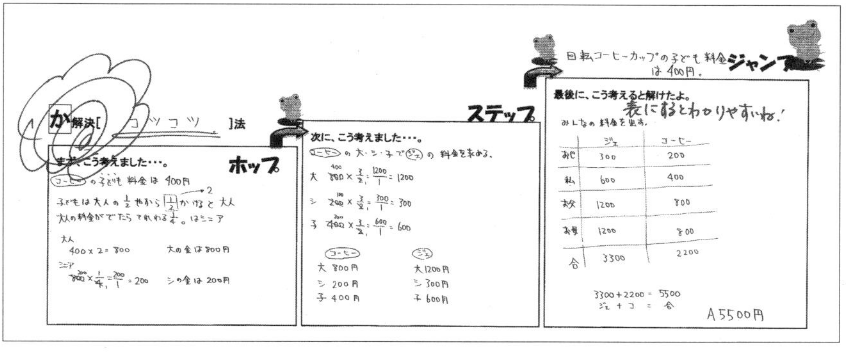


この方法は，コツコツやればできるという意味から「コツコツ法」と名づけていた。

〈解法パターンB〉
　回転コーヒーカップ（子ども→大人→シニア）の料金を出す。
⇒ジェットコースターの料金を出す。
　（回転コーヒーカップ 4 人分の料金を $\frac{3}{2}$ 倍する）
⇒全部の料金をたす。

別の解決方法（解法パターンB）

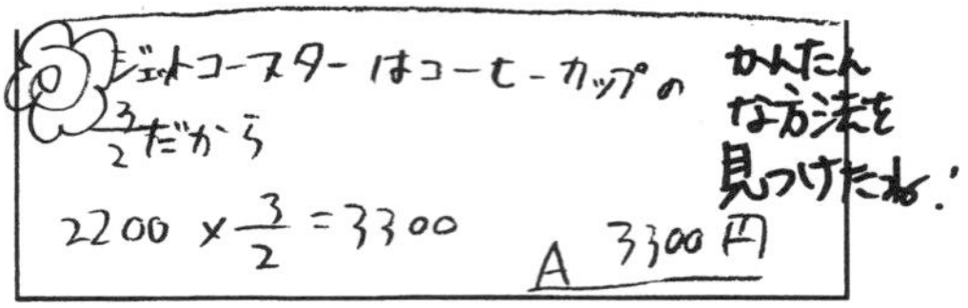

ジェットコースターはコーヒーカップの
3/2 だから
2200 × 3/2 = 3300
A 3300円
かんたんな方法を見つけたね！


回転コーヒーカップの料金を求めたところは同じだが，つぎに回転コーヒーカップの２分の３倍にしている。この方がAの方法より答えに早くたどり着けると考えた。解決方法がひとつ見つかれば，また別の解決方法を探すことを大切に指導している。

〈解法パターンC〉

回転コーヒーカップの大人の割合を１（基準量）とする。

⇒乗った人の割合を出す。

（子ども＋大人２人＋シニア１人）$= \frac{1}{2} + 2 + \frac{1}{4} = 2\frac{3}{4}$

⇒コースターとコーヒーカップの割合を出し，基準量にかける。

$400 \times 2 \times 2\frac{3}{4} \times (1 + 1\frac{1}{2})$

大人のコーヒーカップ　人の割合　コーヒーカップとジェットコースターの割合

この学習はクラスを単純に２つに分けて行った。どちらのグループとも，初めはどうしても，料金を利用して解くほうが多かったが，複数の解決方法を考えていくうちに，割合を使った考え方が自然と導き出された（解法パターンC）。ひとつのグループでは「分数一撃法」と命名され，もうひとつのグループでは「割合法」と名づけられた。ネーミングは日ごろから行っている。情意的な側面のネーミングも出るがそれも認めつつ，方法や思考法などでネーミングできると子どもたちも考えが整理されていくため望ましい。

④それぞれの作戦のよさを考える

それぞれの作戦にはどのようなよさがあるのか，「わかいまま」で考える。

板書の例
（左：分数一撃法，右：割合法）

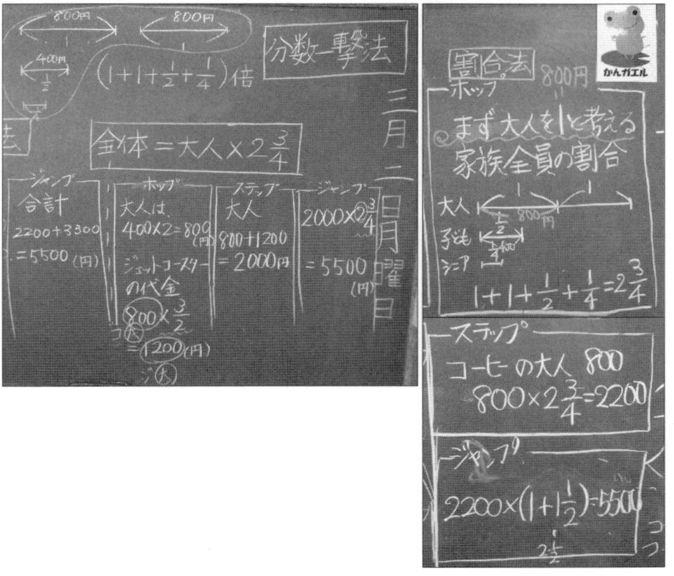


パターンＡに対しては，「簡単にできるし，わかりやすい。４年生でもできるけど，少し面倒くさい。でも確実だよ」という意見があった。パターンＢでは，「回転コーヒーカップの料金を一気に２分の３倍するとジェットコースターの料金になるので，その方法を使うと，簡単ですぐにできる」とそのよさを感じていた。

基準量を決めて，比較量を明らかにしながら求めていくパターンＣの解決方法は，「もとをきめて，くわしく求められているからすごいけど，むずかしすぎる。でも，式は少なくてすむので，簡単だ」という意見が出された。確かに基準量を決めて求めるやり方は簡単ではないが，その発想を聞いた子どもたちが，びっくりしていたことは確かである。作戦について話し合うことで，子どもたちは，よさを感得したり，友だち同士でわかり合うことに面白さを感じたりできた。

板書の例（それぞれの作戦のよさを考える）

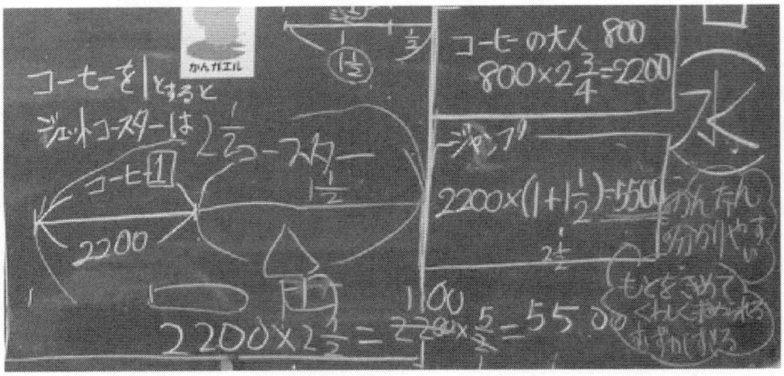


**（4）確かめる**（た）

いろいろな解決方法を知った子どもたちは，次に類題を好きな方法を用いて解く。表を書く子どもが多く，パターンAをやっていた子どもがパターンBの解き方を採用していた。パターンCをやった子どももいたが少数であった。Cを便利だと感じ使いこなすことはこの段階ではむずかしいが，出された条件を整理して解く力は十分に身についたと考える。

## 5　振り返りと今後の課題

様々な解決方法が出され，その交流も楽しむことができた。しかし，相手意識をもち，説得させることのできる表現の仕方の指導については不十分であった。活用学習の時間にキラリ言葉をいくら扱っていても，普段の学習で活用しなければ，使えるものにはならない。今回は，解答が式のみになりがちで，考えの過程が書かれたものは決して多くなかった。キラリ言葉をまとめたものは，常に掲示し，より人を説得できる文章を話したり書いたりできるよう日常的に指導したいものである。

（森嵜章代）

# 終　章

# PISA型読解力を育てる探究学習

この実践は子どもたちに，真の PISA型読解力，つまり活用型学力を育てるために，総合的な学習の時間において行った探究学習の事例である。ここでは，読書力や家庭学習力の向上を目標として，子どもたち自身が読書をめぐる家庭学習のあり方を改善するプロセスを学習に組み込んだことが特徴になっている。具体的には，家庭での読書の仕方や時間の活用状況について，自らアンケートを実施してその結果を資料化し，作成した複数の資料を読解して，子どもたち一人ひとりが家庭学習のよりよいあり方を計画して実践していく。つまり，子どもたちが主体的に自己改善を図るために R-PDCA サイクルを実践する力を育てているのである。

このようにして，探究学習においては，活用型学力を育てるポイントとして，①子どもたちが生活の中から主体的な調査研究によりデータを取り出し資料化する，②その資料に基づき自己の生活実態を診断する，③診断結果に基づき，自己改善の計画を立案し実施する，④計画の実施状況を評価してさらなる改善を実施する，ということが大切になる。このようなサイクルこそが，教科における活用学習と総合的な学習の時間における探究学習の相違点になるものである。

森嵜章代教諭によってここで提案された探究学習は，以上の理論的背景を十分にふまえつつ，さらにフィンランド・メソッドの導入や効果的なワークシートの作成，資料を引用した活動報告書づくりなどを行った優れた実践である。

（田中博之）

単元名　生活向上プロジェクト
——読書で豊かな生活をめざして
学　年　第5学年

## 1　PISA型読解力と探究学習

OECDのPISA調査で「読解力」がクローズアップされ，「読解力」を育てるには，今までの学習をどのように改善すればよいのか，その工夫について研究すべく日々実践を重ねてきた。より効果的にPISA型読解力を育てる方法として最も大切なことは，総合的な学習の時間を充実させることであると考える。なぜなら，総合的な学習の時間のねらいのひとつは，各教科で身につけた知識や技能等を相互に関連づけ，学習や生活に生かし，それらが総合的に働くように実施されるからである。PISA型読解力を「知識・技能を幅広く活用する力」ととらえるならば，そのねらいはほぼ同じであると考えられるからだ。総合的な学習のなかでは，子どもたちが自ら課題をもち，調査し，それらをまとめ，発表するという一連の問題解決学習が行われる。これは，テキストから，情報を取り出し，解釈，熟考し，自分の意見をまとめることを内容とする「読解プロセス」と通ずるものがある。読解力の育成にあたり，総合的な学習の時間を利用して，体験活動などを通じて芽生えた課題意識をもとにして，問題解決に必要な情報を収集し，既習知識や技能を活用して，自分なりの考えを深め，自分なりの言葉でまとめ表現することをぜひ行っていきたいと考えた。

そこで，PISA型読解力を育成するねらいをもち，探究学習モデルを考えた(pp. 270-271の図を参照)。その際，次の6つの点を大切にした。

① プロセスが明確なR-PDCAサイクルで探究学習を組み立て，問題解決的に学習を進める。

「R（リサーチ）を元にして，P（プラン）どのように現状を改善すればよいのか考え，D（ドゥ）やってみる。C（チェック）活動がうまくいっているか，またはうまくいったかを振り返り，A（アクション）次なる取り組みを考える」というサイクルで学習を行うことで，子どもたちは，プロジェクトの目標を達成するためには何をすればよいのかを明確にとらえられるようになる。それに加えて，自分たちでリサーチした内容から課題を見つけ出すことで，問題解決が主体的に行われると考える。

| |
|---|
| ②　リサーチに用いるデータは実際のデータとし，統計的な意思決定ができるようにする。 |

リサーチでは，他の教育機関や企業などによってとられた統計資料や自分たちを対象として収集したデータなど，用いるデータを実際のデータとすることで，問題解決に必要な情報の取り出し，解釈，熟考を通して，自らの意思決定ができると考える。

| |
|---|
| ③　複数教科で身につけた知識・技能などを相互に関連づけ，総合的に働くようにする。 |

単元を構成する際は，他教科で学んでいる内容のどの学習がどのように活用できるかについて十分に考え，それらの力が総合的に働くようにする。そのために，総合的な学習の時間を，教科で学んだ知識や技能を活用する場面として内容や時間を充実させる。これは，場面に応じた解決を子ども自身が主体的に考えることにつながり，本当の学びとなることだろう。

| |
|---|
| ④　問題解決にあたり，自分の意思で解決方法を決定できるようにする。 |

テーマの設定や大きなゴールなどの枠組みは，指導者が提示するが，そのなかで見つけた課題をどのように解決するかについては，個人の意思決定ができ

## 子どもが進める探究学習（R-PDCA

| 〈ねらい〉 | 〈主な活動〉 | 〈言語活動に関わる育てたい力〉 |
| --- | --- | --- |
| ●テーマに対する興味やイメージをもつ。 | ①テーマ設定<br>●単元全体にわたり問題提起となるような資料の提示。<br>●カルタでテーマに対するイメージを広げる。<br>●サークルタイムによるテーマの掘り下げ。 | ●情報の取り出し力<br>（必要な情報を取り出す）<br>●論理力<br>（考えたことを理由や具体例を用いて表現する） |
| **R** | ②R-PDCA サイクルの確認 | |
| ●テーマに関わる資料からの読み取りを通し，プロジェクト全体に関わる見通しをもつ。 | ③【リサーチ：価値判断】<br>●テーマについての基本的な考え方を知る。<br>●テーマに関わる連続テキストや非連続テキストによる資料，全国の傾向などを読み取り，自分の生活を見直す視点とする。 | ●情報の取り出し力，分析力<br>（全体的な見方，部分的な見方，それ以前・以後の予測など）<br>●論理力<br>●三段階思考<br>●関係構造化<br>（どんなことが何と関わっているのか，テーマに関する基本的な事柄の関連を考え，表す） |
| ●テーマに関わるクラスや自分の生活をデータ化し，分析を通して自己診断する。 | ④【リサーチ：自己診断】<br>●自分または自分たちの現状について情報収集し，データ化する。<br>（棒グラフ，折れ線グラフ，帯グラフ，円グラフ，レーダーチャート） | ●課題発見力<br>（自分のデータから，自分の生活における課題を見つける）<br>●情報の取り出し<br>（必要な情報を取り出す）<br>●論理力<br>（課題について理由や具体例を用いて表現する） |
| ●関連する項目について仮説を立てて検証し，その裏側にある根拠について考える。 | ⑤【仮説・検証】<br>●パソコンを利用し，自分たちの生活などのアンケート資料をデータ化したものから，関連する項目を探す。<br>●それらの関係についてカルタに表す。 | ●解釈力（仮説検証力）<br>（何と何が関連しているのかについて仮説を立て，関連の度合いを調べ，その理由を考える）<br>●批判的思考力<br>（本当にそうなのかどうか関連について考える） |
| ●何をどのように変えれば，自分がよくなるかについて課題を発見する。 | ⑥【専門家からの話】<br>●分析したデータから，自分の問題点をより明確に把握し，プランに活かすため，科学的な話を聞く。<br>●プランに活かすための実技指導を受ける。 | ●課題発見力<br>（今までの分析に新しい視点をもらいながら，自分の生活における課題を発見する） |

サイクルを生かした実践モデル）

**P**

- 自分にできそうなプランを立てる。

⑦【ゴールの設定およびプラン作り】
- データ分析を利用した個人にあったゴールの設定およびクラスの目標値を設定する。
- 仮説検証の結果を生かしたプランにする。
- プランの交流会をし，なぜそんなプランを立てたのか話し合い，よりよいプランにするための修正を行う。

- 企画力
（自分にあったプランニングをする）
- 改善力
（何を変えるとよくなるかがわかる）
- 論理力
（自分の考えに理由や具体的例を用いて表現する）

**D**

- プランを実行する。

⑧【実行】
- 立てたプランを実行し，自分の活動の記録を折れ線グラフなどに書き表す。
- プランを実行しながら，取り組み具合を交流する。友達のモデルも利用する。

- 実行力
（決めたことをやってみる）
- 持続力
（自分に負けずやり続ける）
- 表現力
（自分の考えたことを伝える）

**C**

- 自分の取り組んできた経緯を確かめ成果と課題を考える。

⑨【チェック】
- 自分の取り組みをグラフなどを用いて表現，チェックし，自分の生活改善が図られているか確かめる。
- 友達と交流し，成果と課題を考える。
- 次へのプランを立てる。

- 情報処理力
（実態をグラフなどに処理できる）
- 情報の取り出し，分析力
（自分のデータを分析する）
- 表現力
（自分の考えたことを伝える）
- 計画力
（不足点を補う計画を立てる）

**A**

- 改善プランを実行する。

⑩【アクション】
- 新たな改善点を元に，引き続き活動を続ける。

- 実行力
（決めたことをやってみる）
- 持続力
（自分に負けずやり続ける）
- 表現力
（自分の考えたことを伝える）

⑪【活動のまとめ】
- グラフを用いながら，学習の成果と課題を文章にまとめる。

- 論理力
（自分の考えに理由や具体例を用いて表現する）
- 表現力

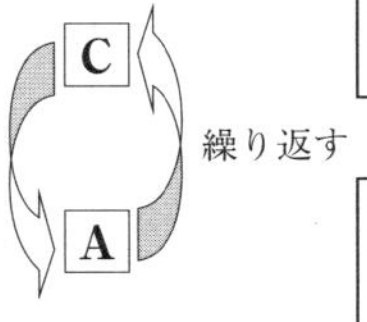


⑫成長の振り返り
- 自分には，どんな力がついたのかを確かめる。
- 評価セッションを開く。

- 自己評価力
（どんな力がついたか自分についた力を書く）

る自由度をもてるようなテーマ設定とする。自分の意思決定であるので，どの子どもでも意欲的に取り組むことにつながるだろう。

⑤　読む・書く・話す・聞くという四言語活動を関連づけ，自らの問題解決のために総合的に活用する。

単元のなかで，情報を取り出したり，考えを伝え合ったり，考えたことを文章にまとめたりなど，四言語活動を関連させ，複数の言語活動が関連づけられる活動を設定する。それらは，他者との言語を通したコミュニケーションにより，実社会のなかで起こる問題の解決や自己に要求される意思決定を的確に行うことにつながっていくと考える。

⑥　単元展開にかける時間を15時間から30時間ほど設定する。

習得した知識や技能を活用した問題解決をしていくには，最低でも15時間，内容によっては30時間の時間設定が必要になるだろう。

⑦　成長を確かめる。

自己肯定感が低いといわれる子どもたち。探究学習に取り組み，改善されたことを大いにほめ合い，成長を確かめながら学習を進めさせたい。

## 2　この単元のねらいと特徴

この単元は，「1日30分の読書時間を生み出すこと」を目的として「生活を見直し，自分の生活を自分で向上させること」をねらいとしている。そのために，総合的な学習の時間を利用し，R-PDCAサイクルを生かした探究学習を行う。このような活動を構成したねらいは，自分の生活をよりよいものにするために，自らを題材とし，自らの生活をデータ化しながら改善点について考え，実際に取り組むことで，体験的にPISA型読解力を育てようとすることである。
この単元の特徴として以下の4点をあげることができる。

### （1）子どもたち自身でR-PDCAサイクルを回す探究学習

子どもたちは，生活向上プロジェクトを開始するにあたり，まず小学5年生の読書時間の実情を既成の統計資料から読み取り，自分たちの読書生活と比較しながら考えさせる。なぜなら，多くの子どもの場合，読書時間を増やそうと思えば，自分の生活全体を見直さなければならないことに気づくからである。自分の時間の使い方について自分で調査・分析し，実行するなかで，時間の使い方について自分の課題がより明確にわかり，子どもそれぞれが実現可能な範囲での計画を立て，実践的に生活を改善することができる。このような体験は，高い納得感と大きな自信を生み，困難に立ち向かえる心の強さまでも育むことができると考える。

### （2）教科学習で身につけた知識・技能を活用し，思考を言語化することによるPISA型読解力の育成

この単元では，特に，算数科と国語科で習得した知識・技能の活用を考えた。算数科では「数量関係」領域との関連を図る。5年生の3学期の段階では，棒グラフ，折れ線グラフ，円グラフ，帯グラフ，すべてのグラフについての学習を終えている。そこで，全国の5年生が読書に費やしている時間の割合を表す帯グラフや，読書時間と読解力の関係を表す折れ線グラフなど，全国の子どもや自分の学年の友だちをサンプルとした様々なグラフを提示しながら，そこからの①情報の取り出しと，②解釈・熟考のプロセスを意識して指導にあたる。そこで深めた思考は，必ず言語化し，ワークシートにまとめていく。

また，国語科での学びを活かして，「探究学習報告文」を書く。ここでは算数科の学習も生かし，グラフを用いて，自分の生活改善について報告文にまとめることでPISA型読解力の育成を図る。

### （3）「読書」を素材にした生活向上プロジェクト

子どもたちの生活習慣は大人の生活サイクルに巻きこまれ，夜型へと変化している。また，テレビの視聴時間も長く，読書離れは確実に進行しているともいえる。PISA型読解力を育てるためには，まずは学習の土台がしっかりしていなければならない。同時に，この「読書」そのものは，学力基盤を支えているひとつの要素であるといえる。そこで，子どもたちを夢中にさせ，それでいて読解力向上にもつながる「読書」をテーマとした。自分の目標時間の読書に無理なく取り組みつつ，生活の仕方の改善を図ろうとするものである。

## 3 単元構成の工夫と活動の流れ

【単元構成の工夫点】

①フィンランド・メソッドを活用すること

- 「読書はなぜするのか」「どのような生活改善をすればよいか」など適宜サークルタイムを実施することで，思考の広がりや深まりを大切にできる。
- カルタを利用することで，思考を整理したり，深まりや広がりをもたせることができる。

②教科学習と関連させること

- テーマ設定やリサーチ前半（価値基準をもつ）ではいろいろな種類のグラフを読む活動を設定したり，リサーチ後半（自己診断）から実行，チェックでは，自分でグラフを書くことで，グラフを活用する力を育てることができる。さらに，生活に算数を活用する体験は，算数のよさを感じることにつながる。
- 自分の生活をグラフ化したもの（算数）を活用し，国語科とも関連させることにより，論理的な文章を書くことができる。

③リサーチを二段階にすること

- 前半のリサーチでは，いろいろな統計資料（全国や学年データ）を読み取ることでどのような目標値を設定すればよいのか価値基準をもつことができる。後半のリサーチでは，自分の生活を診断することでどう改善すればよいか方法が具体化できる。そうすることで目標がクリアになる。

④生活習慣，読書生活のアンケートから，因果関係を仮説検証すること

- 生活習慣，読書生活のアンケートデータからその因果関係を調べるデジタルコンテンツを作成し，「読書生活は，どのような生活の仕方と関連しているのか」という問いに基づいて検証することで，生活のどこを改善すればよいかの指針をもつことができる。

⑤活動の動機づけ

- 理想的な生活時間帯について保健師の講話を聞くことで，体の仕組みについての科学的な見方をもち，生活改善に役立てることができる。
- 「学力向上のための浜小生活スタンダード」（日常守るべき生活指針がつづられた浜寺小学校独自のきまり）を利用して時間の使い方のモデルとする。

⑥友だちの時間の使い方をモデルに対話しながら自分の生活改善を図る

- プロジェクトに取り組む前や後，変容について，友だちの成功例を聞いたり，自己の改善プランを話したりすることで，友だちの時間の使い方をモデルに，意欲的に生活改善を図ることができる。

【活動の流れ】（次のページを参照）

## 4　指導の実際と子どもの学び

### （1）サークルタイムの活用 「読書はなぜするの？」

テーマを深めるときには，サークルタイムで話し合うと効果的である。読書経験をふまえて，なぜ読書をするのかについて多面的に話し合うことができる。考えたことはいつも論文にまとめる。総合的な言語力の育成が図れる。

### （2）R：リサーチ①　価値基準をもつ

読書と「読解力」との関連（折れ線グラフ）や，読書の多様性と「読解力」，浜寺小学校（以下，浜小）と全国の５年生の読書時間ごとの人数の割合の比較（帯グラフ），本を読む理由（棒グラフ），浜小のジャンル広げの意識（円グラフ）

【活動の流れ】

| フェーズ | 学習活動 | 探究学習 |
|---|---|---|
| テーマとの出会い | **第1次　2時間**<br>**「読書」のイメージを広げる**<br>①「なぜ読書するのか」サークルタイム。<br>②読書と「読解力」との関係を示す折れ線グラフを読み取る。 | サークルタイム<br>生データ分析 |
| R　リサーチ①（価値基準）リサーチ②（自己診断） | **第2次　3時間**<br>**「読書」に関わる統計資料を読み価値基準をもつ**<br>③④「全国の5年生の読書時間」と「浜小の5年生の読書時間」の比較。<br>「ある浜小の5年生の時間の使い方」2パターンを比較し，改善方法を考える。<br>プロジェクトの流れを確認する。<br>⑤「読書」に関わるグラフを，誤答訂正しながら読む。 | 情報の取り出し　解釈・熟考<br>論　証 |
| | **第3次　3時間**<br>**「読書時間」に関わる自分のグラフを作成する**（棒，円グラフ作成）<br>⑥⑦自分の時間の使い方をグラフ化する。<br>⑧自分の時間の使い方をチェックする。 | 情報の取り出し　解釈・熟考 |
| P　計画 | **第4次　4時間**<br>**計画を立てる**<br>⑨アンケートから読書時間を生み出すための工夫について仮説を立て検証する。<br>⑩専門家からの話を聞き生活改善の視点を得る。<br>⑪どのようなことに取り組むかを考える。<br>⑫取り組みを伝え合う。 | 統計的な意思決定<br>サークルタイム<br>自己決定 |
| D　実行 | **第5次　1時間**（及び家庭学習）<br>**読書時間の変化を記録する**<br>⑬1日何分間読書に取り組んだかを折れ線グラフに書く。<br>どのような読書の取り組みをしたかを書く。<br>読書ノートに読んだ本の感想を書く。 | 直接体験 |
| C　チェック | **第6次　3時間**<br>**取り組みをチェックする**<br>⑭取り組みの終わりの時間の使い方をグラフ化する。<br>⑮前と時間の使い方の割合がどう変化したか，その変容を色分けしてグラフを分析する。<br>⑯変容について話し合う。 | 情報の取り出し　解釈・熟考 |
| A　アクション | **第7次　3時間**<br>**改善方法を考え変容をまとめる**<br>⑰チェックしたことを元に改善案を考え交流し合う。<br>⑱⑲自分の変容をグラフを用い，文章でまとめる。 | 思考の言語化 |

「読書はなぜするのか」サークルタイムのカルタ

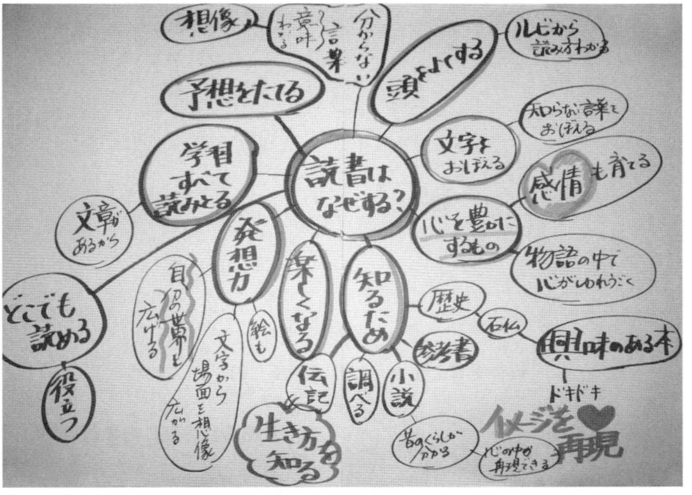


グラフを読みながら価値基準をもつ

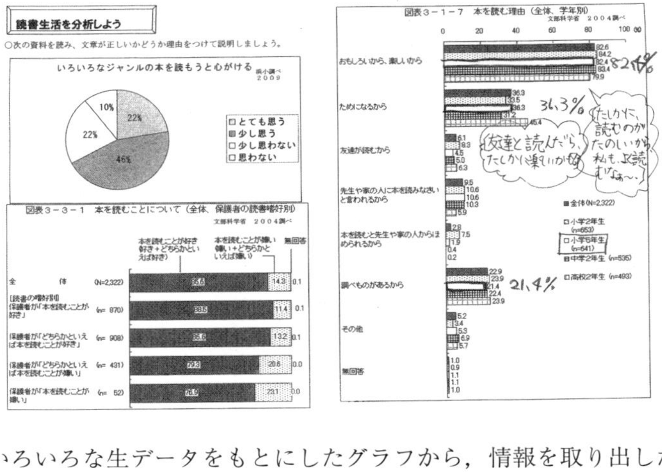


など，いろいろな生データをもとにしたグラフから，情報を取り出したり，そのグラフを解釈する活動を重ねる。また，誤答訂正のグラフの読み取りも入れることで，論証の力も身につけられるようにする。このような活動を通して，ゴールを考えるための価値基準をつくることができる。

誤答訂正で論証

<table>
<tr><td>1）いろいろなジャンルの本を読むことについての浜小の5年生の調査では，1（とても思う）と2（やや思う）の割合の合計が3（あまり思わない）の割合の約3倍になっている。<br><br>この意見は，（正しい・間違っている）なぜなら，1と2の割合の合計は68で，3は22です。<br>「3倍ですか。」ときかれているから。<br>22×3＝66<br>よって68は，22の約3倍なので正しいといえる。</td></tr>
</table>

教科学習を生かして自己診断（円グラフ）

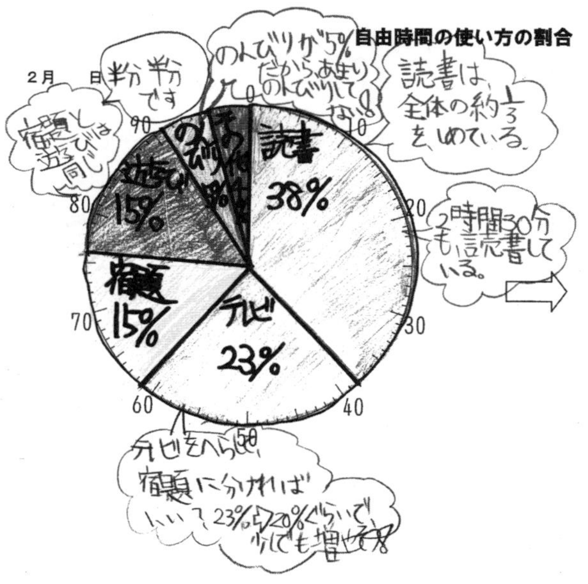


## （3）R：リサーチ②　自己診断

様々なグラフの書き方は既習の知識・技能である。習得しているその力を使って自分の生活をグラフ化する。はじめに自分の時間の使い方をリサーチし，帰宅後利用可能な時間（全体量）に対し，何にどれだけの時間を使っているの

交流しながら自己診断

読書と関連の深い生活の仕方とは

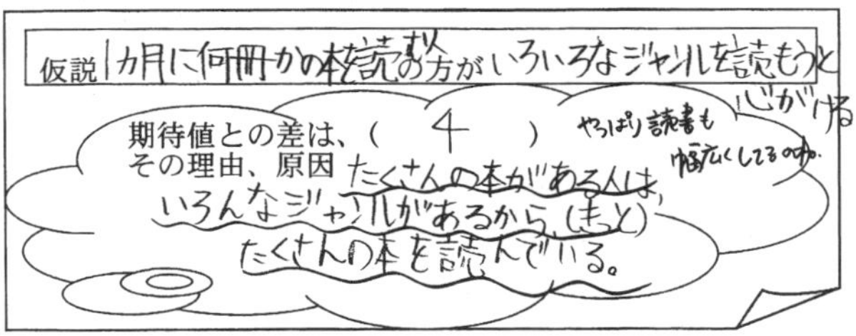


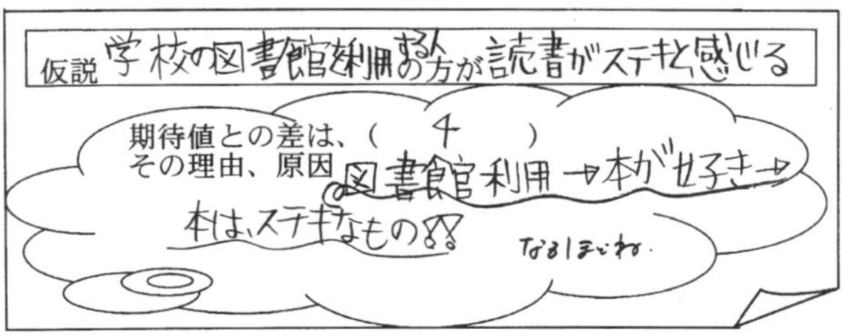

仮説 学校の図書館を利用する人の方が読書がステキと感じる
期待値との差は、（ 4 ）
やっぱり読書も
その理由、原因 たくさんの本があるんは、
その理由、原因 図書館利用→本が好き→
本は、ステキなもの!!
なるほどね。


か（棒グラフ），その割合はいくらか（円グラフ）についてグラフ化する。自分の書いたグラフから，生活の仕方としてよいところはどこかを赤で，改善すべき点は何かを青で書き込み，生活に算数が活用できることを身をもって体験することができる。

また，友だちとの交流を通して，どのように自己診断すればよいかを話し合う。時間の使い方は子どもそれぞれで全く違うので，改善点を見つける上でも

関係性発見カルタ

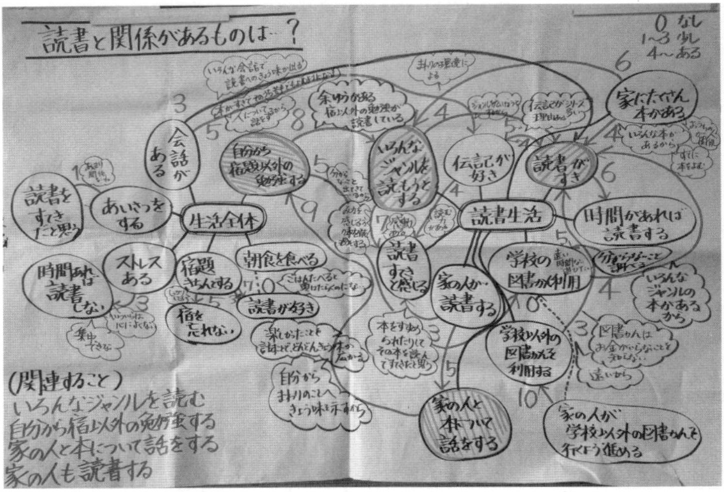


交流することはとても効果的である。

### （4）読書と関連の深い生活の仕方を仮説・検証

生活の仕方についてアンケートを実施し，読書生活と基本的な生活習慣との関連をデジタルコンテンツを作り調べる。「宿題以外に，自主的に勉強をする子の方が，いろんなジャンルの本を読んでいる」というように，「～の方が，～」という仮説をもち，パソコンで検証する。関係性発見カルタで，読書の好きな子どもの特徴が明らかになり，自分がどのような姿になればよいのかについて，興味深いヒントを得ることができた。

### （5）専門家からの科学的な話による動機づけ

子どもたちは，生活をどう変えればいいだろうと疑問をもちながら過ごしていた。そこで，保健師の方に来ていただき，「人間の体内時計の話」を中心に，健康的な生活について「食事」「睡眠」「運動」の話を聞いた。人間の体がなるべくしてなっているその仕組みを聞くことで，自分の生活スタイルをその仕組

サークルタイムの様子

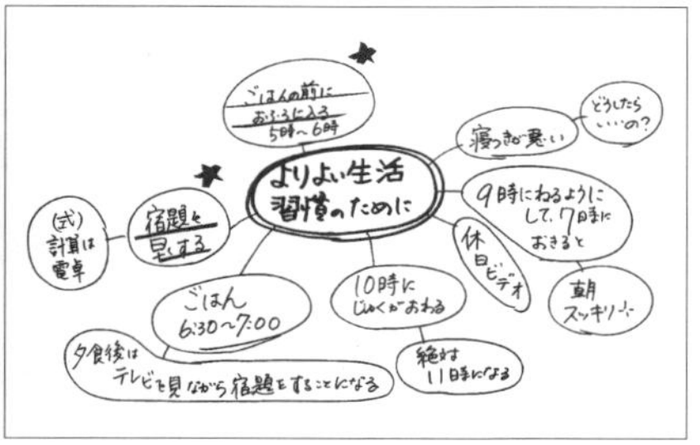


読書を入れた生活を確立する工夫

みに沿って変えようと意欲をもつことができた。

さらに聞いたことを元にサークルタイムをもち，自分ならどのような点で生活改善ができるかについて意見交流をする。例えば「『ごはんの前にお風呂に入る』が一番読書時間を生み出せるよ」と話す子どもや，

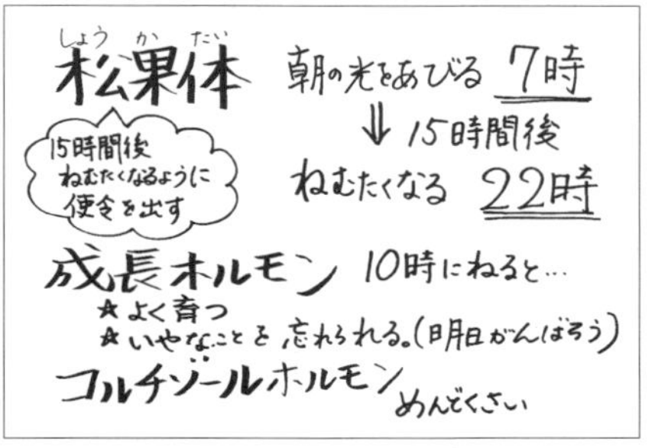


初めて聞いた話ばかり

「寝る前の決まった時間に本を広げたらどうか」など具体的な行動指標を出し合うことができた。このようにして，自分の時間の使い方を考えたり，変えるために家族に協力を求めたりしようとすることができた。根拠に基づく科学的な話は子どもたちの心をつかみ，生活を改善したいという気持ちを高めるために効果的であった。

### （6）計画を立てる

価値基準をもち，自己診断をし，具体的な行動が出されたところで，計画を立てるためのワークシートに自分がどう取り組むのか，目標，計画，およびその理由について述べるフローチャートを書く。左には段階やワークシートの書き方のモデルを示しておき，右端に自分の考えを書くようにする。次のページのワークシートでもわかるように，理由には，「分析キラリ言葉」（「～は～の何

リサーチを生かした目標設定のフローチャート

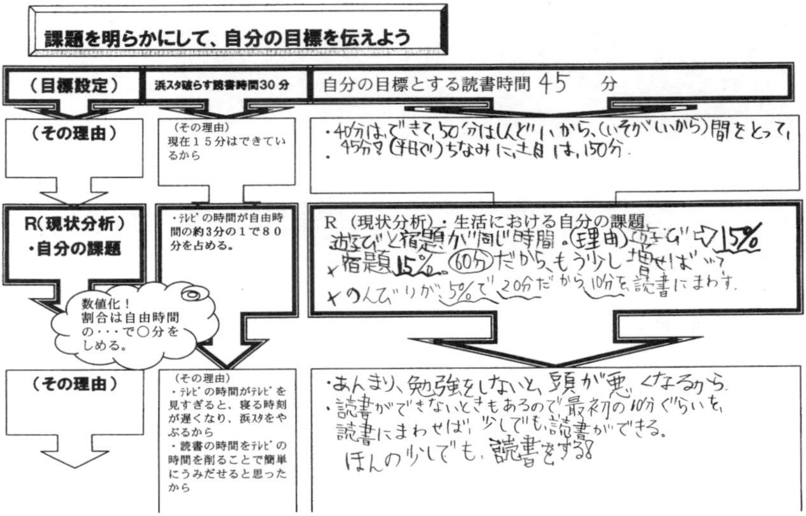
課題を明らかにして、自分の目標を伝えよう
（目標設定）
浜スタ破らす読書時間30分
自分の目標とする読書時間 45 分
（その理由）
（その理由）
現在１５分はできているから
・40分はできて、50分はしんどいから、（いそがしいから）間をとって、
・45分？（平日で）ちなみに、土日は、150分。
R(現状分析）
・自分の課題
・ﾃﾚﾋﾞの時間が自由時間の約3分の１で８０分を占める。
R （現状分析）・生活における自分の課題
遊びと宿題が同じ時間。（理由）遊び 15%
×宿題15%。60分だから、もう少し増せば
×のんびりが5%で20分だから10分を読書にまわす。
数値化！
割合は自由時間の・・・で〇分をしめる。
（その理由）
（その理由）
・ﾃﾚﾋﾞの時間がﾃﾚﾋﾞを見すぎると、寝る時刻が遅くなり、浜ｽﾀをやぶるから
・読書の時間をﾃﾚﾋﾞの時間を削ることで簡単にうみだせると思ったから
・あんまり、勉強をしないと、頭が悪くなるから。
・読書ができないときもあるので最初の10分ぐらいを、
読書にまわせば、少しでも読書ができる。
ほんの少しでも、読書をする。

自分の立てた計画について話し合う

倍」「全体的にみると～」など）が多く使われている。今までのグラフを読む学習のなかで，分析するときは，「数値をあげて，説明しよう」という指導を積み重ねてきた。その結果，自然にフローチャートのなかでも使うことができている。

また，常に自分の考えに理由をつけて書かせるようにする。自分なりの根拠をもち意見を伝えることは，何よりも大切なことであると考えている。なぜな

毎日の取り組みを折れ線グラフに表す

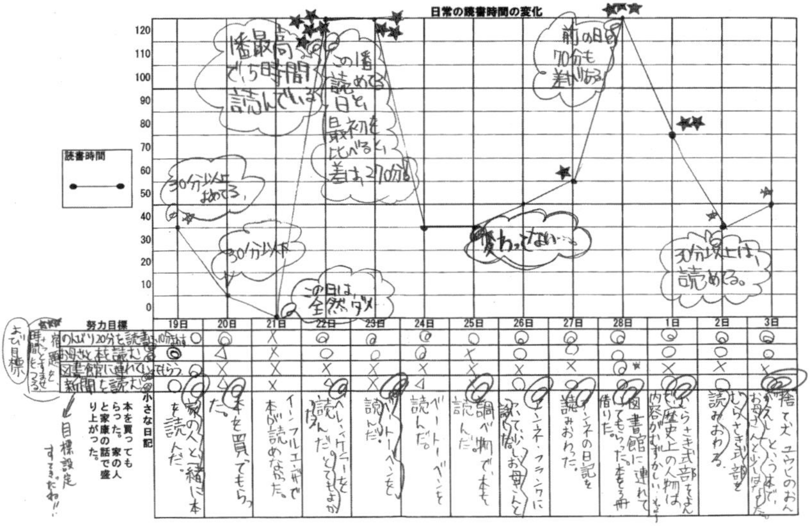


ら，どんな事象であっても，そこには誰かの何かしらの意図が働いているものだ。常にそういう一見見えない部分も予測し，解釈したり，熟考したりすることを大切にしたいと考えるからである。

こうしてできあがったフローチャートをもとに，友だちと話し合い，そのプランで実行できるかどうかの意見や様々な生活改善のアイデアを出し合う。「あ～，ぼくそこまで考えてなかったな」など，友だちと学び合うなかで，より納得できるプランに練り上げていくことができる。

## （7）実行する

立てた計画に沿って，1日の目標読書時間をクリアできるように取り組む。その取り組みの変化は，折れ線グラフに日々記入する。今回の探究学習でどの子も30分以上の読書に意欲的に取り組めたのは，そもそも読書自体の楽しさにどっぷりつかることができたからだ。子ども同士で本の紹介をし合ったり，学校に伝記を買い揃えたり，ソフト面ハード面ともに充実させた。「先生！　伝

この学習に取り組む前と後のグラフの比較

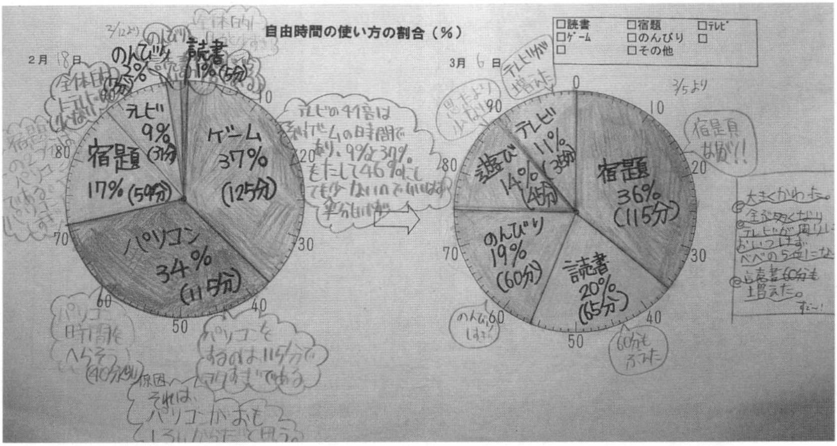


記っておもしろいな。人の生き方がわかる。自分もこんな風にやさしく生きてみたいって思うよ」とマザーテレサの伝記をもってうれしそうに話しに来た子どもがいた。活字に苦手意識をもっている子どもも，「少しだけでも読むようになったよ」と語ってくれる。このように読書に魅了された子どもは多い。

### （8）家庭に協力を依頼する

読書を通してのこの生活向上においては，家庭の協力は不可欠である。本についてお家の人とよく話をする人の方が，読書が好きであり，読書のジャンルも広がっていることが自分たちがアンケート調査で収集したデータからわかっている。読んだ本について家の人と話すことは，想像の世界を膨らませ，また価値観を共有できるすばらしい時間である。さらに，読みたい本を手に取れるように，本を借りに地域の図書館を利用したり，本を買ったりすることについては，このようにして家庭の協力を得られれば得られるほど，さらなる読書意欲につながる。本を読みたくなれば，読書時間を生み出すために生活を工夫することになる。家庭の協力を得ながら，自分の生活を自分でマネジメントできるようになるために，学校での取り組みを積極的に学年通信で知らせ，その意

自分の変容

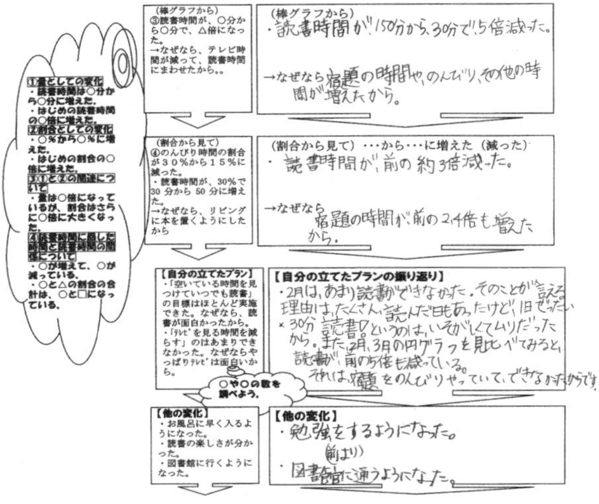


図をふまえてこの取り組みを行った。

## (9) 取り組みを振り返る

30分の読書時間を生み出すためのこのプロジェクトに2週間取り組んだあと，自分の生活実態をもう一度調査し，「帰宅後使える自由時間に対する現在の自分の時間の使い方」を前回と同じように円グラフにしたり，棒グラフにしたりしてデータ化した。1回目は，棒グラフにしたり，割合のグラフにしたりするのに，かなり時間を要していたが，2回目は既習の知識・技能を活用し，短時間で仕上げることができた。多くの子どもにおいて，帰宅後使える自由時間に対する読書時間の占める割合が大きくなった。自分の成果や課題について，自己診断のときと同じように，赤や青の色鉛筆で記入し，自分の変容を分析キラリ言葉を使って，表現した。これもどのような取り組みをしたことがその変容につながったと思うか，自分のプロジェクトを振り返りながらその理由も考えた。

私は「生活向上プロジェクト、読書で豊かな生活をめざそう」に取り組みました。
なぜなら、読書を通して生活を見直すためです。見直せたらいいなと思います。

【目標時間】
一日三十分

【自己分析】
二月の自分を調べてみると、自由時間は二百四十分あり、テレビは、その中でも、二十五％で、六十分ありました。
それに、その他も全体の二十九％で、七十分もありました。
こうして見ると、自分がどんな生活をしているかがよく分かりました。

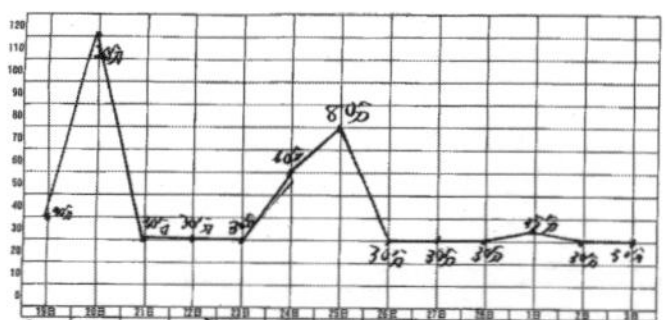

【計画(仮説)】
さっきのことを、改ぜんするため、私は、「ジャンルを広げて、テレビの時に読書し、図書室へ行けば、目標三十分を達成できる」という仮説を立てました。
ジャンルを広げれば、読む本の数もふえると思うし、ねる前でなく、テレビの時に読書すれば、テレビもへるし、はかどるし、図書室へ行けば、さまざまなジャンルのものがあるので、この仮説を立てました。

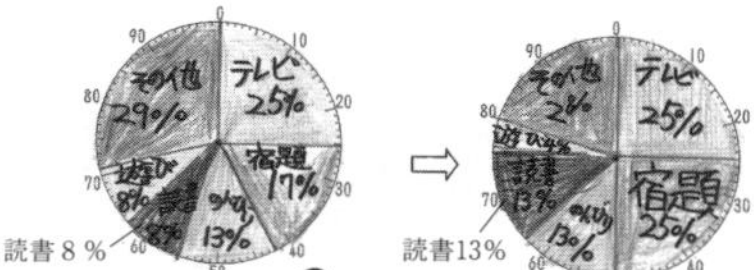


【実行】
最低でも、目標時間の三十分は読書しようと心がけました。
毎日学校の図書室に行き、本をかり、テレビの時に読書していると、苦手だった伝記も好きになりました。
お母さんにその事を言うと、「だんだんジャンルが広がってるね。」

### （10）さらなる改善プランを立てて実行する

チェックした内容をもとに，単元終了後も次に取り組むべき課題を決めた。友だち同士でどのような取り組みを実行してきたのか交流しているので，新たな改善プランが次々と出された。

### （11）探究学習報告文を書く

ここで，探究学習による変容について，報告文にまとめる。通常なら文章のみであるが，自分の使いたいグラフを選び，様々な取り組みによる自分の変容がわかるようにグラフを用いて書き表す。実践内容，自分の生活や読書に対する考え方の変容などを言語化することでPISA型読解力を高めようとした。

## 5　振り返りと今後の課題

読書体験は，子どもを夢中にさせ面白さを十分感じるものであるので，算数科の学習とリンクさせた難しい内容を含んだ探究学習だったにもかかわらず，子どもたちは意欲的に取り組むことができた。また，読書交流も進み，読書活動を日常化することもできた。読解力を育てるには欠かせない読書力向上を生活向上と関連させて探究学習を行うことができた成果は大きい。また，探究学習を組むことは，PISA型読解力を育てるために大変効果があった。それは複

振り返りのアンケートから

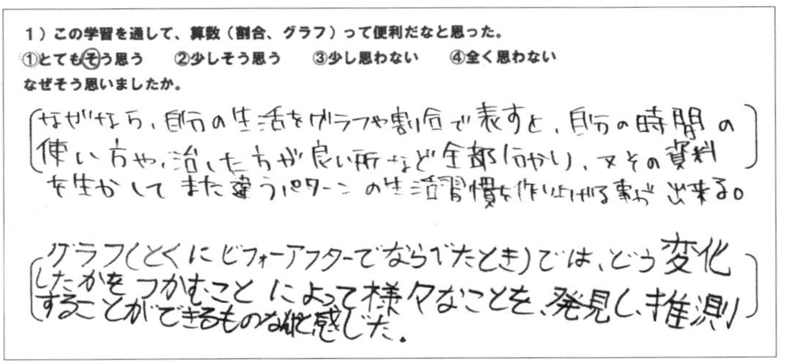
1）この学習を通して、算数（割合、グラフ）って便利だなと思った。
①とてもそう思う　②少しそう思う　③少し思わない　④全く思わない
なぜそう思いましたか。
（なぜなら、自分の生活をグラフや割合で表すと、自分の時間の使い方や、治した方が良い所など全部分かり、又その資料を生かしてまた違うパターンの生活習慣を作り上げる事が出来る。）
（グラフ（とくにビフォーアフターでならべたとき）では、どう変化したかをつかむことによって様々なことを、発見し、推測することができるものなんだと感じた。）

数教科で学んだ学習内容を総合的に活用できたからである。特に，算数科の学習と関連させ，既習の知識・技能を実社会のなかでどのように生かすか，子どもたちはその方法や，よさを感じることができた。これは，探究学習だからこそ可能となったことである。

しかし，課題もある。統計をもとにした意思決定を行うために，統計資料を用いて学習を進めるのだが，指導者が意図する内容や難易度の資料を探すことは簡単なことではない。また，時間の使い方や読書についての考え方，行動などを資料とするデジタルコンテンツの作成も，誰にでもできることではない。

また，算数科の学習を十分活用できたと思うが，変容が個人により様々であるため，一人ひとりどのような変容があったのかについて，それぞれのグラフを適切に読み取れているかどうかの把握が難しく，個別支援が十分とはいえなかった。さらに，生データであるがゆえ，変容が顕著に現れず，わかりにくかった子どももいた。しかし，一人ひとりが異なっていることは，この探究学習のよさでもあるのでその違いを大切にしたい。成長を確かめるためのプロジェクトの振り返りにもう少し時間をかけ，そのつどの成長を喜びながら，自らの問題解決を進めていければさらによかったと感じている。

（森嵜章代）

# おわりに

本書を読み終わられて，おそらく全ての先生方が，実践事例のすばらしさから多くのことを学ばれたことであろう。本書で執筆をお願いした事例のように理論と実践の統一をしっかりと行った授業を，書物の形で世に問い歴史に残すことができたのは，まさに研究者として何よりの喜びである。

確かに活用学習は，実践の時間もかかり指導者の研修にも積み重ねが必要である。したがって，実践の回数については年間に，国語科で２単元程度，算数科で３単元程度が限界かもしれない。しかし，実施できる単元の数は限られていても，教科の範囲を広げ，そして小学校から中学校を通した９年間の継続のなかでとらえるならば，子どもたちは数十回の活用学習を義務教育段階で経験することが可能になる。そうした学校カリキュラムの編成レベルでの計画性に期待したい。

また，ここで活用学習にまつわる根強い誤解について正しておきたい。

それは，文部科学省がいう「習得」と「活用」をともに狭く定義しすぎる考え方である。つまり習得は，教科学力の定着のためにドリルプリントの反復練習を行う一斉指導のイメージでとらえ，活用は，とにかくどのような知識・技能でも，子どもが使えば活用になるというようなとらえ方である。

前者の考え方では，通常の問題を用いた算数科における問題解決的な学習の意義が軽視されてしまうおそれがある。後者でいえば，実際にあった話だが，「子どもが足し算を使ってかけ算の仕方を考えたので，活用による授業をした」というようなとらえ方がまだまだ実際には多い。もしそのような子どもの計算レベルのことを活用としてとらえるならば，漢字を使って作文を書いても句読点を打って日本語を書いても，すべて新しい学習指導要領が求める活用による学びが成立したことになるが，そのような「小さな活用」の推進のために国の学習指導要領が改訂されたはずがない。

一方，中央教育審議会の答申において，「教科学力の活用は教科のなかで行うことにしたので，総合的な学習の時間の時間数を削減する」といった趣旨の記述があることも誤りである。なぜなら，総合的な学習の時間という新しく「探究」と名づけられた問題解決的な学習においても，子どもの思考操作レベルや活動レベルでは，教科学力の「活用」がしっかりと組み込まれていなければ「探究」そのものが充実したものにならないからである。

したがってこのような多くの誤解や矛盾を正すためのヒントとして，活用の３つのレベルを提案したい。

[活用レベル１] 思考操作の過程で既有の知識・技能を活用している

[活用レベル２] 思考・判断・表現という活用を図る学習活動を行っている

[活用レベル３] 活用学習において活用問題を解決している

本書ではもちろん，教科学習における活用レベル３を提案している。

子どもたちは，活用学習を積み重ねていくと，小さな哲学者になる。また，クラス全体が落ち着いてきて集中して思考活動や表現活動に取り組む姿が見られるようになる。そのような子どもたちの成長を実感しながら，各学校においては本書の実践事例の追試や新たな活用学習の単元開発に取り組んでいただきたい。

最後に，算数科活用学習の感想を語ったある女子児童の力強い言葉を紹介して，本書の終わりとしたい。小学校５年生の子どもが，新しい学習指導要領の改訂の趣旨を見事に言いあてている。まさに，「言葉の力」である。

「わたしは今日の算数のじゅ業は国語みたいで大好きでした。なぜなら，１学期に習った説明文の書き方を使って，まず・次に・最後にというようにして自分の考えを順番に書いていくとむずかしい問題が解けたからです。」

2010年８月

編者　田中博之

《執筆者紹介》（執筆順，所属・執筆分担）

田中博之（たなか・ひろゆき）　編者　早稲田大学教職大学院教授：はじめに，序章，第1～3章，第4・5・終章概説，おわりに

岡田和子（おかだ・かずこ）　大阪府貝塚市立南小学校教諭：第4章1

川西繁美（かわにし・しげみ）　大阪府豊中市立桜塚小学校教諭：第4章2

早川晴子（はやかわ・はるこ）　大阪府豊中市立原田小学校教諭：第4章2

森嵜章代（もりさき・あきよ）　大阪府堺市立浜寺小学校教諭：第4章3，第5章4 5 6，終章

吉野裕之（よしの・ひろゆき）　石川県加賀市立分校小学校教諭：第4章4

池側早智子（いけがわ・さちこ）　元小学校教諭：第4章5

千川善史（ちかわ・よしふみ）　和歌山県有田川町立御霊小学校教諭：第4章6

竹本晋也（たけもと・しんや）　兵庫県西脇市立重春小学校教諭：第4章7 8 9，第5章2 3

町中しのぶ（まちなか・しのぶ）　大阪府堺市立浜寺小学校教諭：第5章1

《編著者紹介》

田中博之（たなか・ひろゆき）

1960年北九州市生まれ。大阪大学人間科学部卒業後，大阪大学大学院人間科学研究科博士後期課程在学中に大阪大学人間科学部助手となり，その後，大阪教育大学専任講師，助教授，教授を経て，現職。

研究活動として，総合的な学習のカリキュラム開発，情報教育や小学校英語教育の単元開発，フィンランド・メソッドの応用研究，ドラマとサークルタイムの指導法の開発，学力調査の開発研究等，21世紀の学校に求められる新しい教育手法を作り出す先進的な研究に従事。

現　在　早稲田大学教職大学院・教授

文部科学省「全国学力・学習状況調査の分析・活用の推進に関する専門家検討会議」委員

専　門　教育工学，教育方法学

主　著　『新しい情報教育を創造する』（共著，ミネルヴァ書房，1993年）

『新しい国際理解教育を創造する』（共編，ミネルヴァ書房，1995年）

『ヒューマンネットワークをひらく情報教育』（編著，高陵社書店，2000年）

『総合的な学習で育てる実践スキル30』（単著，明治図書，2000年）

『講座・総合的学習のカリキュラムデザイン（全６巻）』（編著，明治図書，2002年）

『フィンランド・メソッドの学力革命』（単著，明治図書，2008年）

『子どもの総合学力を育てる』（単著，ミネルヴァ書房，2009年）

『フィンランド・メソッド超「読解力」』（単著，経済界，2010年）

『学級力が育つワークショップ学習のすすめ』（単著，金子書房，2010年）他，多数



シリーズ・21世紀型学力を育てる学びの創造 ③

言葉の力を育てる活用学習

——型を活用し個性的に表現する子どもたち——

2011年４月30日　初版第１刷発行　　検印廃止

定価はカバーに
表示しています

編著者　田中博之

発行者　杉田啓三

印刷者　坂本喜杏

発行所　株式会社　ミネルヴァ書房

607-8494　京都市山科区日ノ岡堤谷町１

電話代表　(075)581-5191番

振替口座　01020-0-8076番





冨山房インターナショナル・清水製本

ISBN 978-4-623-05864-8

Printed in Japan